# 사회복지 행정론

Social Welfare Administration

# 사회복지 행정론

이민훈 이진용 김준환 유한별
박화영 박경순 김주형 공저

어가 語歌

# 머리말

사회복지행정은 사회복지서비스를 제공하기 위한 전반적 활동으로서 시대와 환경의 변화에 따라 그 중요성이 점점 더 강조되고 있는 상황이다.

근래 들어 초고도의 산업화와 도시화에 대한 변화 등에 대응하며 사회복지행정은 다양한 복지욕구를 만족시켜야 하고, 이에 따른 욕구별 제도가 도입된 상황에 발전해 가고 있다. 이러한 변화는 사회복지조직의 새로운 패러다임과 사회복지시설 운영상의 투명성을 강조하고 복지서비스의 효율성, 효과성, 책임성을 확보하기 위한 노력을 기울이고 있기도 하다.

사회복지조직에서 행정의 역할은 점점 커지고 있으며 조직의 운영기법과 평가제도에도 상당한 관심과 노력을 아끼지 않고 있다. 정부보조금의 지급으로 운영되는 시설이 증가하고 있으나 보조금 지급 외, 재원 마련에 필요한 마케팅 기법을 도입하는 것으로 변화하고 있다.

사회복지행정에 대해 이 책은 총 13장으로 구성되었으며, 크게 두 가지의 분류로 구분하고 있다. 'PART 1'에는 사회복지행정의 이론적 접근을 진행하기 위해 사회복지행정의 정의, 사회복지조직의 기본 이론, 사회복지행정의 역사, 사회복지서비스의 전달체계, 기획과 의사결정, 리더십에 대한 내용을 담고 있으며, 'PART 2'에서는 사회복지행정의 실천적 접근을 진행하기 위해 인적자원관리, 재정관리, 마케팅, 정보와 문서, 욕구조사와 분석, 사회복지 프로그램 개발과 평가, 사회복지시설의 평가에 대한 내용을 담고 있다.

'PART 1'이 사회복지행정의 이론적 부분과 고찰, 이해를 목적으로 학문적 연구와 정리를 통해 집필되었다면, 'PART 2'는 사회복지행정이 현장에서 어떻게 활용되고 사용되는지에 대해 현장 중심 전문가들이 세세한 연구와 정리, 집필을 담당하며 설명하고 있다.

이 책은 대학에서 사회복지학을 가르치는 세 명의 저자와 최소 10년 이상의 사회복지 현장경험과 경력, 연구이력을 지닌 세 명의 사회복지 현장 전문가들이 분담하여 집필하였다. 혹시라도 미흡한 부분은 향후 반드시 수정·보완하여 더 좋은 책이 될 것을 약속드린다. 공동연구와 집필로 노력해 주신 한국영상대학교 이진용 교수님, 한뜻마을 유한별 원장님, 대전심리상담센터 心 박화영 소장님, 꿈이있는장애인단기보호센터 박경순 원장님, 대전광역자활센터 김주형 팀장님께 존경의 마음을 전하며, 교정 작업을 도와주신 사회복지법인 누리봄 산하시설 장애인주간보호센터 헬로 사회복지사 홍상은 선생님, 신은수 선생님께 감사 인사를 전한다. 끝으로 이 책이 나오기까지 수고해 주신 도서출판 어가 대표님과 직원 여러분들, 저희 사회복지학 멘토이신 대전과학기술대학교 오영훈 교수님과 전체 원고를 감수해 주신 충청대학교 김준환 교수님께도 진심으로 감사 인사를 드린다.

2019년 8월

저자 대표 이 민 훈

# 차례

## PART 1
## 사회복지행정의 이론적 접근

## PART 2
## 사회복지행정의 실천적 접근

"목적 없는 공부는 기억에 해가 될 뿐이며,
머릿속에 들어온 어떤 것도 간직하지 못한다."

Study without desire spoils the memory,
and it retains nothing that it takes in.

**레오나르도 다빈치**(1452년 ~ 1519년)

PART 1

# 사회복지행정의 이론적 접근

사회복지행정을 익힘에 있어 기본적인 개념과, 역사관, 전달체계 등의 이론을 습득하고 의사결정과 사회복지 현장에서 활용되는 리더십을 알아보기로 하자.

Social Welfare
Administration

# CHAPTER 1

# 사회복지행정의 정의

## 01 사회복지행정의 개념

Social Welfare Administration

### 1) 사회복지행정의 의의

산업화·도시화에 따라 복잡화된 현대사회에서 사회복지적 기능을 효율적으로 달성하기 위해서는 체계적이고 공식적인 실천 활동이 중요시되고 있다. 다양화된 사회복지욕구와 사회문제들을 해결하기 위해서 공공 전달체계와 민간 전달체계와의 공동의 조직적인 노력이 필요하다. 사회복지행정을 통해 이러한 활동이 진행되고 성과가 달성될 수 있다.

사회복지행정이란 '사회복지기관에서 사회복지서비스대상자나 국민의 복지증진을 위하여 어떠한 목적을 설정하고 그것을 달성하기 위해 노력해 나가는 조직 내에서 이루어지는 합리적인 협동행위'라 할 수 있다.

사회복지행정에 대한 학자들의 정의를 살펴 보면, 성규탁(1993)은 사회복지행정을 수립된 사회복지정책을 보다 효과적으로 기획·실천·평가하도록 지원해 주는 사회복지의 중요한 방법 가운데 하나이며, 궁극적으로 사람들의 사회적 기능을 강화하는 데 목적을 둔다고 하였다. 여러 분야의 공통점은 사회복지 및 의료·보건·교육·심리적 서비스와 연관된 '휴먼서비스(human services)'를 제공하는 전문직이 중심적 위치를 차지하고 있다는 점이다. 티트머스(Titmuss)는 단순히 사회복지기관이나 시설의 행정가는 달리 사회적 서비스의 관리운영이며, 사회복지서비스를 대상자에게 전달되도록 인적 조직과 기구 및 서비스의 선택 문제를 검토하는 것이라 하였다. 스키드모어(Skidmore)는 사회복지기관의 사회적 정책을 사회적 서비스로 전달되도록 전환시키기 위해 사회적 과정을 활용하는 기관 요원들의 활동으로 정의하여 사회사업행정으로 규정하였다. 패티(Patti)는 조직의 목적과 목표 달성을 위해 관리 담당자들이 활용하는 일련의 상호 의존적인 과업과 기능 및 관련 활동들로 구성된 하나의 체계적인 개입활동이라 정의하여 사회복지실천의 한 방법으로 규정하였다.

따라서 사회복지행정은 사회복지조직의 다양한 활동을 통하여 조직의 목적을 달성하기 위한 조직구성원과의 총제적인 행정적 업무를 총칭한다고 할 수 있다. 윌렌스키와 르보(Wilensky & Lebeaux, 1965)는 사회복지를 협의의 개념으로 잔여적 사회복지와 광의적 개념의 제도적 사회복지로 구분하고 있다. 이러한 구분은 사회복지서비스의 공급주체에 의한 구분으로 잔여적(residual) 사회복지는 공급주체가 가족이나 시장이 되는 경우이고, 제도적(institutional) 사회복지는 공급주체가 국가인 경우를 말한다.

트래커(Trecker)는 지역사회가 필요로 하는 서비스와 사업을 제공하려는 의도로 이용 가능한 모든 자원을 주민들이 사용할 수 있도록 그들의 에너지를 방출하고 관련시키면서 주민들과 같이 일하는 과정을 사회사업행정이라 하였으며, 다음과 같이 행정의 개념을 정리하고 있다.

① 행정이란 지속적이며 동적인 과정이다.

② 이 과정은 공통의 목적 달성을 위하여 활용된다.

③ 인적·물적 자원의 기반을 강화함으로써 공통의 목표를 달성하도록 한다.

④ 조정과 협력은 인적·물적 자원의 기반을 강화하는 매체가 된다.

⑤ 이러한 개념의 핵심 요소는 기획, 조직 및 리더십이다.

**표 1-1** 사회복지행정에 대한 정의

| 구분 | 사회복지행정의 정의 |
|---|---|
| 키드네이 (Kidneigh, 1950) | 사회복지정책을 서비스로 전환하는 과정으로, 정책을 구체적인 사회복지서비스로 전환시키고 그 경험을 다시 정책 수행에 반영하도록 제의하는 양방향의 과정 속에 있는 것 |
| 던햄 (Dunham, 1962) | 사회복지기관의 직접적 서비스 제공을 위해 필요하거나 부수적인 활동을 지지하거나 촉진시키는 과정 |
| 슈와르츠 (Schwartz, 1970) | 사회사업조직의 구성원에게 계획된 개입을 하여 사회복지서비스를 촉진시키고 이를 잘 전달하도록 하는 과정 |
| 한랜 (Hanlan, 1978) | 개별사회사업, 집단사회사업, 지역사회조직사업과 같은 지식과 기술을 조합하여 이루어진 실천 방법 |
| 김종섭 (1976) | 사회복지행정 조직의 관리적 측면과 정책적 기능, 기술적 측면까지 포함한 정치권력을 배경으로 한 사회문제해결과 복지증진을 위한 인간의 합리적·협동적 노력 |
| 황성철 외 (2005) | 서비스로 전환시키는 사회복지조직의 목표 달성을 위한 조직구성원의 협력적인 활동의 체계와 과정 |
| 김치용 외 (2006) | 공사의 사회복지기관에서 클라이언트나 국민의 복지증진을 위한 어떠한 목적을 설정하고 그것을 달성하기 위하여 관련된 인간의 협동적 노력과정 |
| 박차상 외 (2008) | 공공기관과 민간기관이 사회문제를 해결하기 위하여 사회복지정책을 형성하고 이를 구체화하는 일련의 과정 |

출처: 임상록·박주현(2010)

## 2) 사회복지행정의 구분

사회복지행정 관련 용어들을 중심으로 전문직과의 관련성 정도에 따라 그 개념을 다르게 파악하고 있다. 김영종(2001)은 각 사회는 여건에 따라 사회복지전문직과의 관계를 각기 달리 설정하고 있으며 크게 '사회사업행정, 사회복지행정, 사회행정'의 세 가지로 나누었다.

트래커(Trecker)는 사회사업행정을 그 지역사회가 필요로 하는 서비스와 사업을 제공하려는 의도로 이용 가능한 모든 자원을 주민들이 사용할 수 있도록 그들의 에너지를 방출하고 관련시키면서 주민들과 같이 일하는 과정'이라고 정의하고 있다. 사회사업행정은 사회사업의 3대 방법론의 기초로서 케이스워크, 그룹워크, 지역사회조직에 관한 지식과 기술을 강조한다.

티트머스(Titmuss)는 '사회복지행정은 사회적 제반 서비스를 대상자에게 전달되도록 공급하는 인적 조직과 기구 및 서비스의 선택 문제를 검토하는 것'으로, 스키드모어(Skidmore)는 '사회복지기관의 사회적 정책을 사회적 서비스로 전환키 위해 사회적 과정을 활용하는 직원들의 활동'이라고 정의하고 있다. 따라서 사회복지행정은 사회복지기관의 행정으로서 사회복지기관의 정책을 서비스로 전환하는 과정 또는 목표를 설정하고 나아가는 과정으로 볼 수 있다.

**표 1-2 사회복지행정의 세 가지 개념**

| 구분 | 사회사업행정 | 사회복지행정 | 사회행정 |
|---|---|---|---|
| 관점 | 전문직<br>(실천과 많은 관련이 있음) | 전문직과 외부사회<br>시각의 혼합 | 전체 사회적 시각 |
| 기능 | 잔여적 기능<br>(보충적) | 잔여적-제도적 기능 혼합 | 제도적 기능<br>(사회적책임, 개혁) |
| 지식과 기술 | 전문직의 기존 3대<br>사회사업방법론의 기초 | 휴먼서비스조직의 경영에<br>필요한 사회 과학적 지식 | 전체 사회적 욕구와<br>자원배분에 관한 지식 |
| 개인과 환경 | 개인의 치료에 관심 | 개인과 환경의 상호작용 | 구조, 환경의 변화 |

출처: 김영종(2001)

강용규 외(2007)는 사회복지행정의 개념은 전문직의 관련 정도에 따라, 각 사회의 시대적 여건과 환경적 요소에 따라 사회복지 전문직과의 관계를 달리 설정할 수 있다고 하였다. 즉, 사회복지전문직의 행정과 사회복지행정의 관계가 다르게 나타난다.

사회사업행정은 사회사업전문직의 관점에서 사회사업실천을 관리하는 것에 관심을 두고 있으며 사회사업전문직의 영향력이 강했던 1970년대 이전 미국의 경우가 여기에 해당된다고 볼 수 있다. 사회행정의 개념은 20세기 초 개혁적 사회정책의 영향력이 강하였던 영국이 채택한 것으로서, 사회행정은 전체 사회적 관점에서 사회복지가 어떤 기능을 수행하는가와 제도적 사회복지에 관심을 가지고 있다.

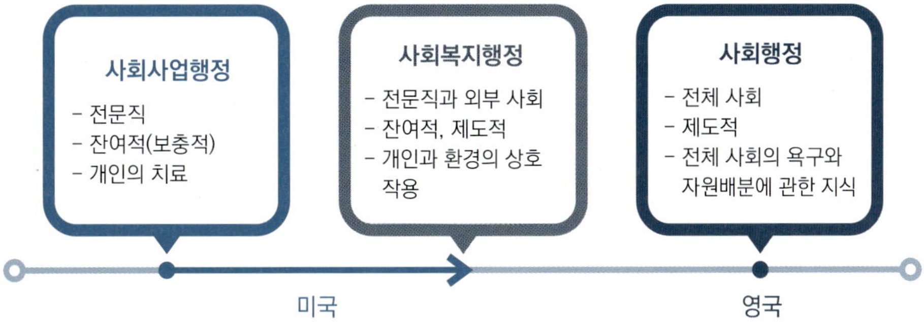


**그림 1-1** 사회복지행정의 세 가지 개념

## 3) 사회복지행정의 이념

사회복지행정의 이념은 사회복지행정이 추구하는 기본적인 방향과 궁극적 가치를 말하며 사회복지 현장에서 사회복지행정가에게 요구되는 활동규범이나 행동규범이라 할 수 있다. 사회복지행정은 사회복지의 효과적이고 효율적인 목적을 달성하고자 하는 면을 강조하므로 사회복지행정의 이념은 매우 다양하며 일반적으로 제시되는 행정 이념과도 공통적으로 연결되는 면을 가지고 있다. 따라서 사회복지행정의 이념은 사회복지행정이 나아가야 하는 원칙과 가치를 판단하는 중요한 기준이 되며 사회복지행정 전문가에가 필수적으로 요구되는 하나의 행동규범의 틀이 된다. 사회복지행정의 이념적 가치로는 '합법성, 효율성, 효과성, 민주성, 형평성, 대응성, 접근성' 등이 있다.

사회복지행정에서 추구하는 이념적 가치는 다음과 같다.

첫째, '합법성'은 사회복지행정에서의 활동은 법률을 기반으로 합법적으로 실행되어야 한다는 것이다. 사회복지행정 절차의 정당성을 확보하고 클라이언트의 권리를 보장하기 위함이며 전문가의 재량권 또한 이 범위 내에서만 인정될 수 있다.

둘째, '효율성'은 능률성이라고도 하며 경제성의 원리를 가지고 있어 보다 적은 비용으로 최대의 사회복지행정서비스를 제공한다는 의미이다.

셋째, '효과성'은 사회복지조직의 목표 달성 정도를 의미하며 이것은 지역사회의 욕구에 근거해야 한다. 이는 클라이언트의 욕구충족을 위하여 제공된 서비스가 어느 정도 목표를 달성했는가 여부를 판단한다.

넷째, '형평성'은 동일한 욕구를 가진 사람에게는 누구나 동등한 사회복지서비스를 제공해야 한다는 것이다. 따라서 비용과 혜택은 평등하게 배분되어야 한다.

다섯째, '접근성'은 편익성이라고도 하며 서비스를 받고자 하는 사람이 항상 쉽게 이용할 수 있어야 한다는 것이다. 따라서 지리적으로 가까운 거리에 사회복지조직이 위치하여야 한다.

여섯째, '대응성'은 정책의 결과는 클라이언트의 욕구와 가치 등에 부합되어야 한다는 것이다. 사회복지조직이 시민의 요구에 부응하는 사회복지서비스를 제공하였는지 살펴볼 수 있다.

일곱째, '민주성'은 클라이언트가 원하는 바에 따라 서비스가 전달되어야 한다는 것이다. 여기에는 주민참여를 통한 공개성과 과정에서의 민주적인 참여가 요구된다.

**표 1-3** 사회복지행정의 이념

| 원칙 | 개념 | 내용 |
|---|---|---|
| 합법성 | 행정활동은 법률을 준수하여 합법적으로 실행되어야 한다. | • 합법성의 범위 내에서만 전문가의 재량권 인정<br>• 합법성이 강조될수록 행정의 예측성과 안정성이 도모<br>예) 「사회복지사업법」, 「사회복지법인 재무회계규칙」 |
| 효율성 | 최소한의 자원과 시간을 투입해 최대의 성과를 거두어야 한다. | • 투입/산출비의 적정화, 업무의 전문화, 업무의 전문직업화<br>• 양과 관련된 방법과 수단에 관한 개념<br>• 경제성의 원리라고도 함 |
| 효과성 | 목표 달성 또는 지역사회의 욕구나 소망에 부응해야 한다. | • 산출이 당초의 목표를 어느 정도 달성했느냐 여부<br>• 질과 관련된 합목적적인 개념<br>• 효율성을 강조하면 효과성이 떨어질 수 있고, 반대의 경우도 가능 |
| 민주성 | 클라이언트를 위하고 그들의 뜻에 따라 서비스가 전달되어야 한다. | • 주민참여, 공개성과 공익성, 과정의 민주화 등이 포함<br>예) 사회복지시설의 운영위원회 설치 |
| 형평성 | 비용과 혜택이 여러 집단에 평등하게 배분되어야 한다. | • 서비스 공급의 지역 간, 남녀 간, 계층 간 평등 |
| 대응성 | 정책 결과는 특정 집단의 욕구, 선호, 가치 등에 부합되어야 한다. | • 정책목표가 달성되어도 수혜자 만족도가 낮으면 대응성은 떨어짐 |
| 접근성 | 서비스를 받고자 하는 사람이 항상 쉽게 이용할 수 있어야 한다. | • 지리적·물질적·심리적으로 접근 용이<br>• 편익성이라고도 함 |

출처: 강종수(2011)

협의의 사회복지행정은 사회복지실천의 한 방법으로 '민간부문에서 사회복지실천 목표를 달성하기 위한 여러 가지 인적자원 및 물적자원을 동원하여 조직적인 노력을 통하여 사회복지서비스를 제공하는 활동'을 말한다. 협의의 사회복지행정은 미시적 접근의 형태로서 사회사업 실천 방법의 하나로서 사회사업행정(social work administration)이라고 할 수 있으며, 민간의 사회복지조직이 목표 달성을 위해 수행하고 있다.

광의의 사회복지행정은 국가의 사회복지정책을 사회복지서비스로 실현하는 모든 활동으로 '중앙정부나 지방정부의 복지 관련 행정 전반을 포함하는 공공복지행정'이다. 광의의 사회복지행정은 거시적 접근 방법으로 클라이언트의 직접적인 서비스 제공보다는 사회과학적 이론과 관리를 통하여 일반적인 사회정책을 실천현장의 사회복지서비스를 전개하는 총체적인 활동을 말한다.

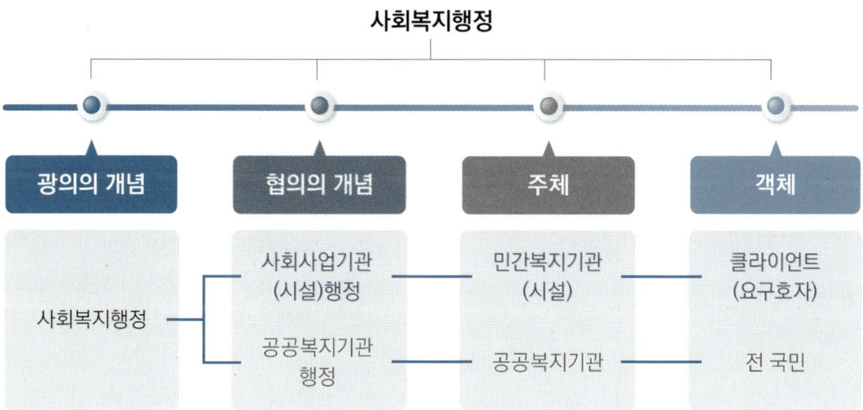


**그림 1-2** 사회복지행정의 개념

행정의 개념 규정에 의한 사회복지행정의 유형을 사회복지행정의 개념 요소 가운데 행정의 개념을 어떻게 파악하는가에 따라 다음과 같이 구분해 볼 수 있다.

첫째, 사회복지행정은 사회복지행정의 주체나 객체에 관계없이 사회복지기관에서 나타나는 행정현상에 초점을 두고 관리하는 일련의 기술적 과정 내지 협동적 집단 활동으로 파악하는 견해이다(Friedlander & Apte, 1974). 사회복지행정을 공공 사회복지행정과 민간 사회복지행정을 포함하는 넓은 의미의 개념으로 규정한다.

둘째, 사회사업기관(시설)행정은 사회복지행정의 주체를 민간 복지기관으로 간주하고 객체를 클라이언트로 한정시켜 클라이언트에 대한 복지기관의 서비스 제공에 필요한 전문적인 과정으로 이해하는 개념 규정이다.

셋째, 공공 사회복지행정은 사회복지행정의 주체를 공공 복지기관으로 간주하며, 그 객체를 클라이언트를 포함한 전 국민으로 파악하며, 사회 전체적인 입장에서 문제 해결을 하는 과정이나 기술로 이해하는 개념 규정이다. 이러한 개념 규정은 사회복지행정을 공공 행정기관과 연관시켜 국가공권력이나 정치권력을 사회복지 분야에 동원할 수 있음을 나타낸다.

**표 1-4** 사회복지행정의 구분

| 구분 | 미시적(협의) 사회복지행정 | 거시적(광의) 사회복지행정 |
|---|---|---|
| 개념 | 사회복지실천의 한 방법으로 관리자의 행정관리 | 공공 및 민간기관을 포함한 사회복지조직 구성원들의 총체적 활동 |
| 내용 | 사회사업행정으로 사회사업의 3대 방법과 같은 사회복지실천 방법 | 인간의 사회적 기능을 향상시키려는 사회과학적 관리과업 |
| 주요 문제 | • 서비스 전달의 효과성과 효율성 문제<br>• 서비스의 접근성과 전문성 문제<br>• 서비스의 경쟁성<br>• 서비스 중복과 조정 문제<br>• 재정의 불확실성 | • 중앙정부와 지방정부의 연계 강화<br>• 공공기관(중앙정부와 지방자치단체)과 민간단체의 연계체계 미흡 |

출처: 강종수(2019)

## 4) 사회복지행정과 일반행정

일반적으로 우리 사회에서 행정(administration)이란 공공행정(public administration)을 지칭한다. 공공행정은 정부조직에서 이루어지는 행정과정이지만 행정은 기업, 학교, 병원 등 다른 조직에서도 존재한다(황성철 외, 2009). 사회복지조직은 휴먼서비스를 제공함에 따라, 일반행정의 원리와 방법이 동일하게 적용되기에는 한계가 있다. 사회복지행정과 일반행정의 차이점을 살펴보면 다음과 같다.

**표 1-5** 사회복지행정과 일반행정의 차이점

| 구분 | 사회복지행정 | 일반행정 |
|---|---|---|
| 대상 | • 지역사회의 인지된 욕구 충족(사회문제 해결) | • 전 국민 혹은 일정한 지역주민의 욕구충족(공공복리) |
| 서비스 종류 | • 손상된 사회적 기능 회복<br>• 사회적·개인적 자원의 제공<br>• 사회적 역기능 예방 | • 국가 또는 지방자치단체 유지 업무<br>• 공공정책 입안 및 집행<br>• 대민업무 |
| 구성 및 활동 | • 이사회가 집행 | • 업무에 따라 중앙부서나 지방자치단체의 해당 부서가 집행 |
| 조직 형태 | • 다양하고 광범위<br>• 법령에 위반하지 않는 한 원칙적으로 자유로운 활동 | • 법령에 의거 조직되고 명확한 업무<br>• 법적 제약이 큼 |
| 행정가의 책임 | • 조직의 내부 운영을 지역사회와 연계한 책임(정당성, 자원 확보) | • 전체 국민 혹은 지역주민에 대한 책임(선거를 통한 신임) |
| 자원 활용 선택 | • 수시로 끊임없이 선택 | • 법령에 따른 업무한도 내에서 활용 |
| 재정문제 | • 조직의 생존을 위해 적자운영 지양 | • 법령에 따라 적자예산 가능 |
| 서비스 성격 | • 전문 사회사업적 성격(노인복지, 아동복지, 장애인복지 등) | • 전문 관리적 성격(주택문제, 환경문제 등) |
| 행정참여도 | • 조직의 모든 직원이 의사결정 | • 직급, 직위에 따른 참여 |

출처: 우종모, 김재호, 조당호(2004)

## 02 사회복지행정의 특성

Social Welfare Administration

### 1) 사회복지조직과 행정의 특징

패티(Patti)는 사회복지행정의 특징을 관리자의 기능과 임무에 초점을 두어 다음과 같이 정리하고 있다.

① 사회복지행정은 정치와 제도에 관련되지만 행정가는 다수의 어려운 도덕적 딜레마와 선택에 직면하는 경우가 많다.

② 사회복지행정의 관리 실무는 외부의 기대와 선호에 의한 영향력과 매개, 화해에

관심을 가진다. 사회복지조직은 기관 프로그램의 발전과 유지에 필요한 자원을 위해 다양한 집단에 의존한다.

③ 사회복지행정은 차별받고 외면당하는 집단이 공공의 관심과 지원을 받을 수 있도록 옹호한다. 지역사회의 사회적 약자들을 대변하고 보호하지 못한다면 사회복지조직은 자원과 협동을 얻을 수 없고 사회복지사들은 이해와 존경도 얻지 못할 것이다.

④ 사회복지행정은 클라이언트들이 보다 많은 전문가들로부터 급여를 받을 수 있도록 자원을 집중하고 다른 기관들과 협동하여 협력을 증진시킨다. 인간에 대한 보호와 변화는 기관들의 네트워크에 의해 협동적으로 산출되기 때문에 휴먼서비스 관리는 통합적인 협동을 발전시키고 유지하는 것이 필요하다.

⑤ 사회복지행정은 조직구성원, 서포터, 자원봉사자들의 도덕적 수행을 촉진하는 가치와 목표를 정교하게 만든다. 사회복지조직 내에서 사회복지사와 다른 전문가들의 업무 수행은 개인적 인성, 조직 분위기, 문화, 구조 등 많은 다른 요소들에 의해서 규정되는 것으로 알고 있지만, 동기화의 가장 중요한 자원 중 하나는 목적에 대한 신념이다.

⑥ 사회복지행정은 기금을 제공하는 기관에 의해 부과된 측정 가능한 기준에 대응하여 조직의 업무 수행을 측정하려 한다. 사회복지행정은 소비자의 선택과 특수화되는 업무 수행에 대한 기대에 부응하는 서비스 기술을 발전시킨다.

⑦ 사회복지행정은 기관의 업무 수행과 재산권을 확립하도록 지원하며 임파워(empower) 과정을 발전시키고 신체적·심리적 건강을 도모하는 환경을 유지하려 한다. 사회복지행정은 만족과 동기화를 증진시키고, 기관의 서비스 전달 가능성을 감소시키지 않는 환경을 만들어 준다.

⑧ 사회복지행정은 서비스 수단 선택과 전달에 클라이언트가 능동적으로 관여할 수 있도록 주의를 기울인다. 최근 사회서비스 소비자는 변화 창조의 핵심적 부분으로 인식되고 있고 변화를 함께 만들어내고 있다.

사회복지조직관리를 중심으로 사회복지행정의 특성을 살펴보면 다음과 같다(오세영, 2009).

첫째, 일반적으로 사회복지조직은 민간 서비스와 공적 서비스를 혼합하여 제공하기 때문에 목표가 모호하다. 또한 정부, 민간후원자, 서비스 이용자와 가족, 전문가, 다른 서비스 기관의 직원 등 이해관계자 사이의 타협에 의해 형성되는 경우가 많다. 비교적 분명한 조직목표가 설정되어 있어도 위정자나 일반 사회의 지지가 결여되는 경우가 흔히 있다. 특히, 사회복지조직이 클라이언트에게 어떤 서비스를 주고 어떻게 변화시킬 것인가에 대해서 사회적인 지지가 결여되고 합의된 요구가 없기 때문에 조직의 목표 추구 활동이 매우 어렵다.

둘째, 사회복지조직은 효과성 및 효율성 측정의 척도가 부족하다. 사회복지조직은 인간을 원료로 하고 있다. 클라이언트는 도덕적 가치를 지닌 인간이다. 인간을 다루는 지식과 기술은 완전할 수 없다. 따라서 사회복지서비스를 표준화하기가 어렵고, 서비스 제공과 기법의 사용에 대한 효과성 및 효율성을 평가하는 것이 어렵고 부정확하다.

셋째, 사회복지조직은 과업환경 속에서 운영되고 있다. 과업환경은 누가 클라이언트가 되어야 하고, 어떤 과정을 거쳐 어떤 목적으로 서비스가 제공되어야 하는가에 관해서 다양하고 때로는 상호 모순적인 기대를 갖는 조직과 집단으로 구성된다.

넷째, 사회복지조직은 과업 환경적 요구의 다양성만큼 조직 내부 구성원의 관점과 요구도 다양하다. 클라이언트들의 요구와 기관의 방침이 마찰이 있는 경우가 있다. 이런 경우에 갈등해소와 조정이 필요하다. 또한 사회복지조직은 다양한 전문직종의 사람들이 혼재되어 있는 경우가 일반적이므로 전문 분야에 따른 강조점이 서로 다르기 때문에 조정이 필요하다. 따라서 사회복지행정가는 다양한 클라이언트 개인과 집단의 요구와 상호 모순되는 견해를 조정해야 한다.

사회복지조직이나 기관도 하나의 조직체이기 때문에 다른 관료제 조직과 유사한 속성을 가지고 있다. 모든 조직체들은 사회적 환경 속에서 합법성을 획득하려 활동하고 노력한다. 이러한 활동과 노력은 사회 속에서 필요한 자원을 획득하고, 지지를 얻기 위하여 노력하게 되는데, 나름대로의 목적을 달성하기 위해서는 내부구조를 체계화하여 관리·운영할 수 있는 기술을 확보해야 한다.

사회복지행정의 특성을 설명하면 다음과 같다.

첫째, 사회복지업무에서는 일반 행정에서 고려되는 능률성이나 경제성이라는 행정 이념보다 형평성, 사회정의, 서비스의 효과성을 우선적으로 고려한다.

둘째, 일반 행정의 경우 대상이 사람과 제도적일 수 있으나, 사회복지행정의 경우 오직 사람만을 대상으로 하며, 인간을 이해할 수 있는 실천기술이 매우 중요한 부분을 차지한다. 즉, 인간관계적 기법을 기본 원리로 하고 있다.

셋째, 사회복지행정의 대상이 되는 문제는 주로 사회문제라고 인식되며, 도움을 필요로 하는 클라이언트의 욕구가 다양하기 때문에 사회복지행정이 추구하는 목표는 다양할 수밖에 없다.

넷째, 사회복지행정은 이윤추구나 권력을 목적으로 하는 것이 아니라 욕구충족의 우선순위와 제한된 자원을 보다 효율적으로 배분하는 일련의 과정으로서 클라이언트, 지역사회 주민의 권리, 공공의 책임, 전문인력의 관리 등 포괄적인 영역을 포함한다.

## 2) 사회복지행정의 과정

사회복지행정은 구체적으로 어떤 영역에서 하는 일에 따라 밀접한 관련을 가지고 있다. 일반적인 사회복지조직을 비롯하여 정부조직, 기업, 학교 병원 등 많은 조직에서 추구하는 목표와 조직의 구조, 활용기술에서 차이가 있지만 각각의 조직에서 추구하는 본래의 기본 목표를 달성하기 위한 각 조직에서 접근하는 절차와 방법 등은 기본적으로 일반적이고 보편적인 관리기능을 활용하며 공유하고 있다.

홍현미라 외(2014)는 사회복지행정이 구체적으로 어떠한 영역에서 무슨 일을 하는 것인지와 관련된다고 하였다. 더 이상 사회복지행정이 단순히 정책에 의해 정해진 바를 집행하거나, 혹은 전문적 서비스 제공 지원을 위한 보조만 하는 것으로 인식하지 않는다. 사회복지행정은 조직을 통해 사회복지정책에서 제시하는 방향과 목적 달성을 위한 집행체계로서 보다 효과적이며 효율적인 전달체계가 되기 위한 기능을 담당한다. 사회복지서비스를 대상자 또는 이용자에게 제공하는 절차와 구조를 만들어 이들에 대한 문제해결과 욕구충족을 지원하는 기능을 담당하며, 외부환경과 유기적인 상호작용을 통해 조직의 목표와 전략을 수립하고 인적자원관리, 재정관리, 홍보와 마케팅, 정보관리 등 조직 관리의 기능을 수행한다.

사회복지행정도 일반 행정과 마찬가지로 조직의 노력을 통해 실천되는 과정이다. 사회복지행정의 과정은 기획, 조직, 인사, 지시, 조정, 보고, 재정, 평가의 일련의 과정을 따르며 각 과정의 첫 글자를 딴 'POSDCoRBE'로 설명할 수 있다. 사회복지행정 과정의 보편적 관리기능을 살펴보면 다음과 같다.

**표 1-6 사회복지행정 과정의 POSDCoRBE 모델**

| 과정 | 기능 | 주요 적용 기술 |
|---|---|---|
| 기획 | 변화하는 목표에 맞춰 과업 계획 | 기획과 의사결정, 리더십 |
| 조직 | 과업 할당 및 조정 등 조직구조 설정 | 기획과 의사결정, 리더십 |
| 인사 | 직원의 채용, 훈련, 교육, 승진 | 인적자원관리 |
| 지시 | 합리적인 결정, 책임과 권한 위임 | 기획과 의사결정, 리더십, 슈퍼비전, 프로그램 설계 |
| 조정 | 직원 간 효과적인 의사소통 | 의사소통, 리더십 |
| 보고 | 직원, 이사회, 지역사회 등에 보고 | 정보관리 |
| 재정 | 재정계획 수립, 재정운영 및 책임 | 재정관리 |
| 평가 | 서비스의 효과성·효율성 평가 | 기획과 의사결정, 리더십, 의사소통, 프로그램설계 |

출처: 심상용(2017)

① 기획(Planning)은 사회복지조직의 목표와 전략 및 목표 달성을 위한 일련의 활동과 방법을 결정하는 기능이다. 기획은 기관의 목표 설정, 목표 달성을 위한 과업이나 활동, 과업 수행을 위한 방법의 결정을 말한다.

② 조직(Organization)은 사회복지조직의 하위구조와 직무의 할당 및 역할과 책임을 명확히 하는 공식적 구조의 설정으로 사회복지조직의 관리를 결정하는 기능이다. 사회복지조직의 구조는 일반적으로 정관의 규정, 운영지침에 기술되어 있다.

③ 인사(Staffing)는 사회복지조직 직원의 채용과 훈련, 직원 배치, 근무조건, 교육, 동기부여, 업적 평가, 해고 등 인사관리를 진행하는 기능이다. 행정책임자는 직

원의 임면에 대한 책임과 교육과 훈련 우호적인 활동 조건의 조성에도 책임을 지며 구성원 간에 개방적인 의사소통의 망을 유지하고 갈등을 해소해야 한다.

④ 지시(Directing)는 사회복지조직에서 합리적인 의사결정에 의한 업무지시와 책임과 권한을 효과적으로 위임하는 기능이다. 사회복지기관의 행정책임자는 기관을 효과적으로 지시하는 지도자로서 합리적인 결정을 내리는 능력, 헌신적인 태도, 도와주는 능력, 위임하는 능력을 지니고 개인과 집단의 창의성을 고취하는 능력을 지녀야 한다.

⑤ 조정(Coordinating)은 사회복지조직의 부서와 사업 등 기관 활동의 다양한 요소들을 상호 연결하여 조정하며 효과적인 의사소통을 원활하게 하는 기능이다. 조정은 기관 활동을 다양하게 상호 유기적으로 연결시켜 주는 중요한 기능으로 기관 내 여러 부서와 구성원들 간의 효과적인 의사소통의 통로를 확보해야 한다.

⑥ 보고(Reporting)는 사회복지기관의 의사결정 사항, 회계관리, 업무나 사업 등 기관 내 활동에 대한 기록의 유지 및 보고 기능이라 할 수 있다. 사회복지행정책임자는 보고의 기능을 수행하기 위해 기관의 직원, 이사회, 운영위원회 및 유관기관에 대하여 기관에서 발생하는 상황을 유기적으로 알려야 한다. 행정책임자는 기록의 유지, 정기적인 감사, 조사연구 등의 활동을 해야 한다.

⑦ 재정(Budgeting)은 사회복지기관 운영에 필요한 재정 규모의 예측과 재원 마련, 예산 계획, 예산의 할당, 예산 집행 및 회계 등의 기능을 관리한다. 사회복지기관의 재정은 기관 운용에 필요한 요소로서 예산상의 관점에서 투명해야 하며 장기적인 목표와 현재의 운영계획에 기초하여 수립되어야 하며 재정상의 운영을 통제하는 전반적인 책임을 진다.

⑧ 평가(Evaluation)는 사회복지기관의 목표와 사업 및 활동 목표에 비추어 결과를 사정하고 그 효과성과 효율성을 측정한다. 평가는 기관의 목표에 따라 전반적인 활동 결과를 사정하는 과정으로 기관의 서비스가 수행된 정도와 가용한 자원, 기관의 서비스가 수행된 정도를 평가하는 효과성과 효율성 척도를 활용하여 효과적인 평가가 진행될 수 있도록 평가활동을 자유롭게 수행할 수 있는 분위기를 조성해야 한다.

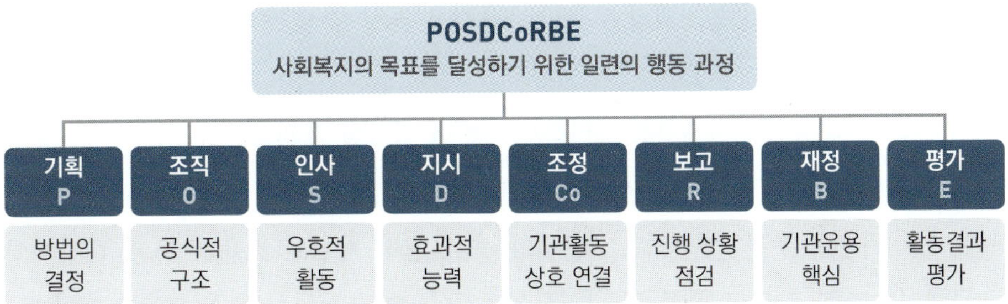


**그림 1-3** 사회복지행정의 과정

## 03 사회복지행정의 필요성

사회복지행정의 필요성은 산업화와 도시화로 인하여 복잡화된 현대사회에서 빈곤, 의료, 주택 등 많은 문제가 제기되며 사회에 대한 복지제도의 정책적인 개입이 요구되기 시작하였다. 사회 체계 내에서 인적자원과 물적자원의 효율적인 활용을 통하여 다양한 사회문제를 해결해 나가기 위한 조직적인 활동으로 사회복지행정의 필요성이 대두되고 한정적인 자원을 고려했을 때, 사회복지행정은 클라이언트에게 요구되는 서비스를 적시에 제공하고 그 효율성을 극대화시키는 것이 필요하다.

사회복지행정의 필요성이나 중요성을 다음과 같이 들 수 있다(장인협·이정호, 1993).

첫째, 인간이 복지에 대한 관심을 가지게 된 것은 시대와 국가 또는 사회를 막론하고 공통적인 것이었고 이러한 복지는 인간에게 관심사로서 사회적인 의미를 갖게 했다. 산업화로 인한 사회변동의 영향으로 사회문제를 야기시켜 위협을 초래하였다. 소득보장, 의료보장, 고용, 주택 등의 사회문제를 해결하기 위해서 노력하고 있다.

둘째, 행정의 의미를 조직관리를 통한 합리적 협동행위로 본다면 사회복지활동은 기관이나 시설에서 효과성을 기대할 수 있다. 사회복지활동의 목표는 인적·물적자원의 효과적인 관리를 통해서 성취될 수 있는 것이다.

셋째, 사회적 서비스 조직체들은 막대한 재정이 소요되며 국가 예산의 많은 부분을 차지하고 있다. 따라서 복지재정 부분의 효율성을 높일 수 있는 행정관리가 요청된다.

사회복지행정은 사회복지환경의 변화로 나타난 다양한 복지욕구와 그 욕구를 충족시키기 위한 많은 활동들을 체계화하고 효율적으로 조정하여 목표 달성을 이루도록 하는 것이다. 즉, 무분별한 서비스 난립의 방지, 공적 자원의 효율적 사용, 대상자의 욕구해결을 위한 충족 등을 통해 사회복지조직의 효과적인 목표를 달성하는 것이다.

윌렌스키와 르보(Wilensky & Lebeaux, 1965)는 사회복지가 공식적 조직에 의한 활동임을 강조하고 있다. 오늘날의 사회복지활동은 조직적인 틀을 갖추고 지속적이며 체계적으로 이루어져야 하며 다양한 분야에서 이루어지는 사회복지사의 활동을 통해 이루어지고 있으며 가장 기본적인 조직이 사회복지조직에서의 활동이라 할 수 있다.

사회복지조직에서 사회복지행정이 없다면 효과성 및 효율성을 떠나 사회복지서비스 현장에서의 접근이 어려우므로 사회복지조직에서 행정의 필요성과 중요성은 매우 크다고 할 수 있다.

행정 없는 사회복지 활동의 어려움을 바인바흐(Weinbach, 1990)는 다음과 같이 설명하고 있다.

① 클라이언트와 직원들은 기분 내키는 대로 나타나기도 하고 사라지기도 할 수 있다.
② 직원들은 매일 업무를 시작할 때 하고자 하는 것을 결정할 것이며 그들의 업무는 다른 직원들과는 어떤 유기적 관련 없이 이루어질 수 있다.
③ 아무도 자신의 업무 또는 다른 사람의 업무에 대해 책임을 지지 않을 것이다.
④ 아무도 다른 사람의 업무 또는 어떠한 프로그램 및 서비스를 평가하지 않을 것이다.
⑤ 아무도 지역사회 내에서 조직의 현재 역할에 대해 알지 못할 것이고 조직의 미래에도 관심을 갖지 않을 것이다.
⑥ 아무도 다른 직원과 어떤 정보를 함께 나누려 하지 않을 것이다.
⑦ 어떤 확실한 지도자도 없을 것이며 또한 직원들에 대한 분명한 역할 기대도 없을 것이다. 모든 결정은 일방적으로 될 것이다.
⑧ 행동을 지도할 목표도 사명도 없을 것이다. 모든 행동은 제멋대로 될 것이다.

⑨ 직원들의 지식과 기술을 향상시키는 것을 도울 어떤 수단도 없을 것이다.

⑩ 과업의 위임도 전혀 없을 것이다.

사회복지행정이란 이와 같은 상태가 발생하지 않도록 하는 장치이며, 조직이 실현하고자 하는 이념에 따라 목표를 설정하고 효과적으로 달성하기 위해서는 이러한 장치가 필요할 뿐만 아니라 매우 중요하다는 것을 역설적으로 나타내고 있다.

## 04 사회복지의 분야별 행정

Social Welfare Administration

사회복지의 분야는 다양하고 광범위하다. 우리의 일상생활은 대부분 복지문화와 행정시스템이 작용하고 있으며 사람답게 살아가기 위한 최소한이 안전장치와 대응정책이라 볼 수 있다. 이와 관련하여 노인복지, 장애인복지, 아동/청소년복지에 관해 살펴보자.

### 1) 노인복지

#### (1) 노인의 개념

노인이란 일반적으로 '늙은이' 또는 '나이 많은 사람'으로 평범하게 사용되는 용어이다. 이에 대해 명확한 개념 정의가 쉽지는 않으나 국제노년학회에서 노인이란 '인간의 노화 과정에서 나타나는 생리적·심리적·환경적 변화 및 행동의 변화가 상호작용하는 복합 형태의 과정에 있는 사람'이라고 개념 규정을 하고 있다. 이는 곧 노인은 생리적·신체적 기능의 쇠퇴와 더불어 심리적 변화를 가져와 자기유지기능과 사회적 역할기능이 약화되고 있는 사람을 의미한다고 볼 수 있다.

노인은 보통 네 가지의 문제로 인한 고통이 따른다고 한다. 첫째, 나이가 들게 됨에 따라 나타나는 신체적인 쇠퇴현상에서 야기되는 질병 등의 건강문제, 둘째, 직장에서 은퇴함으로써 나타나는 소득상실의 문제, 셋째, 직장은퇴와 함께 야기되는 역할상실 및 여가시간의 활용 문제, 넷째, 가정과 직장 그리고 사회로부터 고립·소외되어 사회심리적 소외 및 고립 문제가 그것이다(이혜원, 1997).

### (2) 노인복지행정의 역할

지난날의 우리나라는 가족부양의식의 전통이 깊어 노인부양은 그리 큰 문제가 아니었다. 하지만 최근의 산업화로 인한 급격한 사회 변동과 젊은이들의 의식 변화로 노인부양 문제는 오늘날 가족과 개인의 문제로만 국한되지 않고 국가와 지역사회가 그 역할을 분담해야 하는 사회적인 문제로 대두되고 있다. 과거에는 성장한 자녀에 의한 생활비의 지원보조가 노후생활방편의 대부분을 이루고 있었으나 이젠 이와 같은 소극적이고 단순한 생계보호적인 노인복지행정만으로는 부족하다. 노인인구의 상대적 증가에 따른 고령화사회에 노인 모두의 '삶의 질'을 향상시키기 위한 적극적이고 체계적인 노인복지행정의 역할이 필수적이다. 즉, 최저조건을 위한 노인복지행정 역할에서 최고조건을 추구하는 노인복지행정의 역할이 요구된다. 따라서 오늘날의 노인복지행정의 역할은 경제·직업적 안정과 보장, 의료서비스 보장, 가족적 안정 및 주택보장뿐만 아니라 노인들의 정신적·육체적 기능을 유지·향상시키는 실버산업에까지 확대할 것으로 예상된다.

### (3) 노인건강보장행정

노인은 일반적으로 육체적·정신적 노화로 만성노인질환을 앓고 있기 때문에 건강문제 및 질병문제는 노인에게 매우 중요한 문제이다. 여기에 정부는 노인질환의 조기발견 및 노인건강을 증진하고자 1983년부터 저소득층 노인을 대상으로 무료노인건강진단을 실시하고 있다. 또한 1996년 이후부터는 건강보험 적용기간을 철폐, 연간급여기간을 365일로 확대적용하고 있다. 건강상담을 통한 질병의 사전예방과 치료, 요양, 재활서비스를 위한 노인건강관리와 관련된 법을 제정하였으며 2008년부터는 치매노인질환자 및 장기요양자를 위한 노인장기요양보험을 실시하기 위해 「노인장기요양보험법」을 제정·시행하고 있다. 최근 급증하고 있는 치매노인질환자를 위해 전문진료체계를 확립하고자 치매노인전문센터의 설립을 확충하고 있다. 노인 건강보장과 관련된 노인보건복지사업 수혜기준을 살펴보면 다음과 같다.

#### ① 노인장기요양보험

65세 이상 또는 65세 미만 노인성 질환자 중 요양보호가 필요한 중등증(1급~3급) 이상자들에게 제공되는 보험제도이다.

#### ② 노인복지시설(의료)

노인성 질환 등으로 요양을 필요로 하는 노인들에게 제공되는 의료복지시설이다.

#### ③ 재가노인복지사업(주간·단기 보호서비스)

장기요양급여 수급자와 심신이 허약하거나 장애가 있는 65세 이상의 노인들에게 제공되는 복지서비스이다.

#### ④ 치매상담·검진사업

60세 이상의 치매노인과 그 가족에게 제공되는 사업이다.

### (4) 노인소득보장행정

#### ① 기초연금제도

노령수당제도(1991년)를 기초로 하여 경로연금제도(1998년), 기초노령연금(2008년)으로 변경되었다가 2014년부터 시행되었다. 즉, 정부는 고도산업사회 속의 급격한 변동에 적절히 노후대비를 하지 못해, 여러 가지 어려움을 겪고 있는 노인들에게 노후생활의 안정을 위해 직접적인 소득보장혜택을 주는 제도이다.

#### ② 노인일자리사업 지원

대한노인회는 1981년부터 노인취업상담 및 취업알선을 위한 노인능력은행을 설치·운영하여 노인들의 여가선용 및 소득기회를 제공하였다. 그 결과 1993년까지 총 77만 명의 노인을 취업시킨바 있는 좋은 결과를 가져와 정부는 보다 이를 활성화하기 위하여 45개의 노인능력은행에 대하여 개소당 월 30만 원의 운영비를 지원하였다. 또한 노인공동작업장을 설치·운영하여 노인의 적성과 능력에 따라 작업을 함으로써 여가선용과 함께 소득기회를 제공할 수 있도록 하였다.

이를 살펴보면 다음과 같다.

**표 1-7 노인일자리 사업 내용**

| 구분 | 유형 | 내용 |
|---|---|---|
| 사회 공헌형 | 공익형 | 노인일자리 예산에서 참여노인 인건비와 부대 경비를 전액 지원 |
| | 교육형 | |
| | 복지형 | |
| 시장 진입형 | 공동작업형 | 노인일자리 예산에서 일정 기간 사업비 또는 참여자 인건비를 일부 보충지원하고 추가 사업소득으로 연중 운영 |
| | 제조판매형 | |
| | 인력파견형 | 기업 등 노인인력 활용 업체에서 인건비를 지급하고 노인일자리 예산에서 부대 경비를 지원 |

출처: 보건복지부(2014), 노인보건복지사업 안내.

## 2) 장애인복지

### (1) 장애인의 개념

장애인에 대한 개념은 매우 복합적인 성격을 지니고 있다. 그리고 개인에 따라 장애인의 종류도 다양하며 그 정도도 상이하므로 일률적으로 정의를 내리기는 어렵다. UN의 「장애인권리선언」 제1조에 의하면 장애인이란 '선천적이든 후천적이든 신체적 또는 정신적 능력의 결함으로 인하여 보통의 개인 혹은 사회생활에 필요한 것을 스스로 완전히 혹은 부분적으로 수행할 수 없는 사람'이다. 그리고 국제노동기구(ILO) 제99호 권고인 「신체장애인의 직업재활에 관한 권고」에서는 장애인을 '신체적 혹은 정신적 손상의 결과 적당한 직업에 취업하거나 그것을 계속할 가망성이 상당하게 감퇴하고 있는 사람'이라고 규정하고 있다. 미국의 「재활법」에서는 장애인을 '주요 생활 분야에 있어 한 분야 이상 실질적인 제한을 주는 신체적·정신적 결함을 갖고 있는 자'

로 규정하고 있으며, 일본의 「심신장애자대책기본법」에서는 심신장애인이란 '지체부자유, 시각장애, 청각장애, 평형기능장애, 음성기능장애 또는 언어기능장애, 심신기능장애, 호흡기능장애 등의 고정적 장애, 기능장애 또는 정신박약 등의 정신적 결함이 있기 때문에 장기간에 걸쳐서 일상생활 또는 사회생활에 상당한 제한을 받는 사람'이라고 규정하고 있다. 우리나라 「장애인복지법」에서는 장애인을 장애의 본질, 성격, 속성 등을 포함하는 관점보다는 장애의 종류와 기준에 따라 규정하고 있다. 동법 제2조에 의하면 장애인이란 '신체적·정신적 장애로 오랫동안 일상생활이나 사회생활에서 상당한 제약을 받는 자로서 대통령령이 정하는 기준에 해당하는 자'라고 규정하고 있다.

### (2) 장애인재활 프로그램

#### ① 의료재활 프로그램

의료재활서비스는 심신장애의 발생 원인인 질환을 치료하거나 의학적으로 변형의 교정, 마비의 회복훈련 등 기본적 기능장애의 개선을 도모하고, 회복에 한계가 있을 때는 다른 기능(잔존능력)을 훈련에 의해 보완함으로써 전체적인 능력의 회복이나 향상을 도모하는 것과 보조기구 등에 의한 기능장애를 대상으로 하여 능력을 신장시킴으로써 가능한 한 장애인이 사회로 복귀하여 정상인과 같이 생활할 수 있도록 하는 것이다. 의료재활서비스가 확대되기 위해서는 우선 충분한 의료재활 전문인력(재활전문의, 물리치료사, 작업치료사, 언어치료사, 청능훈련사, 보조기구 전문가 등)이 확보되어야 한다. 따라서 정부는 그동안 재활전문인력을 양성해 오고 있으나 현재 대학에서 배출되고 있는 물리치료사를 제외한 작업치료사, 상담평가요원, 언어치료사 외 많은 인력이 부족한 상태이다.

#### ② 교육재활 프로그램

장애인의 교육재활 프로그램은 장애인의 잠재능력을 최대한도로 발휘하게 하여 사회생활에 도움을 주는 교육의 제도, 방법, 기술 등을 총칭하며 이러한 교육을 특수교육이라고 한다. 교육은 인간의 잠재능력을 개발하는 학습과정이다. 따라서 교육은 모든 사람에게 필요한 것이지만 정신적·육체적으로 결함을 지니고 있는 장애인들에게는 보다 더 큰 의미를 가진다. 다시 말해 잠재능력의 일부가 결손되어 있는 장애인의 경우에는 그 잔존능력의 개발, 촉진을 위해서 특수교육이 매우 중요한 의미를 지니게 되는 것이다. 이런 점에서 선진국의 경우 심한 장애인이라도 그 발달 가능성을 긍정적으로 받아들여 교육적 욕구에 맞는 이른바 개별화와 최적화의 방법으로 장애인의 잔존능력이 최대한 개발될 수 있도록 돕고 있다. 또한 특수교육을 직업재활과 체계적으로 연결하여 기능연마, 직업선택을 돕고 취업과 직결시키는 프로그램들을 제공하고 있다.

우리나라도 1970년대에 들어와서 장애인 특수교육에 대한 관심이 확대되었다. 특히 1977년 「특수교육진흥법」의 제정은 낙후된 우리나라의 특수교육 발전의 계기가 되었으며, 2007년 「장애인 등에 대한 특수교육법」이 제정되면서 「특수교육진흥법」은 폐지되었다. 특수교육의 대상자는 일반학급 교육대상자와 특수학급 또는 특수학교 교육대상자로 나누어진다. 통합교육 대상자가 일반학교에서 소외되지 않고 능력에 따라 교육을 받을 수 있기 위해서는 일반교사의 장애인교육에 대한 이해가 증진되어야 한다. 이에 교육부는 경증장애인의 통합교육 여건의 조성을 위해 1991년부터 특수교육개론을 필수화하도록 하였다.

경증장애인은 통합교육이 가능하지만, 그렇지 못한 중증의 장애인은 특수학교와 특수학급에서 교육을 받도록 해야 한다. 「장애인 등에 대한 특수교육법」은 유치원, 초등학교, 중학교, 고등학교의 과정을 교육하는 특수학교와 특수학급을 특수교육기관으로 규정하고, 고등학교 이하의 각급 학교에 병설된 특수학급으로 규정하고 있으며, 특수교육기관의 설치를 국가와 지방자치단체의 임무로 규정하고 있다.

#### ③ 직업재활 프로그램

장애인복지의 궁극적 목적은 모든 장애인이 자기 능력을 최대한 개발하여 적성에 맞는 직업을 가지고 사회적·경제적 활동에 참여하여 재활자립을 도모하는 것이라 할 수 있다. 직업재활은 장애인 재활 프로그램들 중 직업적 측면에 속하는 것이고 의료재활, 교육재활에 이어 장애인의 사회생활 참여의 가까운 시점에 등장하는 원조과정이라고 할 수 있다. 보다 구체적으로 직업재활 프로그램은 심신의 결함을 지닌 장애인들의 신체적·정신적·직업적·사회적·경제적 가용능력을 최대한으로 길러 줌으로써 자립생활을 할 수 있는 직업을 갖게 해주는 것이다.

직업재활은 장애인이 독립적으로 경제력을 갖는 생산적 인간으로 사회에 복귀시키는 과정으로 볼 때, 이 직업재활을 위해서는 장애인의 장애 유형과 장애 정도에 적절한 직업훈련의 실시와 취업직종의 개발이 선행되어야 할 것이다. 이를 위하여 정부는 근로시설과 보호작업장을 증설하여 근로기회를 확대하고 취업에 필요한 기능을 습득하도록 직업훈련을 실시하는 한편 취업알선과 의무고용제도를 실시하여 장애인의 직업재활을 도모하고 있다. 그런데 현행 법체계상 장애인의 직업재활을 담당하는 부서는 대상 장애인에 따라 고용노동부, 교육부, 국가보훈처 등으로 각각 분산되어 장애인의 종합적인 직업재활정책의 수립이 곤란한 실정이다. 또한 행정능률에도 많은 지장을 초래하고 있으며 장애인직업재활에 관련된 행정기구 역시 전문적·체계적으로 이루어지지 못하고 있다(김정헌·박명호, 2014).

### 3) 아동/청소년복지

#### (1) 아동의 개념

아동복지의 개념은 연구하는 학자 및 단체의 연구 시각과 목적에 따라 차이를 보이고 있다. 일반적으로 장애아동 및 비장애아동들이 가족 및 사회의 일원으로 육체적으로나 정신적으로 건전하게 성장·발달할 수 있도록 지역사회나 사회복지서비스 분야에 있는 공사단체와 기관들이 협력하여 아동의 복지에 필요한 사업을 계획하며 실행에 옮기는 조직적인 활동을 말한다. 즉, 아동들에게 혜택을 주기 위한 사회복지 프로그램과 아동복지서비스를 제공해 주는 사회사업의 실제 내지 이를 집행하는 일체의 활동을 의미한다.

아동이란 일반적으로 연령을 기준으로 하는데 국가에 따라 상이한 입장을 보이고 있다. 대만의 경우 12세 이하, 영국은 14세 미만, 미국은 17세 미만, 일본은 18세 미만을 아동으로 규정하고 있다. UN에서 정한 「아동권리협약」과 우리나라 「아동복지법」

에서는 18세 미만인 자를 아동이라고 규정하고 있으며, 이는 아동복지의 대상을 사회통념상의 어린이와 소년의 연령층을 그 대상으로 하고 있음을 보여준다. 아동복지의 대상인 아동의 범위에는 장애를 가진 장애아동은 물론 모든 비장애아동이 포함되는 것으로 이해해야 한다.

### (2) 아동복지시설 사업

#### ① 아동복지시설운영 사업

아동복지시설의 종류를 살펴보면 다음과 같다(「아동복지법」 제52조).

가. 아동양육시설: 보호대상아동을 입소시켜 보호, 양육 및 취업훈련, 자립지원 서비스 등을 제공하는 것을 목적으로 하는 시설

나. 아동일시보호시설: 보호대상아동을 일시보호하고 아동에 대한 향후의 양육대책수립 및 보호조치를 행하는 것을 목적으로 하는 시설

다. 아동보호치료시설: 아동에게 보호 및 치료 서비스를 제공하는 시설

라. 공동생활가정: 보호대상아동에게 가정과 같은 주거여건과 보호, 양육, 자립지원 서비스를 제공하는 것을 목적으로 하는 시설

마. 자립지원시설: 아동복지시설에서 퇴소한 사람에게 취업준비기간 또는 취업 후 일정 기간 동안 보호함으로써 자립을 지원하는 것을 목적으로 하는 시설

바. 아동상담소: 아동과 그 가족의 문제에 관한 상담, 치료, 예방 및 연구 등을 목적으로 하는 시설

사. 아동전용시설: 어린이공원, 어린이놀이터, 아동회관, 체육·연극·영화·과학실험전시 시설, 아동휴게숙박시설, 야영장 등 아동에게 건전한 놀이·오락, 그 밖의 각종 편의를 제공하여 심신의 건강유지와 복지증진에 필요한 서비스를 제공하는 것을 목적으로 하는 시설

아. 지역아동센터: 지역사회 아동의 보호·교육, 건전한 놀이와 오락의 제공, 보호자와 지역사회의 연계 등 아동의 건전육성을 위하여 종합적인 아동복지서비스를 제공하는 시설

### ② 공동생활가정운영 사업

공동생활가정운영 사업은 보호가 필요한 아동에게 가정과 같은 주거여건과 보호, 양육, 자립지원 서비스를 제공하는 것을 목적으로 한다. 대규모 집단시설 위주의 보호에서 소규모 가정 형태 보호로의 전환 강조 및 지역사회 중심의 아동보호를 위한 새로운 보호 형태로 논의되고 있다. 1995년 '국민복지기획단'에서 마련한 국민복지기본구상에 그룹홈 도입을 논의하였으며, 1996년 그룹홈제도 도입을 결정하고 1997년부터 시범사업을 실시하여 2004년부터 「아동복지법」상 아동복지시설 종류에 추가되었다.

### ③ 지역아동센터 사업

지역아동센터 사업은 방과후 돌봄이 필요한 아동의 건전육성을 위하여 보호, 교육, 건전한 놀이와 오락의 제공, 보호자와 지역사회의 연계 등 종합적인 아동복지서비스를 제공하는 사업이다. 지역사회 내 보호를 필요로 하는 18세 미만의 아동을 대상으로 하고 있으며, 법인·민간단체 및 개인 등이 운영하고 있다.

지역아동센터에서 운영하는 프로그램을 살펴보면 다음과 같다.

**표 1-8 지역아동센터 프로그램**

| 영역 | 세부 프로그램 |
|---|---|
| 보호 | 일상생활관리, 위생건강관리, 급식지도, 생활안전지도, 안전귀가지도, 5대 안전의무교육 |
| 교육 | 숙제지도, 교과학습지도, 예체능활동(미술/음악/체육), 적성교육(진로/독서/요리/과학 등), 인성·사회성 교육, 자치회의 및 동아리 활동 |
| 문화 | 관람·견학, 캠프·여행, 공연, 행사(문화/체육 등) |
| 정서지원 | 연고자 상담, 아동상담, 보호자교육, 행사·모임 |
| 지역사회 연계 | 기관 홍보, 인적 연계, 기관 연계 |

출처: 보건복지부(www.mohw.go.kr)

## (3) 청소년의 개념

청소년복지는 가정이나 사회로부터 버려지거나 적응하지 못하는 청소년뿐만 아니라, 모든 청소년들의 안녕에 관심을 가진다. 청소년복지활동은 청소년의 기본적 욕구를 충족하게 하고, 정신적·정서적·신체적으로 최상의 발달을 기하기 위해서 청소년

자신들에게 직접적으로 또는 가정이나 사회를 통해 간접적으로 제공되는 모든 사회적 제도와 전문적 활동을 말한다.

우리나라의 아동과 청소년의 연령적 구분을 보면 「아동복지법」에서의 아동은 18세 미만인 자를 말하며 「청소년 기본법」에서의 청소년은 9~24세 전후까지로 규정하고 있다.

### (4) 청소년복지시설 사업

청소년복지시설의 종류를 살펴보면 다음과 같다.

가. 사회복지관: 아동복지사업, 청소년복지사업, 가정복지사업 등을 전개하고 있다.

나. 근로청소년회관: 교육사업, 아파트 임대사업, 상담사업, 후생복지사업을 실시하고 있다.

다. 종합사회복지관: 종합사회복지관은 아동복지사업, 장애아복지사업, 지역복지사업을 실시하고 있다.

라. 장애인복지관: 장애인의 전인적 재활촉진, 복지증진과 장애인의 사회통합, 사회인식의 개선 및 지역복지의 중추적 역할을 담당하고 있다. 이를 위해 의료, 심리, 교육, 직업 등 종합상담 및 타 기관안내 등을 실시하고 있다.

**생각 나누기**

1. 사회복지행정에서 추구하는 이념을 정리하라.
2. 사회복지행정에서 말하는 협의적 개념과 광의적 개념을 설명하라.
3. 사회복지행정의 필요성이나 중요성에 대해 설명하라.

# CHAPTER 2

# 사회복지조직의 기본 이론

## 01 사회복지조직의 개념

Social Welfare Administration

### 1) 사회복지조직의 정의

조직은 인간이 함께 어울려 살아가는 공간이며, 인간은 사회적 동물이기 때문에 혼자서는 살 수 없다. 조직의 울타리에서 살아가야 하기 때문에 조직이 인간의 사회생활에서 중요한 행위자로 등장한 현대사회를 조직사회 또는 조직국가라고 말할 수 있을 것이다(Lanman & Knocke, 1987; Presthus, 1985). 이런 개념은 현대사회에서 조직이 그만큼 중요한 역할을 수행하고 있음을 말해 주고 있는 것이다(고재욱 외, 2016: 110; 오석홍, 2004).

일반적으로 조직은 하나의 구조로서만 이해하고 있는 경향이 있지만 사회복지의 맥락에서는 구조의 요소 못지않게 과정의 요소도 매우 중요하다. 일부 학자들은 '조직은 하나의 구조이며 과정으로서 조직성원들로 하여금 가장 효과적으로 기관의 목표를 설정하고 수행할 수 있는 관계를 형성'한다고 주장하고 있다. 특히 과정의 요소를 강조한 밀렛(Millette, 1971)은 "공공의 복지를 위한 조직은 공통의 목표 달성을 위하여 결성된 사람들의 모임으로서 조직을 둘러싼 환경에 반응하며 조직의 기능 수행에 적절한 개별·집단 성원 간의 행동 유형을 규정하고 수행될 과제의 분담에 관한 조직

성원 간의 관계를 설정한다. 조직은 기회를 부여함과 동시에 스스로의 한계성도 있으며 의욕을 부여함과 동시에 좌절의 요인이 되기도 한다."고 정의한 바 있다.

## 2) 사회복지 과업의 종류

### (1) 재정자원 제공자

재정자원 제공자(resource suppliers)는 사회복지조직에 재정을 제공하는 국가(중앙 및 지방정부), 기업체, 사회복지공동모금회, 개인 후원, 유료 클라이언트를 말한다. 우리나라의 민간 사회복지조직은 대부분 국가보조에 의존하고 있으며, 재정자원 제공자(후원자 등)는 조직에 가장 큰 영향을 미치는 요소이다.

### (2) 합법성과 권위 제공자

사회복지조직의 합법성과 권위는 법률에 의해 부여되고 있으며, 정당성이나 사회적 승인은 그 지역사회나 클라이언트 집단, 전문조직 집단에 의해서 인정된다. 따라서 이같이 합법성과 정당성의 제공자는 사회복지조직을 감독·평가하는 기능을 수행하며, 정부기관인 보건복지부, 시·도, 시·군·구청, 지방의회나 전문직 협회(한국사회복지협의회 및 한국사회복지사협회 등) 시민단체 등이 있다.

### (3) 클라이언트 제공자

클라이언트 제공자란 클라이언트를 사회복지조직에 의뢰하는 개인·조직·집단뿐만 아니라, 사회복지조직으로부터 직접 서비스를 받고자 하는 개인·가족을 말한다. 여기에는 정부기관, 학교 등이 포함된다.

### (4) 보충적 서비스 제공자

사회복지조직은 자체 능력의 한계가 있기 때문에 전문기관인 다른 단체에 보충적 서비스를 의뢰해야 한다. 예를 들어 알코올 치료나 자폐아 치료 등은 병원에 연결되어 있다.

### (5) 조직 산출물을 소비·인수하는 자

사회복지조직에서 산출한 것을 소비·인수하는 자로 주로 클라이언트, 클라이언트의 가족, 지역사회, 단체, 국가 등이 포함된다.

### (6) 경쟁관계에 있는 조직들

지역사회의 자원과 클라이언트의 확보를 위해 사회복지조직과 경쟁하는 다른 조직을 말한다. 재정 측면에서 본다면 정부나 지역공동모금 후원회로부터 더 많은 지원을 받기 위해서 사회복지조직은 다른 복지조직과 경쟁관계에 있다(최용민 외, 2015).

## 02 사회복지조직의 특성과 유형

Social Welfare Administration

### 1) 사회복지조직의 특성

사회복지조직의 특성에 대한 이해를 시도함에 있어서 강조되어야 할 점은 사회복지조직은 어떤 소외된 조직이 아니라 복잡한 사회현상의 하나로서 독특한 역사를 가지고 있으며 사회 속의 다양한 계층, 조직과 연계성을 가지고 있다는 것이다. 즉, 사회복지조직의 구조, 조직의 목표, 과정 등에 지대한 영향을 미치는 외적 환경의 이해를 전제로 하지 않고서는 사회복지조직의 특성을 이해하기 어렵다는 것이다(김형식·이형철·신준섭, 2013: 132).

스타인(Stein, 1970)은 사회복지행정을 사회복지조직이 조정과 협력활동의 체계를 통해서 목표를 설정하고 달성하는 과정이라고 정의했다. 사회복지행정은 사회복지조직을 효율적으로 관리하기 위한 것으로 행정의 한 부류이며, 따라서 사회복지조직을 보다 체계적으로 관리하기 위해서는 조직관리의 원칙이 당연히 적용된다.

사회복지조직의 특성을 정리하면 다음과 같다(최용민 외, 2015: 90).

① 클라이언트와 직접 접촉하며 활동한다. 즉, 사회복지조직의 원료는 인간이고 다른 관료조직과는 달리 사회복지조직의 원료는 문화적 가치를 부여받은 사회적·도덕적 정체성을 지닌 인간이라는 것이다.

② 사회복지조직의 목표는 불확실하며 애매모호하다. 조직의 원료가 생명이 없는 대상물인 기업조직과는 달리 사회복지조직은 목표와 관련하여 과업환경 및 직원들 간의 합의를 찾기가 상대적으로 쉽지 않다. 과업환경은 클라이언트와 이해관계를 갖고 있는 다양한 사회집단 및 기타 공식 조직으로 구성되어 있으며, 이들은 나름대로의 특별한 가치제계를 갖고 조직의 목표가 설정되기를 기대하고 있는데 사회복지조직이 이들의 기대를 모두 고려하다 보면 목표 설정이 불확실하고 애매모호하게 될 수 있다.

③ 사회복지조직의 기술은 불확실하다. 조직의 기술은 조직의 원료를 미리 정해진 방식에 따라 현재의 상태에서 다른 상태로 변화시키기 위해 마련된 일련의 절차를 말한다. 사회복지조직의 기술이 불확실한 이유는 다음과 같다.

- 인간은 아주 복합적인 존재이며 그 속성이 사람마다 다르다. 따라서 사회복지조직의 원료인 인간은 변동적이며 불안정하다.
- 인간이 어떻게 기능하고, 인간을 어떻게 변화시켜야 하는가에 대한 지식은 단편적이고 불완전하다.
- 사회복지조직이 변화시켜야 할 인간의 속성들 가운데 관찰 또는 측정될 수 없는 것이 많다.

④ 사회복지조직에서의 핵심적 활동은 직원과 클라이언트의 관계로 구성되어 있다. 사회복지조직의 중요한 업무는 클라이언트와 직원 간의 일련의 관계 속에서 이루어지고 따라서 사회복지조직에서는 항상 클라이언트와 접촉하는 일선 직원들의 지위와 역할이 매우 중요하고 많은 재량권을 행사하게 된다.

⑤ 사회복지조직은 전문성을 갖고 있는 직원들에게 점점 더 크게 의존하고 있다.

⑥ 사회복지조직에는 그 효과성을 신뢰성 있고 타당성 있게 측정할 수 있는 척도가 부족하다. 사회복지조직이 효과성 측정에 어려움을 겪는 원인으로 목표의

다양성과 모호성, 서비스 기술의 불확실성 그리고 인간의 속성에 대한 관찰과 측정의 본질적인 어려움 등이 있다.

유명한 조직이론가인 스캇(Scott, 1987)은 다양한 조직이론은 크게 세 가지의 체계적 시각 또는 관점으로 수렴될 수 있다고 보았다. 조직은 목표, 구조, 참여자, 기술, 환경의 기술요소를 갖춘 체계로 보아 비록 제작기 다른 조직이론은 강조점을 달리하지만 이러한 조직의 구성요소를 갖춘 하나의 체계(system)로 보는 데에는 일치한다는 점에 착안하여 조직이론을 분류하고 있다. 과학적 관리론과 관료제 이론을 조직목표의 구체성과 공식을 강조하는 측면에서 합리체계관점(rational systems perspective)에 속하는 것으로 보았으며, 조직구조와 내부적 활동에 크게 영향을 주는 요소를 환경으로 보아 환경과 조직과의 관계를 강조하는 상황이론과 웨이크(Weick)의 조직이론 등을 개방체계관점(opens systems perspective)에 포함되는 이론으로 분류하였다. 또한 이런 관점들을 통합하려는 노력을 보인 통합적 관점의 이론으로는 구조주의이론, 상황적합이론, 조직이론 등이 포함된다(이덕희 외, 2017: 52).

조직사회에서는 사회복지의 목적이 추구되는 방식 또한 조직을 근간으로 한다. 우리나라에서 상호부조의 사회적 기능은 사회보험 관련 각종 공단 조직, 공공부조를 위한 정부조직, 기타 사회서비스와 관련된 정부, 지방자치단체, 공단, 재단, 법인, 시설, 개인사업체 조직 등을 통해 수행되고 있다. 사회복지행정은 이들 조직을 움직여서 역할을 수행하므로, 조직의 작동 원리에 대한 이해가 무엇보다 중요하다.

이론(Theory)은 현실을 포착하는 창이며, 조직이론은 조직에 대해 설명해 주는 것이다. 따라서 조직이론은 조직을 실체로서 파악할 수 있게 해주는 설명이며 사회복지 목적을 수행하는 조직들을 적절히 구성하고 관리할 수 있게 해주는 창이라 할 수 있다.

**표 2-1** 조직이론의 유형 구분

| 폐쇄이론(고전적 이론) | | | 개방이론(현대적 이론) | |
|---|---|---|---|---|
| • 관료제 이론 | • 과학적 관리론 | • 행정적 관리론 | • 총체적 품질관리이론(TQM) | • 제도이론 |
| • 인간관계론 | • 인적자원론 | • 시스템이론 | • 임파워먼트 이론 | • 상황이론 |

## 2) 사회복지조직의 유형

사회복지조직의 구조에 대한 유형은 다양하게 접근할 수 있으나 여기에서는 계층제 조직, 프로젝트팀 조직 그리고 매트릭스 조직 등으로 제시하고자 한다(허만형, 2007: 297-300).

### (1) 계층제 조직

계층제 조직(hierarchy organization)은 '권한과 책임의 정도에 따라 직무를 등급화시킴으로써 상하 조직단위 사이에 직무상 지휘·감독관계를 설정하는 조직구조'이다. 이는 조직 내에서 명령·의사소통의 경로가 되고, 권한과 책임의 위임경로가 되는 대표적인 조직구조라 할 수 있다.

기본적으로 계층조직은 명령통일 등을 유지하기에는 효과적인 구조를 가진 반면, 조직이 다루어야 할 문제가 복잡하고 한 사람의 담당자가 아닌 공동으로 수행해야 할 광역행정의 비중이 높은 경우에는 수평적 통합조정이 용이하지 않아 비효율적일 수 있다.

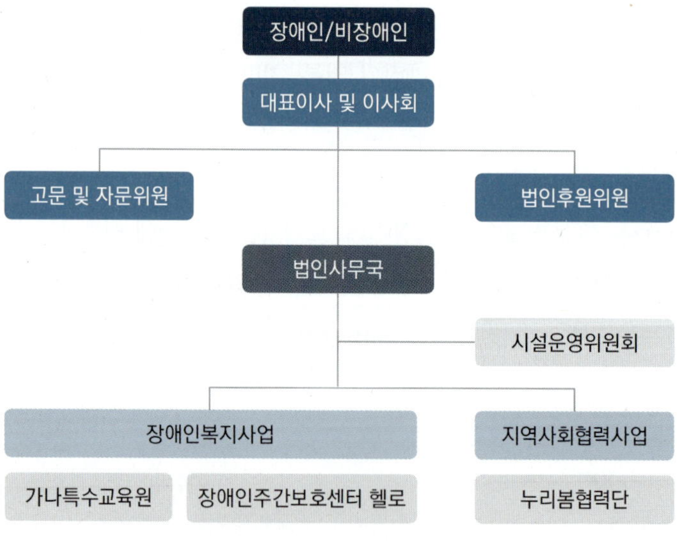


**그림 2-1** 계층제 조직의 예

출처: 사회복지법인 누리봄 홈페이지(http://gana3025.dothome.co.kr)

### (2) 프로젝트팀 조직

계층제 조직이 수평적 통합조정이 여의치 않다는 점에서, 조직의 효율성을 감소시킬 수 있는 만큼, 이러한 문제를 해결하기 위한 조직이 프로젝트팀 조직(project team organization)이다.

특정 현안을 해결하기 위하여 부처의 경계를 두지 않고 부처의 다양한 전문성을 가진 구성원을 팀으로 조직하여 그 현안이 해결될 때까지 운영하도록 하는 조직이다. 본 조직에 있어서 그 구성원의 관계는 수직적 관계라기보다 수평적인 관계로 유지되는데, 비록 프로젝트팀 조직에서 상급자인 팀장이 팀을 주도한다 하더라도 상하관계가 아닌 일종의 팀원으로서 팀원들을 조정하는 역할을 수행한다.

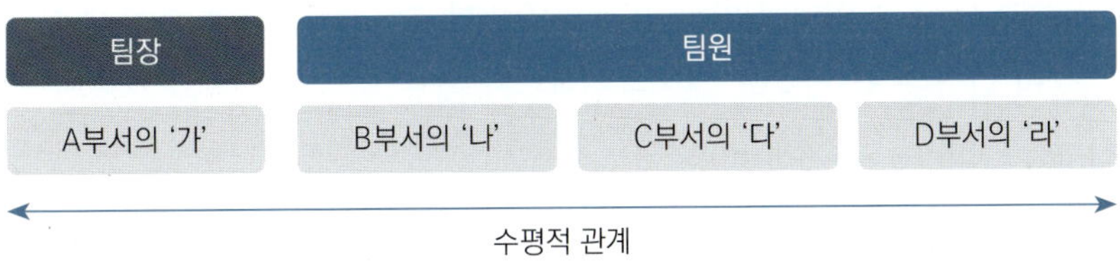


**그림 2-2 프로젝트팀 조직의 개념도**

출처: 양승일(2014: 82)

기본적으로 프로젝트팀 조직은 구성되어 있는 동안 대량의 자원과 노력 등을 집중할 수 있고, 한시적인 프로젝트 수행 중에 모든 의사결정을 수행할 수 있으므로 결정시간이 단축될 수 있다는 장점이 있다. 반면, 프로젝트의 성공은 프로젝트팀에서 주요한 기능을 수행하는 팀원에게 달려 있다는 점에서 개인적 부담이 크고, 프로젝트팀 조직의 팀원은 원소속 조직과 프로젝트팀 사이에 일정한 조정을 하여야 하기 때문에 이를 원만히 해결하지 못할 때는 갈등이 생길 수 있다는 단점이 있다.

### (3) 매트릭스 조직

매트릭스 조직(matrix organization)은 기존의 계층제 조직을 세로 방향에 두고, 여기에 프로젝트팀 조직을 가로 방향에 배치하여 전자의 안전성과 후자의 기동성을 효과적으로 혼합한 조직이라 할 수 있다.

즉, 기능별 조직을 종축에 두고, 서비스·제품별 조직을 횡축에 배치하여 결합한 구조로서 자율성 속에서 전문성을 도입할 수 있는 프로젝트팀의 장점을 입체적으로 살린 조직이라고 할 수 있다. 한시적 조직인 프로젝트팀 조직을 정규조직으로 전환한 형태인데, 다시 말해서 장애인복지 프로젝트팀, 노인복지 프로젝트팀, 여성복지 프로젝트팀 등에서 활동하던 전문인력이 정규조직에서 활동하게 되고 이러한 프로젝트팀에 계층제 조직으로부터 재정, 정보, 교육 등이 제공되는 것이다.

기본적으로 매트릭스 조직은 조직 내부의 프로젝트팀에서 사용하는 사업역량과 자원을 효율적으로 이용하면서도 자율적이고 독립적으로 일할 수 있는 장점이 있다. 반면, 두 사람의 상사에게 보고하고 통제를 받는 이중적 구조라는 점에서 명령계통 간의 권력다툼 등으로 인해 심각한 갈등을 유발할 수 있고, 책임과 권한에 있어서 애매한 부분이 나타날 수 있으며, 조직구성원들이 정보 등을 공유하지 못하면 제 기능을 발휘하기 어렵다는 단점이 있다.

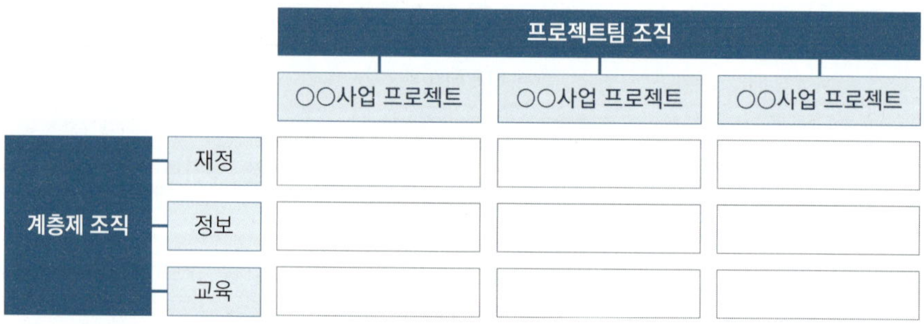


**그림 2-3** 매트릭스 조직의 개념도

출처: 양승일(2014: 83)

### 3) 사회복지조직의 속성

사회복지조직은 일반조직과 마찬가지로 목적 면에서 공공성을 지니고 있고, 공공목적을 달성하기 위한 인적·물적 제 변수의 효율적인 조직이나 관리라는 점에서 공통적인 특성을 가지고 있다.

사회복지조직은 인간을 대상으로 하기 때문에 다음과 같은 고유의 특성을 가진다 (Hasenfeld, 1985: 12-16).

첫째, 조직의 원료가 도덕적 가치를 부여받은 인간이라는 사실이 조직활동의 대부분에 영향을 미친다. 사회복지조직이 사용하는 서비스 기술은 도덕적으로 정당화되어야 한다. 왜냐하면 클라이언트와 관련된 모든 활동은 중대한 도덕적 결과를 초래하기 때문이다.

둘째, 사회복지조직의 목표는 모호하고 애매하며 문제점을 가진다. 인간을 대상으로 하는 사회복지조직은 조직의 목표에 대하여 상이한 가치관과 규범을 가진 사람 간에 구체적인 합의를 찾기가 어렵다.

셋째, 사회복지조직을 둘러싸고 있는 도덕적 모호성으로 환경과의 관계에 많은 어려움을 야기한다. 사회복지조직에서 후원하는 외부 조직은 각자의 가치관과 목적을 달성하려고 하며, 운영자금을 외부의 재정 원천에 의존하고 있기 때문에 환경의 변화에 쉽게 영향을 받는다.

넷째, 사회복지조직은 바람직한 산출물을 얻기 위한 지식과 기술이 불완전하다. 그 이유는 다음 세 가지 요인에 의해 비롯된다.

① 인간의 속성은 개인에 따라 다르기 때문에 조직의 '원료'로서의 인간은 변동적이고 불안정하다.

② 사람들이 기능을 하는 방법과 이들을 변화시키는 방법에 대한 지식이 단편적이고 불완전하다.

③ 사회복지기관이 변화시키고자 하는 많은 속성은 관찰 또는 측정할 수 없다.

다섯째, 사회복지조직의 핵심적인 활동은 '워커(worker)와 클라이언트(client)'의 관계로 구성되어 있다. 워커와 클라이언트 간 관계의 질이 조직의 성패를 좌우하는 중요한 결정요인이 되기에 일선 워커의 직위와 역할이 매우 중요하다.

여섯째, 사회복지조직의 효과성을 확실하고 타당하게 측정할 표준도구가 없다. 이것은 앞에서 살펴본 조직목표의 다양성과 모호성, 서비스 기술의 불완전성, 인간 속성의 관찰과 측정의 어려움 등 때문이다.

이러한 특성은 변화와 혁신에 대해 다른 조직보다 저항을 크게 하는 요인이 된다(임정문 외, 2017).

## 03 고전적 이론

Social Welfare Administration

### 1) 관료제 이론

독일의 사회학자 막스 베버(Max Weber, 1975)가 제시한 이상적 관료제형으로서 과학적 관리론과 비슷한 이론이다. 관료제에 정당성을 부여하는 권한의 양식이 합법적이며 합리적이며 관료제 내에서는 정당한 권한에 의해 내려지는 명령에 순응하기 위해 합리적 수단이 사용된다. 고도의 전문화, 계층적 권한 구조, 조직구성원 간의 비정의적 관계, 실적과 기술적 지식에 따른 관리 임명, 직무권한의 사전명시, 정책과 행정 결정의 분리, 그 밖의 제반 관계를 지배하는 규칙, 그리고 최대한 효율적인 달성을 위한 조직의 구조 조정에서 합리적 규칙을 중시한다.

관료제 이론은 전형적인 '상하수직관계'를 가지고 있다. 위에서부터 아래로 전달되는 방식이 기본적 시스템으로 작동되며 이는 곧 조직문화가 딱딱해질 수 있는 소지를 담고 있기도 하다. 어떤 사회나 조직에서든 사람들 간에는 '지시와 따름' 혹은 '지배와 피지배'의 관계가 존재하는데 이러한 관계가 사회든 조직이든 유지되고 있다. 그러한 지시와 따름의 관계는 권위(authority)에 의해 만들어지며 과거에는 '전통' 혹은 '카리스마'가 그러한 권위를 부여했다면, 현대사회에서는 '합리·합법성'이 권위의 원천이 된다.

관료제는 보편적이고 엄정한 규칙으로 움직인다. 관료제 조직의 구성원은 규칙에 따라 일하고, 조직에서의 자신의 미래도 예측할 수 있다. 이러한 규칙이 합리·합법적이라는 믿음을 구성원들이 가지면, 그것이 권위가 되어 조직의 지시·따름 관계에 대한 복종과 헌신을 유발시키게 한다.

모든 조직은 목적 성취를 위해 분업을 하는데, 분업은 일을 쪼개서 사람들이 세분화된 역할을 맡아 하는 것을 말한다. 분업은 효율성을 목적으로 하지만, 분업 자체만으로 그렇게 되지는 않는다. 쪼개진 일의 조각들이 각자 효율적이 되더라도 일 전체가 효율적이 되는 것과는 무관할 수 있기 때문이다. 그래서 조직의 분업에는 필히 조정이나 통제의 기능이 수반되어야 한다.

조정과 통제를 위해서는 분화된 조직 단위(사람)들에 권한을 어떤 방식으로든 배정해야 하는데, 이에 따라 각기 다른 조직 양상이 나타난다. 관료제 조직에서는 조정과 통제를 위한 권력과 권한의 배정을 위계적 방식으로 한다. 위계적(hierarchical)이란 권력과 권한이 피라미드처럼 윗부분으로 갈수록 소수에게 집중된다는 뜻이다.

관료제는 합리·합법성 원리를 엄정한 규칙과 위계적 구조로써 구현한다. 이에 근거해 현대사회에서 대규모 사람들 간의 지시·따름 관계를 가능케 하는 권위를 창출할 수 있었다. 이는 특히 20세기 대규모 공장 제도의 산업사회에서 필요로 했던 대규모 분업과 막대한 효율성을 이끌어 내는 조직 논리로서 훌륭하게 기능해 왔다.

이러한 장점에도 불구하고, 관료제 조직이 이야기하는 폐해들도 결코 만만치 않다. 휴먼서비스 사회복지조직들의 경우에는 특히 관료제 조직 성향과 불일치로 인해 단점과 같은 문제를 경험해 왔다(김영종, 2017: 98-99).

**표 2-2 사회복지조직과 관료제 조직 성향의 불일치**

| | |
|---|---|
| 보편적 규칙 | 비일상적 특성을 가진 휴먼서비스를 수행하기에 부적합 |
| 표준화 규칙 | 휴먼서비스의 전일성과 개별화 원리를 실현하는 것을 저해 |
| 복잡하고 경직된 규칙 | 창의성을 억압 |
| 비민주성 | 권력의 집중으로 구성원들 간 자발적 협업을 억제 |
| 목적 전도 | 규칙을 준수하는 것 자체가 중요한 목적이 되어, 본연의 목적 압도 |

한편, 베버(Weber)는 사회적 관계 속에서 권력(power)이 정당화되는 방법에 따라 권위를 다음과 같이 세 가지 유형으로 나눴다.

① 전통적 권위: 왕, 황제, 교황 등 세습적 리더가 통치하는 권한이다. 전통적 권위

는 역사적 또는 가계를 이어온 통제권에 의해 행사되고 통치 기간이 길며 세대에서 세대로 이어진다.

② 카리스마적 권위: 아주 특출한 개인적 영웅주위, 신앙심, 열광, 무술 등 개인적 자질을 통해 만들어진다. 개인적 자질은 유한하기 때문에 통치가 불안정하고 오래가지 못한다.

③ 합법적 권위: 목표를 달성하는 능력에 의해 권력이 생긴다. 합법적 권위는 합리적인 규칙과 절차에 의해 부여된 정당성과 세습 권력이 아닌 전문성에서 나온다.

민간 사회복지기관과 같은 휴먼서비스 조직은 사회복지사 등 전문직의 역량을 최대한 발휘토록 해야 조직의 효과와 효율이 담보되기 때문에 관료제적 조직은 부적합할 수 있다. 실제로 공공사회복지기관에서 공무원과 사회복지사가 업무를 놓고 갈등을 벌이기도 한다. 일사분란한 조직의 운영을 위해 관료제가 반드시 필요한 것은 사실이지만 지나치게 강조될 경우 개개인의 창의성이 억압되어 조직 전체가 정체되는 부작용이 발생할 수 있다.

## 2) 과학적 관리론

과학적 관리론(scientific management theory)은 19세기 말엽에서 20세기 초엽에 이르는 미국에서의 급격한 산업 발전과 대기업의 출현으로 초래된 기업 간의 격화된 경쟁과 세계경제공황을 타개하는 과정에서 노동자가 반대하는 임금인하를 하지 않으면서도 노동생상성과 기업능률을 향사시키려는 새로운 경영합리화의 요청으로 성립하게 된 이론이다.

테일러(Taylor, 1856)는 노동의 효율성 문제를 해결하는 데 많은 관심을 두었고 그는 필라델피아에 있는 미드베일 제철회사(Midvale Steel Company)에서 근무하면서 자신의 관리이론을 개발하기 시작한다. 과학적 관리론은 기업경영 합리화(능률성·생산성 제고 등)를 위한 관리활동으로서, 노동자를 대상으로 시간연구와 동작연구를 기초로 객관적·표준적 과업을 설정하고 경제적 동기부여를 통하여 기업경영의 절약과 능률성을 추구하던 기업경영 합리화 활동으로부터 시작되었다. 즉, 조직 내 직원의 업무를 과학적으로 분석하고 이에 관한 지식을 적극적으로 활용함으로써 조직의 능률성이 극대화될 수 있다고 보았다. 업무 수행에 관한 과업 형태와 소요 시간을 표준화하여 일일 작업량을 산출하였고 분업을 통해 과업 부여와 성과를 임금과 연계시키면 조직의 생산성이 높아진다고 보는 것이다.

### (1) 과업관리

경영자와 근로자의 직책과 기능을 분명히 구분하여 근로자의 임의적 판단을 방지하고, 경영자의 적극적인 직무연구와 직무설계를 통하여 공장의 생산관리를 합리화 및 효율화시켜야 한다는 것이다.

### (2) 과학적 선발과 훈련

직무 내용과 작업 조건을 중심으로 인간공학 측면에서 직무에서 요구되는 육체적·지능적 자격을 갖춘 근로자들을 선발하고, 또 직무 조건에 맞추어 표준생산량을 감당할 수 있도록 근로자들을 훈련시키는 것이다.

### (3) 성과에 의한 보상

근로자를 보상하는 데 있어 성과에 비례하여 임금을 지불하여 근로자의 경제적 동기를 유발시켜 생산성을 극대화시키려는 것이다.

### (4) 기능적인 감독제도

공장의 생산성에 가장 중요한 역할을 하는 관리자의 임무가 너무 많아서 감독자의 관리기능이 떨어져 생산성을 저하시키는 요인으로 보고, 기능적 감독제도를 제안하였다. 일선 감독자의 직책을 여러 기능으로 전문화시켜 담당 감독자가 각기 전문적으로 맡은 기능을 수행함으로써, 일선 감독업무가 효율화될 수 있다는 것이다(이학종·박헌준, 2009: 33-36).

테일러의 과학적 관리론은 ① 인간을 기계처럼 활용함으로써 인간소외 현상을 야기시켰고, ② 인간을 경제적 존재로만 인식함으로써 인간의 사회심리적·감정적 요인을 경시하였다. 또한 ③ 조직 내의 현실적 인간관계(비공식적 인간관계)를 무시하였으며, ④ 인간에 대한 욕구체계를 단순한 것으로 이해하였으며, ⑤ 능률논리의 행정에 대한 적용상의 문제점과 ⑥ 체제의 환경적 영향을 간과한 폐쇄체계적 이론으로 ⑦ 가치와 철학이 배제된 수단적 능률에 입각하고 있다. ⑧ 작업 실행에서 계획을 분리하며 작업 향상에 대한 책임으로부터 노동자를 배제시켰고, ⑨ 노동자의 권익을 위한 학문이라기보다 관리자를 위한 학문적 성격(인간조정 능력)을 띠었다는 문제점이 지적된다(황성철 외, 2009: 73-74).

### 3) 인간관계 이론

호손 공장 전경

인간관계 이론은 1924년 미국 '호손(Hawthone) 공장' 실험의 예기치 않은 결과가 출발점이 되었다. 당시 하버드대 심리학 교수였던 메이어(E. Mayo)와 그의 동료들은 미국 시카고 인근에 위치한 '웨스턴 일렉트릭사(Western Electric)'를 대상으로 작업 조건(조명, 소음 등)이 근로자의 생산성에 미치는 영향을 연구했다. 원래 가설은 작업 환경을 개선하면 생산성이 향상된다는 것이었으나 가설과 달리 작업 환경과 생산성은 별다른 관계가 없는 것으로 나타났고 이에 따라 1924년에 2차 연구가 시행되었다. 그 결과 작업 환경과 금전적 보상보다는 일의 보람과 긍지, 동료 간의 관계 형성 등 심리적 요인이 생산성에 더 큰 영향을 미친다는 사실을 발견하였다. 이 연구는 과학적 관리론을 뒤집는 중요한 연구로서, 이로부터 인간관계 이론이 경영학과 행정학의 주요 이론으로 등장하였다(원석조, 2013: 83).

구체적으로 호손 공장의 연구에서 나온 결과들은 다음과 같다(Mayo, 1945).

① 직원의 생산성 향상을 좌우하는 것은 근로 조건과 환경이 아니라 작업반 내 동료와 상사와의 인간관계에 의해서 좌우된다.

② 조직의 직원은 개인으로서 일하기보다는 비공식적인 집단의 성원으로 행동하며 이러한 집단 내의 인간관계는 비합리적이며 정서적인 요소에 따라 이루어진다.

③ 조직에는 공식적인 부서와는 다른 비공식적인 집단이 존재하며 이러한 비공식적인 집단이 개인의 태도와 생산성에 영향을 준다.

④ 조직에서 개인은 경제적인 동기에 입각한 합리적인 행동보다는 비경제적인 동기인 심리적·사회적 욕구에 따라 행동한다.

인간관계 이론은 실험연구의 타당성 문제로 비판의 대상이 되었다가 1960년대 '조직인간주의(organizational humanism)' 학자들에 의해서 새롭게 조명되어 각광받기 시작했다. 대표적인 조직인간주의 학자인 맥그리거(McGregor, 1960)는 'X·Y이론'을 제시하여 인간관계 이론의 맥을 이어갔다.

X이론은 지시와 통제가 행해지는 전통적인 관리이론으로서 인간의 본성과 행위에 관하여 다음과 같이 가정한다(Skidmore, 1983: 21-22).

① 평범한 인간은 본성적으로 일을 싫어하며 가능하면 일을 하지 않으려고 한다.

② 일에 대한 이러한 인간의 속성 때문에 조직의 목표를 성취하려면 대부분의 사람들은 강제와 통제 및 지시를 받아야 한다.

③ 평범한 인간은 지시받기를 좋아하며 책임을 회피하고자 하며 야망이 적고 무엇보다 애정을 원한다.

Y이론은 인간의 권리와 제안이 지지되며 민주적인 참여가 이루어지는 작업 환경을 다음과 같이 강조하고 있다.

① 작업에서 육체적·정신적 노력의 지출은 놀이나 휴식과 같이 자연스러운 것이다.

② 외적인 통제와 처벌의 위협은 조직의 목표를 달성하는 유일한 수단이 아니며 인간은 자신이 헌신하고 있는 목표에 기여하기 위하여 자기통제와 자기지시를 행

한다.

③ 목표에 대한 헌신은 그 목표와 관련된 보상의 기능을 한다. 그러한 보상의 가장 중요한 것으로 자기실현 욕구와 자아의 만족은 조직의 목표를 지향하는 노력의 직접적인 산물이 될 수 있다.

④ 평범한 인간은 적절한 조건하에서 책임을 받아들일 뿐만 아니라 스스로 추구한다.

⑤ 대부분의 사람들은 조직의 문제해결에 있어 비교적 높은 수준의 창의성과 상상력을 발휘할 능력을 가지고 있다.

조직에서 수행되는 과업의 성격에 따라 각 이론의 적용효과성은 달라진다고 본다. 즉, 반복적이고 예측 가능한 과업 또는 직무 수행은 X이론에 의한 통제 중심의 관리가 효과적이지만 과업이 다양하고 직무의 성격이 전문성을 가질 때는 Y이론에 의한 민주적 의사결정이 더욱 효과적이라는 주장이다.

인간관계 이론은 관료제 이론이나 과학적 관리론이 인간을 엄격한 통제와 지시로써 관리하는 데 대한 비판과 함께 대안으로 제시한 이론으로, 조직 내의 비공식적인 소집단활동과 스스로 작업동기를 설정하는 자율성이 중요시되어야 한다는 점을 강조한다. 그러나 인간관계 이론은 인간의 정서적 측면과 조직에서 인간관계인 사회적 측면을 지나치게 강조한 나머지 조직의 효과성을 결정하는 목표, 자원, 기술, 구조적인 특성 등을 소홀히 다루는 경향이 있기 때문에 비판의 여지가 있다(한국복지행정학회, 2014: 70-72).

조직인간주의 학자들을 인간관계학파로 말하며 인간관계학파의 태동은 인간의 동기, 조직 속의 인적 요소를 소홀히 했던 과학적 관리학파에 대한 불만으로부터 비롯된다. 갈등과 통합, 개인과 집단, 권력과 책임, 합의와 참여 등은 인간관계학파가 주장했던 협동에 의하여 조직의 목표 달성이 가능하다는 인간관리론의 이론적 근거가 되었고, 이러한 실증적인 접근 방법은 개인의 심리, 인간의 가치와 존엄성에 대한 민감한 이해를 바탕으로 하여 관리이론의 핵심이었던 엔지니어링을 심리학으로 변환시킴으로써 관리를 기본적으로 인간관리의 관점에서 발전시키는 계기를 제공했다(김형식 외, 2013: 54).

## 04 현대적 이론

Social Welfare Administration

### 1) 목표관리론

목표관리론은 참여의 과정을 통해 조직단위와 구성원들이 맡아야 할 생산활동의 단기적 목표를 명확하고 체계 있게 설정 및 그에 따라 생산활동을 수행하도록 하며 활동의 결과를 평가·환류시키는 체계로 드러커(Druker)가 1954년 최초로 소개한 것이다. 이 경영관리기술이 공공기관에 도입된 것은 1973년 미국의 닉슨 대통령이 중앙정부의 21개 주요 기관에 MBO(management by objectives)를 실시하라고 지시함에 따라 공공부문에 채택되었다. MBO의 의의는 다음과 같다(신복기·박경일·이명현, 2009: 100-101).

① 공식적 목표를 실체화하는 과정이다.
② 명확한 목표 설정과 책임 한계의 규정이다.
③ 참여와 상호협조이다.
④ 환류의 개선을 통한 관리계획의 개선이다.
⑤ 조직참여자의 동기유발이다.
⑥ 업적평가의 개선을 도모하는 것이다.
⑦ 궁극적으로 효율성을 증진시키려는 것이다.

MBO는 목표 설정, 참여 그리고 환류로 구성된다. 먼저, 목표 설정은 주로 측정 가능하고 비교적 단기적인 생산목표를 의미하는데 MBO가 목표 설정을 통해 관리한다는 것은 목표 추구에서 재량권이 있다는 것이다. 이는 목표가 설정된 다음에 이를 실현하는 사람이 그 수단을 선택할 때 자율성을 누린다. 그리고 MBO에서는 참여 과정을 통해 목표 설정을 강조하는데, 부하직원이 수행할 목표는 상관과 부하의 협의를 거쳐 설정하는 것이다. 마지막으로 환류는 MBO에서 활동과 결과를 평가하고 이를 참고가 될 수 있도록 반영하는 형태로, MBO에서 환류를 중요시하는 이유는 명확한 환류가 집단의 문제능력을 증진시키고 개인의 직무 수행능력을 향상시킨다고 보기 때문이다.

이러한 MBO의 구성요소를 근거로 기본적 과정을 살펴보면 목표 설정과 행동계획의 입안, 시행과 중간평가 그리고 최종평가와 환류의 과정을 거치게 되는 것이라 할 수 있다(양승일·정혁인, 2009: 108-109).

MBO의 장·단점은 표 2-3과 같다(고재욱 외, 2016: 68-69).

**표 2-3 MBO의 장·단점 비교표**

| 장점 | 단점 |
|---|---|
| • 구성원의 동기부여<br>• 구성원의 목표에 대한 몰입과 참여도 증진<br>• 구성원의 자기통제 기회 제공<br>• 토의 및 협력과정을 통해 의사소통 원활<br>• 객관적인 성과평가<br>• 조직의 체계적 관리 | • 최고관리층의 지원이 없이는 불가능<br>• 계량적인 목표에 치우칠 경우 서류작업 등의 업무 증가<br>• 완전한 실행까지 장기간의 시간(3~5년) 소요<br>• 비계량적 분야는 목표 설정과 평가가 불가능 |

출처: 윤종훈 외(2007: 217). 경영학원론.

## 2) 총체적 품질관리론(TQM)

총체적 품질관리론(TQM: total quality management)은 조직이 산출하는 서비스의 질을 향상시켜 궁극적으로 소비자 만족을 추구하기 위해서 조직문화와 서비스의 질적 향상을 위한 효과적인 관리기법을 통합적으로 운영하는 조직관리 방법이다. TQM은 일본기업들이 생산품의 결함을 제거하여 소비자 만족을 극대화하는 조직관리방법을 효과적으로 사용하고 있는 데 착안하여 1980년대 초반부터 미국 기업에도 적용한 경영이론이며 기법이다(Martin, 1993: 22).

TQM이 고전적인 관리기법과 구별되는 가장 큰 특징은 고객의 요구나 필요에 따라 조직의 목표가 설정된다는 점이다. 고객 중심의 관리가 강조되어 조직 운영과 서비스의 지속적인 개선을 통해 양질의 서비스를 산출하여 조직의 경쟁력을 증대시키고 이를 위해 전 조직구성원들이 참여하며 노력하는 경영 시스템을 갖추는 것이다. 따라서

TQM은 단순히 제품이나 서비스의 결함을 발견하여 그것을 제거하는 데 있는 것이 아니라 총체적으로 소비자가 만족할 수 있도록 제품과 서비스를 향상시키는 혁신적인 조직관리와 경영기법으로 이해해야 한다.

스위스(Swiss, 1992)는 TQM의 주요 원리를 다음과 같이 일곱 가지로 제시하고 있다.

① 서비스의 질은 궁극적으로 고객이 결정한다.

② 서비스의 질은 제공 과정보다는 서비스의 계획 단계부터 고려된다.

③ 서비스의 변이(variation) 가능성을 사전에 방지하는 것이 고품질의 서비스 산출에 중요하다.

④ 고품질의 서비스는 개인의 노력보다는 조직 내 다양한 직원의 협력적 활동의 결과로 나타난다.

⑤ 투입과 과정에 대한 지속적인 개선 노력이 질적 우월성을 가져다준다.

⑥ 질적 개선은 직원들의 적극적인 참여를 통해서 이루어진다.

⑦ 전체 조직의 사명감이 투철해야 질적 개선은 이루어질 수 있다.

기업조직에서 사용된 TQM이 1980년대 후반부터 공공행정 분야와 사회복지서비스 조직에도 적용되기 시작했다. 최근 들어 클라이언트의 삶의 질이 강조되면서 서비스의 질적 향상을 위한 관리이론과 기법을 적극적으로 활용할 필요가 있다는 인식이 확산되면서 미국과 캐나다의 아동을 위한 재가복지 및 지역사회서비스, 보건 및 의료시설, 재활서비스기관, 공공복지서비스기관 등에서 적용되기 시작하였다.

우리나라 사회복지조직에서도 TQM을 도입하여 활용할 필요가 있다고 주장하는 학자들이 있다. 하지만 전반적으로 사회복지조직이 산출하는 사회복지서비스의 효과성과 질을 객관적이고 타당하게 측정할 수 있는 척도가 부족하기 때문에 TQM의 도입 이후 질적 향상을 가늠하기란 쉽지 않다는 문제점이 발생할 수 있다. 이와 같은 문제점으로 인해 그 적용을 조심스럽게 탐색하는 것이 바람직스럽다(한국복지행정학회, 2014: 79-80).

### 3) 임파워먼트 이론

최근 들어 각 개인의 능력을 충분히 발휘할 수 있는 조직구조가 필요하다는 점에서 임파워먼트(empowerment) 이론이 더욱 힘을 얻고 있는 추세다. 이를 한마디로 설명하자면 '사람을 활용하는 기술'이라고 할 수 있으며, 일반적으로는 '실질적인 권한 이양과 활동지원으로 개인의 능력과 의욕을 충분히 발휘할 수 있도록 하는 것'이라고 할 수 있다.

임파워먼트의 실행을 통해 사회복지조직은 다음과 같은 효과를 얻을 수 있다(박원우, 1998).

① 구성원의 보유 능력을 최대한 발휘하게 하고 그들의 직무 몰입을 극대화할 수 있다.

② 업무 수행상의 문제점과 그 해결 방안을 가장 잘 알고 있는 실무자들이 고객(클라이언트)들에게 적절한 대응(서비스)을 하게 됨으로써 품질과 서비스 수준을 제고할 수 있게 된다.

③ 고객접점(MOT: moment of truth)에서의 시장 대응이 보다 신속하고 탄력적으로 이루어진다.

④ 지시, 점검, 감독, 감시, 연락, 조정 등에 필요한 노력과 비용이 줄어들기 때문에 코스트가 절감된다.

한편, 콕스와 파슨스(Cox & Parsons, 1992: 62)는 임파워먼트의 개입 차원으로 개인적 차원, 대인관계적 차원, 환경·조직적 차원, 사회·정치적 차원의 네 가지 차원을 제시하고 있다. 개입 차원에 따른 문제해결 활동과 행동가 및 변화 대상을 정리하면 다음 표 2-4와 같다.

**표 2-4** 콕스와 파슨스의 임파워먼트 네 개의 개입 차원

| 차원 | 의사고양 문제 | 문제해결 | 변화 대상 |
|---|---|---|---|
| 개인적 차원 | 정치·경제적 억압에 대한 내·외적 측면에 대한 지속적인 사정과 비판적 사고의 증진 | 1. 사회복지사와 클라이언트의 관계 설정<br>2. 개인과 가족에게 존재하는 서비스와 정보 전달<br>3. 의식고양의 과정 시작<br>4. 자원을 어떻게 찾고 요구하는가에 대해 사실적 인식 | •개인<br>•가족 |
| 대인관계적 차원 | | 1. 자조, 개인 성장<br>2. 상호 문제해결을 위한 지식과 기술의 개발<br>3. 문제해결을 위해 집단 이용<br>4. 새로운 기술 발달을 지지하고 조정함<br>5. 육체적·심리적·사회적 관점에서 문제해결 | •공통의 문제를 가진 개인 집단 |
| 환경·조직적 차원 | | 1. 자원에 대한 접근성의 보장 및 중간 수준의 체계 변화<br>2. 조직·자원에 대한 지식의 획득 및 개발<br>3. 전문가와 관리자와의 의사소통기술 개발<br>4. 조직 변화와 지역사회와의 변화기술 개발<br>5. 의사결정 기회에 참가, 조직체의 결성<br>6. 공식적 조직에 참가와 자주 프로그램 개발 | •개별기관<br>•조직체 |
| 사회·정치적 차원 | | 1. 정치·사회적 변화를 위한 사회행동에 참가, 로비, 피켓 등<br>2. 개별적 문제의 정치적 특성으로 구체화<br>3. 정치·경제·국가적 이슈에 대한 기술 획득 및 개발<br>4. 협상기술, 변화 활동에 참가 | •공동체<br>•입법부<br>•사법부<br>•지방정부<br>•국가 |

출처: Cox & Parsons(1994: 15)

사회복지 분야에서 임파워먼트의 적용은 이미 미국의 경우 여성, 빈곤사회, 게이와 레즈비언, 장애인, 정신보건, 부랑인 또는 가족, 사회서비스, 조사, 평가 분야 등에서 그리고 일본은 사회사업, 케어 매니지먼트, 가족, 교육, 노인시설, 장애인 시설, 아동양호시설, 사회복지사협회, 상담기관 분야 등에서 활용되고 있다. 우리나라의 경우 임파워먼트에 대한 체계적인 실증 연구부터 그 활용 범위가 아직 미약하고 경영조직에서나마 활용되고 있는 실정이다.

황성철(2001: 20)은 사회복지조직의 임파워먼트에 가장 바람직한 방법은 사회복지에 관한 지식과 기술을 개발하여 조직 내에 확산시키는 것이라고 주장하면서 학습조직

형성이 유용한 조직 임파워먼트 전략으로 간주된다고 하였다.

결국, 임파워먼트를 사회복지행정에서 활용해 본다면 사회복지사들이 담당 센터 업무를 보다 의미 있게 느끼고 자율적으로 조직에 헌신할 수 있도록 만드느냐 하는 것이 중요하다. 그러므로 조직 구성원들이 업무 수행 능력을 향상시키고 관리자들이 지니고 있는 권한을 실무자에게 이양하여 그들의 책임 범위를 확대함으로써 사회복지사들이 보유하고 있는 잠재능력 및 창의력을 최대한 발휘하도록 하는 방법이 임파워먼트의 중요한 관건이다.

이처럼 사회복지행정의 전문화와 과학화에 영향을 주는 다양한 조직이론은 변화되는 사회복지행정 현장의 행정 과정을 통해서 앞으로도 산출될 것이다. 어떤 특정 이론이 모든 현상을 다 설명하고 해결할 수 없는 것은 사회복지행정 현장의 다양성과 변화 때문일 수 있다. 복잡하고 다양해지는 현대사회의 사회복지 욕구와 그 해결을 위한 조직이론은 계속 생성·변화될 수밖에 없을 것으로 예측된다(한국복지행정학회, 2014: 83-86).

### 생각 나누기

1. 폐쇄이론의 대표적 이론 세 가지를 이야기해 보자.
2. 개방이론의 대표적 이론 세 가지를 이야기해 보자.
3. 일반적으로는 '실질적인 권한 이양과 활동지원으로 개인의 능력과 의욕을 충분히 발휘할 수 있도록 하는 것'이라고 해석되는 이론은 무엇인가?

# CHAPTER 3

# 사회복지행정의 역사

## 01 영국 사회복지행정의 과정

Social Welfare Administration

### 1) 중세

중세의 구빈기관들은 교구에 의해 운영되었는데, 당시 교구는 일종의 지방정부의 성격을 가지고 있었다. 그 재원은 영지의 수입, 신자의 헌금, 빈민세 등으로 충당하였으며 교회가 세금을 징수하게 된 이후 11세기경부터는 자선적 구빈제도가 퇴색되기 시작하며 행정적인 구빈사업의 성격이 강화되기 시작했다. 대표적으로 기독교의 자선사업, 장원제도와 동업조합의 복지사업, 구빈법 등을 들 수 있다.

영국은 14세기 후반 빈민을 구제하기 위한 시도에서 복지에 대한 사회적 인식이 형성되기 시작했다. 그런 이유로 오늘날의 사회복지에 대한 시초를 영국에서 찾는 것이다. 영국의 복지사업은 초기 기독교 자선사업의 형태에서 국가가 교회의 역할을 대신하는 과정을 거치며 정부의 영역으로 확대되었다. 큰 줄기로 볼 때 국가가 개인의 복지를 개인적 차원에서 해결하도록 하는 이른바 자유방임주의가 초기 형태였다면 점차 국가가 개인복지를 사회적 차원으로 봄에 따라 사회복지로써 해결하려는 방향으로 발전하게 된다.

## 2) 구빈법 이전 시기

중세는 봉건제도의 사회로서 영주와 농민, 국왕과 신하 등 주종관계가 엄격한 사회였다. 종교의 사회적 영향이 강했던 시기였는데 이 시기의 농민은 장원을 위한 군사력과 경제력의 확보 수단으로 취급되었다. 이는 영주들이 권력의 유지 및 증대를 위하여 농노를 통해 경제력을 쌓고 외부의 침공에 대비한 군사력의 강화에 최대의 목표를 둔 것에 기인하고 있다.

이 시기의 구호사업의 형태는 다음과 같이 요약된다.

① 기독교 사상의 영향으로 신도 간의 상호부조와 구빈원과 수도원을 활용한 고아, 과부, 노령자, 병자, 빈곤자 및 행려자를 수용하여 보호하는 부조 활동이다. 기독교의 자선사업은 자선형 사회복지라는 고대의 상호부조형, 종교적 구제형 복지사업의 계승으로서 중세의 자선형 사회복지는 무차별적 자선과 구제사업을 말한다. 이에 교회는 교회 수입의 1/4을 빈민구제자금으로 활용하고 구치원(hospital, 신의 집)과 구빈원을 설치하여 노약자를 보호 구제하였으며 수도원을 자선사업의 중심으로 활용하였다. 그러나 무차별적 자선은 걸식자를 양산하게 하고 교회의 구빈자금인 공적 자금을 고갈시킴으로써 한계를 나타나게 된다. 중세의 자선형 사회복지에 관한 루터(Martin Luther, 1483)의 견해는 『독일 기독교 귀족에게 고함』(1520)에서 걸식자에 대한 무차별적 자선행위는 빈민을 게으르게 하고, 무위도식자를 양산함으로써 걸식자 구제에 대해서 정부에 위임하도록 해야 한다고 주장했다.

② 길드(guild)라는 직업적인 이익집단을 통한 구호활동으로 이 조직은 수공업, 상인길드, 농촌우애조합 등 서로 상부상조하는 형제애와 동료의식을 목적으로 하고 주로 사망한 회원의 장례, 질병, 사고, 노령으로 인한 빈곤의 완화 목적으로 정기적인 부조금의 지급, 재난에 의한 긴급구조 활동을 하였다. 이것은 장원제도(manor)와 동업자조합형 사회복지사업이라고 할 수 있다. 장원제도는 독립된 소사회로 형성되었고, 영주와 농노에 의한 경제적 관계로서 모든 토지는 공동경작하였고 가축의 공동사육이 이루어졌다. 그리고 빈곤의 문제는 사회 전체의 책

임으로 인식되었다. 동업자조합형 사회복지사업으로 14세기 마이스터(meister)제도의 붕괴와 함께 도시의 수공업자들은 직공조합을 조직하였다. 그것이 동업자조합으로서 공동기금 출연, 동료의 의미를 지닌다고 생각했다.

③ 1348년 유럽 전역을 강타한 흑사병으로 인해 인구의 절대적 감소는 시장 노동력의 절대적 부족현상을 초래하여 임금 상승, 토지의 질적 저하 등으로 대량의 빈민과 부랑자들을 생산하게 된다. 이런 상황에 의해 더 이상 종교적 동기에 의한 자선적 복지사업은 한계에 도달하였으며 국가가 개입하는 최초의 구빈법이 영국에서 탄생되었다.

④ 농토를 목장으로 전환하는 이른바 '인클로저 운동(enclosure movement)'으로 빈곤이 사회문제가 되면서 더욱 악화되었고, 급기야 이것이 원인이 되어 당시 토지를 소유하고 있던 영주들은 체제의 유지를 요청하게 되어 정부는 1349년 '노동자법'을 제정하기에 이른다. 이 법의 내용은 노동력이 있는 노동자로서 어떤 특별한 생계수단이 없는 자는 그를 고용하기를 원하는 고용자가 있을 경우 그 고용주의 제의에 응해야 한다는 것이며 또한 그들이 살고 있는 교구를 떠나는 것을 금한다는 것이었다. 그리고 시민들에게는 일할 수 있는 걸인들에게 시혜를 베푸는 행위를 금한다는 것이었다.

⑤ 이외에도 1531년의 헨리 8세의 걸인에 대한 처벌법, 1562년 임금과 노동시간, 도제제도를 규정한 장인법, 1572년 빈민 구조기금을 마련하기 위한 일반세 도입, 그리고 빈민 감독관제도를 수립하기에 이른다. 이에 구빈원은 무능력 빈곤자, 노인, 맹인, 절름발이 그리고 일할 수 없는 자들을 위해 설립되었고 그 외의 사람들은 그들 스스로 생활을 책임지도록 했다.

## 3) 구구빈법

### (1) 에드워드 3세의 노동자 조례

자활능력이 없고 노동이 가능한 사람들로 하여금 법정임금으로 업무에 종사하도록 했다. 그러나 이는 낮은 임금에 의해 빈민문제 해결에 도움을 주지 못하고 강제노동만 강요하여 도망 다니는 빈민과 걸식자들이 속출하게 되었다(1349년).

### (2) 걸식자 및 부랑자 형벌에 관한 법

증명서 없이 걸식하는 자는 태형에 처하고, 노동능력이 있는 걸식자는 마차에 메어 피투성이가 될 때까지 태형하며, 본 거주지나 출생지로 돌아가서 노동을 할 것을 서약했다. 노동능력이 없어 증명서가 없는 자에게 금전이나 숙식을 제공하면 벌금형에 처하게 했다(1531년).

### (3) 부랑자 태형법

노동력이 있으면서 걸식하는 자는 오른쪽 귀를 자르고 재범자는 사형에 처하였으며 노동력이 있으면서 노동을 거부하는 자는 부랑자(vagabond)의 'V'자를 낙인으로 찍게 했다(1572년).

### (4) 엘리자베스 1세의 구빈법

처벌성 정책은 더 이상 그 효력을 상실하고, 정부는 빈민구제를 위한 새로운 법제를 완성하여 발표하였다. 1601년 엘리자베스 1세의 구빈법은 종전에 내려오던 빈민구호에 대한 법률을 성문화시킨 것으로 이 법은 빈곤의 일차적 의무는 가족이고 가족이나 친족에 의해 부양되지 못하는 빈곤한 사람들의 생활 유지를 위해 그 지방의 공동체와 교구가 이차적 책임을 지도록 하는 성격을 띠고 있다.

이 시기의 주된 특징을 다음과 같다.

① 빈곤의 원인을 개인의 나태로 보고 대응했다.

② 아동보호사업에 민간의 참여를 유도했다.

엘리자베스 1세의 구빈법은 빈민구호를 위한 최초의 성문법이나 그 내용을 보면 빈민의 구제보다는 노동력을 효과적으로 활용하고 생산력을 증대하여 사회질서를 유지함으로써 지배계급을 종속하려는 정치·사회·경제적 이해관계에서 나온 것이다. 빈민에게 나태가 원인이라는 낙인감을 주고 억압적인 노동을 강제한 법으로 해설할 수 있다.

구빈법의 시행 과정 중 발생한 문제점들을 보완하기 위해 정주법, 작업장법, 길버트법, 스핀햄랜드법을 각각 제정, 시행하게 된다.

노동력이 있는 빈민은 노역장에서 일하게 하고, 보호할 가치가 있는 무능한 빈민은 구빈원에 수용하거나 보호하였으며, 만일 이를 거부 시 감옥으로 보냈다. 병자, 노령자, 맹인, 농아, 정신질환자, 어린이 등 노동능력이 없는 빈민은 빈민 감독관의 판단에 따라 구제대상자로 결정되었으며, 의류, 음식 등의 현물급여를 제공하였다. 고아나 걸식아 등 요보호아동들은 가정에 위탁하였는데 입양희망자에게 입양시키거나 남자는 24세, 여자는 21세까지 도제교육을 시켰다. 재원 마련은 노동자의 총수입의 1/10을 구빈세로 징수, 희사금, 벌금, 유산 등으로 구빈재원을 확보했다.

구빈법의 의의는 다음과 같다.

① 구빈의 책임이 국가에 있음을 인식

② 구빈활동의 법제화

③ 구빈을 위한 행정기구의 설립

④ 국가가 구빈재원을 확보

⑤ 무차별적 자선 또는 징벌로부터 체계적 구빈으로 전환

구빈법의 결과로 구제사업이 국가사업으로 변화함에 따라 구빈비용의 급격한 증가를 유발했고 보다 나은 구빈혜택을 받기 위한 빈민들의 빈번한 이동으로 1662년 '정주법'의 제정을 가져오게 되었다. 이와 같이 영국의 복지제도는 구빈정책을 중심으로 발달하였으며, 구빈법의 행정에서 빈민의 유형은 신체 건강한 빈민, 무능력 빈민, 의존하는 아동으로 나누었다.

### 4) 신구빈법

#### (1) 신구빈법의 배경

근대의 사회복지는 첫째, 1834년 영국의 신구빈법(the poor low amendment Act), 둘째, 자선조직협회와 전문적 사회사업, 셋째, 사회보험과 복지국가의 성립을 들 수 있다.

엘리자베스 1세의 구빈법 이후 구빈비용의 지속적인 증가로 국가재정에 심각한 타격, 빈민법의 제정 이후 지속적인 흉작과 전쟁, 경제적 불황이 지속되었다.

신구빈법의 배경은 첫째, 산업혁명 이후 영국에서는 자본주의가 급속히 발달하는 가운데 자유방임사상이 팽배하게 되었고 늘어만 가는 구빈세의 반대하였던 자본가들에 의해 구빈법의 개정이 요구되었다. 둘째, 특히 맬서스(Thomas R. Malthus)는 노동능력이 있는 빈민에 대한 거택구호를 폐지하고 여건을 고려치 않은 동일한 빈민구제책을 전면 금지하도록 하는 여론을 형성하였다. 이에 따라 1834년 구빈법을 개정한 신구빈법을 제정하기에 이른다.

### (2) 신구빈법의 내용

신구빈법의 내용은 다음과 같다.

① 열등처우의 원칙: 구빈법으로 구제받을 빈민의 상태보다는 구제받지 않는 최저계층 노동자의 상태가 더 나아야 한다는 원칙을 말한다.

② 작업장 제도의 원칙: 노동력이 있는 빈민에 대한 거택구호를 폐지하고 작업장 내에서의 구제로 제한하자는 것이다. 이 원칙은 사회복지서비스가 재가보호가 아니라 시설 수용보호 위주의 서비스를 실시함을 의미하고 있다.

③ 전국적 통일의 원칙: 각 교구에 따라 다르게 운영되고 있는 구빈 행정을 전국적으로 통일시키자는 것이다. 이 원칙은 현재 중앙정부 중심의 사회복지행정의 근간을 이루고 있다.

구빈법의 변천은 1601년 이후 19세기 전반에 산업노동자의 빈곤문제 대처에 대한 노력의 필요에서 자유주의 사상에 의한 구빈제도 자체의 피해를 지적하며 나타났다.

① 정주법(the Settlement Act of 1662): 노동력의 확보 차원에서 각 교구는 출생자의 법적 거주권을 가지려고 했고 이로 인해 빈민들의 자유로운 이동을 금지하는 법령을 제정하게 되었다.

② 작업장법(workhouse pest Act of 1696): 여러 교구들이 하나의 연합체를 구성하여 공동작업장을 만들고 빈민들에게 일자리를 제공한 것으로 오늘날의 직업보도

성격을 띠고 있다.

③ 작업장 테스트법(workhouse test Act of 1722): 이전의 구빈법이 빈민을 억압하고 통제하는 성격이었다면, 이 작업장 제도의 등장으로 인해 점차로 빈민을 노동자로 만들려 하는 노동 지향의 성격을 띠게 되었다. 빈곤의 이유를 엄격하게 조사하여 노동이 가능한 빈민은 국가에서 고용함으로써 국가적 부의 증대를 도모하기 위해 제정되었다.

④ 길버트법(Gilbert Act of 1782): 길버트법은 노동능력이 있는 빈민에게 노동을 제공하여 자활능력을 키우자는 목적으로 제정된 인도주의적 구빈제도이다. 하원의 원인 길버트(Gilbert)가 제안한 법안으로 노동은 가능하나 자활능력이 없는 빈민을 작업장에 보내는 대신 자기 가정 또는 인근의 적당한 직장에 취업하도록 알선해 주는 원외구조를 인정하였다. 빈민의 비참한 생활과 작업장에서의 착취를 개선하기 위한 목적으로 원외구제의 확산과 인도주의를 추구한 제도라고 할 수 있다.

⑤ 스핀햄랜드법(Speenhamland Act of 1795): 임금상승을 억제하기 위해 임금의 인상 대신 빈민의 생계비를 지원하는 것을 법제화한 법이다. 노동자에게 표준 임금의 미달 부분을 보조해 주는 최저 생활보장제도로 빈곤 사회문제 해결에 도움을 주었다. 하지만 자립심과 노동능력의 저하로 구빈세를 부담해야 하는 자본가 계층에서는 오히려 근면한 노동자들의 세금으로 게으른 노동자를 양산하게 되었다고 비난받았다.

⑥ 공장법(1833년): 19세기 초, 산업혁명이 진행되면서 공장에서 비인도적인 처우를 받는 아동의 노동 조건과 작업 환경을 개선하기 위한 법으로 최초의 아동복지법이기도 하다.

## 02 미국 사회복지행정의 과정

Social Welfare Administration

미국의 사회복지는 초기에는 영국 사회복지의 유형을 답습했지만, 사회복지제도의 발달은 영국과 상당한 차이를 보인다. 국가 발전의 역사적 맥락에서 미국은 영국과 다르기 때문이다. 미국은 1776년에 비로소 독립 국가를 만들었고 국가의 기조는 자유주의와 개척주의 정신에 두었다. 그로 인해 사회복지에서도 국가보다는 지역사회나 민간 등에 의한 '자발적 접근'을 선호했다. 중앙정부가 주도하는 복지가 아닌 지역공동체가 취약계층의 욕구를 충족시킬 의무를 지니며 지역공동체는 종교조직과 시민정부가 혼재된 상태에서 종교조직이 취약계층을 원조하는 큰 역할을 담당한다. 지역마다 청교도주의에 바탕을 둔 교회가 확대되기 시작했고 정교분리의 원칙을 담은 헌법이 제정되며 교회는 자유롭게 고유의 자선활동을 발전시켜 나갔다.

사회복지행정의 측면에서 미국의 역사는 한마디로 '현실적 요구에 대한 지체된 발달' 과정으로 볼 수 있다. 미국이 사회복지행정에 본격적인 관심은 갖게 된 것은 1970년대 이후부터였으며 우리가 사회복지전문직의 발달 과정을 이해하는 데 아주 좋은 사례를 보여주고 있다.

### 1) 시작(19세기~1920년대)

미국의 사회복지행정 초기에 왕성한 활동을 시작한 것은 종교단체다. 특히 청교도 교회들의 활동이 자선활동을 주도했으며 정교분리의 원칙을 담은 헌법에 힘입어 자신들만의 고유의 자선활동을 시작하기에 이른다. 이는 타 종교의 신도를 개종하려는 노력이기도 했는데 청교도신도가 지배적인 지역에서는 평신도들이 참여하는 자선활동을 활발히 전개했고, 인구가 밀집된 도시에서는 청교도 교회들이 후원하는 도시개발 계획에 따라 빈민가에 자선조직을 만드는 활동을 진행했다.

1860년대의 남북전쟁 이후 특히 북동부와 중서부 지역에서 산업화·도시화가 가속화되고 유럽으로부터 대규모의 이민 인구가 유입되는 등 큰 변화가 생겨나기 시작했다. 남북전쟁 기간에는 도시지역들에서 산업생산이 급속도로 확대되었고 새로운 이민자들은 중서부 지역의 농장이 아니라 주로 공장 지대에 취업했다.

도시 인구가 급속히 늘자, '마르크스주의'의 영향을 받은 근로자들에 의한 체제불안의 두려움과 함께 공중보건문제 등 다양한 사회문제가 생겨났다. 이에 대한 대응으로 뉴욕, 보스턴, 필라델피아, 시카고 등의 도시에서는 기업가들과 시민지도자들이 공공조직과는 별도로 대안적인 사회복지제도를 만들기 시작한다(김영종, 2017: 64).

미국의 남북전쟁
출처: pixabay

헐 하우스(Hull House)
출처: Wikipedia

문제들에 대응하기 위해 각종 사회복지서비스 기관들이 출현하는데, 대부분 민간의 자발적인 노력에 바탕을 두었으며 당시 영국과 비슷한 경향으로 각종 구호 기관이나 고아원 등이 종교단체나 박애주의자, 기업가들에 의해 설립된다. 영국의 1884년 '토인비홀'의 모형을 따 1889년 시카고에 '헐 하우스(hull house)'라는 인보관이 세워졌다. 주(州) 정부가 운영하는 각종 수용시설도 이 시기에 본격적으로 등장하기 시작하는데 보호나 재활을 목적으로 서비스가 제공되는 것이 아니라 사회적 일탈에 대한 통제가 일차적인 목적으로 운영되었다.

사회복지서비스가 확대되면서 이를 운영하는 사회복지조직들의 수도 늘어나기 시작했는데, 당연히 이들 조직을 어떻게 운영해야 할지에 대한 관심도 증가되었다. 초기 사회복지 관련 기관들의 리더십은 대부분 자원 동원의 핵심 역할을 맡은 기업가나 그 가족들로 구성된 이사회가 좌우했다. 이는 공공이 설립한 기관들에서도 마찬가지였으며 많은 도시에 세워진 '자선조직협회(Charity Organization Societies: COS)'의 경우도 마찬가지였다. 쉽게 말해 초기 미국의 사회복지행정은 종교단체와 자원봉사자, 기업가들이 주도하였던 것이다.

교회에서 시작된 자선활동은 지방정부의 공적 빈곤구제 프로그램의 대안으로 생겨났다. 기업가들은 공적 서비스가 확대되면 증가하는 조세부담을 통제할 수 없게 될 것을 우려해 민간이 주도하는 대안을 생각해 내게 된 것이다. 이민자가 늘어난 지역에서는 이미 이민자들의 정치적 지도자가 지방의회의 대표로 선출되고 있었기에 이들이 지방정부를 통제하려 들 수 있는 거리가 생겼다. 게다가 지방정부의 부패와 공무원들의 사익 추구가 광범위하게 존재했으며, 주정부도 여기에서 예외가 아닌 상황이었다.

종교조직들은 경쟁적으로 자선조직을 늘려 나갔고 자선활동은 베푸는 자와 도움을 받는 자 간의 개인적인 연계방식으로 이루어져야 한다는 철학에 바탕을 두고 있었다. 개인적인 연계가 없이 경제적인 도움만 주면 도움을 받는 자는 '빈곤상태(pauperism)'에서 벗어나지 못해 만성적인 의존성에 빠지고 이는 다음 세대로까지 이어질 것이라 보았다.

기업가들은 공적 서비스는 주정부 차원에서 운영하는 보호시설에 국한되어야 한다고 보았고 보호시설은 정신질환자, 지적장애인, 고아, 시각장애인, 청각장애인, 범죄자 등 특별한 욕구를 지닌 사람들을 보호하는 데 주안을 두어야 한다고 생각했다. 남북전쟁이 끝난 뒤 많은 주정부가 신망받는 시민지도자들로 자선위원회를 구성해 보호시설을 관리·감독했다(심상용, 2017: 40).

1920년대에는 민간비영리사회복지기관에 중요한 변화가 있었다. 민간 사회복지기관의 서비스를 보다 효과적으로 조직하는 것에 대한 관심이 커졌고, 그 방법의 하나로 사회복지기관의 '집행부(executives)'와 '이사회(board of directors)'의 관계를 보다 명확히 하자는 여론이 조성된 것이다. 집행부와 이사회의 역할을 분명히 하자는 것은, 이사회는 정책을 수립하는 역할을, 집행부는 사회복지기관의 일상적인 업무에 대한 책임을 지자는 것을 의미했다.

이사회는 전통적으로 프로그램 정책의 수립, 조직의 재정 확보, 예산의 감독 등의 기능을 수행했는데, 기본적으로 이러한 역할에는 변화가 없었다. 반면에 1920년대 들어 크게 발전한 지역사회모금 캠페인과 함께 집행부의 역할에는 변화가 일어났다. 재계의 리더들은 사회복지기관에게 1년 내내 개인을 대상으로 장기간 호소하는 지역사회모금 방법 대신 1년에 한번 집중적으로 모금 캠페인을 벌이는 방법을 권고하였고,

실제 그런 방향으로 바뀌었다 모금 캠페인에서 사회복지기관의 집행부는 기관을 대표하고 대변하였으며 아동복지와 가족복지 분야의 전국 차원의 협회 결성에도 주도적인 역할을 했다. 협회는 지역사회가 사회복지기관을 신설하는 것을 자문하고 사회복지기관의 집행부는 기업의 조직관리 방법을 모델로 삼아 사회복지기관을 운영했다. 전반적으로 집행부의 역할과 독자성이 강화되는 방향으로 나타난 것이다(Austin, 2000: 33-34).

한편 이 무렵, 사회사업 교육기관의 협력단체인 '사회사업교육협의회(Council on Social Work Education: CSWE, 1919년 창설)'와 사회복지사들의 이익단체인 '사회복지사협회(the National Association of Social Workers: NASW, 1921년 창설)'가 결성되었다. CSWE는 사회사업 교육기관의 교과 내용을 협의·조정하는 협회이며, NASW는 사회복지사의 자격을 관리하고 이익을 대변하는 협회로 발전하였다(원석조, 2013: 61).

## 2) 대공황과 공공복지의 확대(1930~1960년대)

1930년대 이전까지 미국의 사회복지제도는 민간이나 지방자치, 사회사업 전문직에 의한 사회복지서비스를 구축했다. 국가 혹은 중앙정부의 제도적 개입은 거부되었다가 1930년대 대공황을 겪으면서 국가적 개입이 불가피하다는 인식이 일어나게 된다. 그 결과, 1935년에 중앙정부의 '사회보장법'이 제정되었고 비로소 공공 사회복지행정의 토대가 구축된다.

사회보장법에 따라 지방 정부들이 빈민이나 노인, 장애인 대상으로 공공부조 프로그램을 집행하게 되면서 공공부문 사회복지조직들의 규모가 급격히 증가했다. 새롭게 설치되는 공공복지기관들은 관료제적 정부 조직의 방식에 따라 보다 위계적인 유형으로 조직된다. 한편, 빈민 구호의 주된 책임이 공공부문으로 넘어가면서, 민간 사회복지조직들은 단순 구호에서 벗어나 보다 전문화된 서비스 역할로 이행하려는 움직임이 나타난다.

공공 사회복지서비스 프로그램과 조직들이 대규모로 확대되면서 이를 수행하기 위한 전문 인력의 수요도 커졌다. 초기에는 전문 사회사업가들이 이들 프로그램의 기획과 실행·감독을 위해 투입되었는데, 이들은 새로운 공공 조직의 행정 방식을 이해하고, 실천할 필요가 있었다. 그래서 이 시기에 사회사업 전문직 내에서도 전통적인 대인적 실천과는 다른 새로운 행정적 실천 방법론에 대한 관심이 생겨나기 시작했다(김영종, 2017: 64-65).

민간 사회복지기관과 공공 사회복지기관의 분리는 1931년 공공 복지행정가들이 '전국공공복지협회(American Public Works Association: APWA)'를 결성한 데에서 잘 드러나는데, 공공 사회복지기관의 직원들이 주축이 되어 만든 APWA는 1929년 대공황으로 야기된 대량 실업과 이에 대처하기 위해 만든 공공복지에 대해서 사회복지사협회가 보인 무관심에 대한 반작용이었던 것이다. 사회복지행정의 민간 모델에서는 사회복지행정가가 되기 위한 조건으로 전문적 교육과 '다이렉트 서비스' 경험을 요구했으며, 민간기관 매니저들은 직원 채용과 같은 인사행정의 책임을 가졌고, 무급 자원봉사자인 이사들을 후원자로 잘 활용했으며 지역사회의 재계 인사들과도 좋은 관계를 유지했다.

반면에 공공 모델 행정책임자는 다이렉트 서비스 경력이 있거나 없는 경우도 있었는데, 대규모 관료조직을 관리하고 표준화된 절차에 따라 프로그램을 운영했다. 프로그램 운영, 인사행정과 재무행정이 중시되기 시작했다(원석조, 2013: 63).

1950~1960년대 미국의 민간 사회복지조직들은 대체로 좋은 재정 여건을 가졌고, 그에 따라 수와 규모도 크게 늘어났다. 1960년대에는 린든 존슨(Lyndon B. Johnson) 대통령이 '빈곤과의 전쟁(war on poverty)'을 선포하면서 각종 시범 사업들이 다양하게 지원되었고 주나 지방 정부의 후원으로 도시 중심에 '지역사회행동기관(CAA)'과 같은 대안적 형태의 비전통적 서비스 조직들도 나타나게 되었다. 이들 지역사회 기관들은 관료제적인 구조를 최소화하고, 서비스 대상 지역 주민들의 참여를 필수 전제로 두었다. 이런 프로그램의 특성으로 인해 사회사업 전문직이 이들 기관의 관리 역할을 맡게 되었다.

'지역사회정신보건센터(GMHC)'도 이 시기에 설립되었으며 이 기관은 정신보건 대상자들이 시설이 아닌 지역사회에서 생활하도록 하자는 목적에서 설치되었다. 지역의 다양한 인적·물적 자원을 활용하고 연계하는 노력이 중요했기에 조직을 운영하는 데는 기업가적이며, 정치적으로 활발한 리더십 유형이 필요했다. 이는 전통적인 사회사업 전문직의 실천 방법론의 범위를 벗어나는 것이었다. 이런 이유들에서, 과연 행정은 사회사업전문직의 고유 실천 영역일 수 있는지에 대한 논란도 일어났다.

1960년 미국의 사회복지 현장은 사회복지행정의 이론과 실천이 발전하는 데 좋은 환경을 제공했다. 급속하게 증가하는 사회서비스 프로그램들로 인해, 전문가들이 새로운 프로그램을 기획, 관리, 평가할 수 있는 기회가 많았던 것이다. 그럼에도 전문직 내에서 행정 지식에 대한 관심은 그만큼 높아지지 못했다. 그보다는 전통적인 사회사업 전문적 가치에 더욱 충실해야 한다는 주장도 굳건히 남아 있었다(김영종, 2017: 65-66).

### 3) 사회복지행정의 관심과 발달(1970~1980년대)

1970년대에는 공공 사회복지 분야가 확대될 것이라는 기대가 컸다. 대표적으로 1960년대에 중앙정부가 사회복지사의 상담비용을 보조하는 '요부양아동가족부조(Aid to Families Dependent Childen: AFDC)' 프로그램이 크게 성장했기 때문이었다. 그러나 1970년대 초에 중앙정부는 수급자 자격심사와 지지적인 사회복지서비스를 분리하기로 했으며 그 결과 AFDC 수급가구에 대한 개별화된 사회복지서비스가 후퇴하고 만다. AFDC 수급가구에 대한 상담 등 개별화된 서비스는 보육, 가족계획 등 법령에 명시된 정형화된 서비스로 대체되었다. 1972년에는 주정부 관할로 바뀌면서, 중앙정부는 지원 대상을 노인, 장애인, 시각장애인 등 범주별로 나눈 중앙정부의 법령과 행정 절차에 따라 보조금을 지급했다. 중앙정부가 규제하는 범주별 사회복지 프로그램이 증가하자, 공공 사회복지 분야 행정가들 사이에서는 개별적인 프로그램 간의 조정에 대한 관심이 증가하기 시작했다.

1970년대 초 전문직 내에서 사회사업가들도 행정 훈련이 필요하다는 공감대가 형성되었고 이에 따라 1970년대 후반에 이르기까지 사회사업대학들에서 사회사업행정에 대한 교과과정을 갖추는 경향이 급격히 늘어났다. 1976년에는 'Administration in Social Work'라는 교

Administration in Social Work (1986) 표지
출처: 아마존

과서도 출판되었고 각종 사회사업 대학협의회나 전문직협회 등에서도 사회복지행정에 대한 관심이 증가하였다(심상용, 2017: 48).

1980년대에 들어서 레이건(Ronald W. Reagan) 행정부가 중앙정부의 사회복지 역할을 축소하려는 시도를 본격화했으며, 그 결과 사회복지행정에도 중대한 변화가 초래되었다. 그중 하나가 '민영화(privatization)'의 시도와 관련된 사회서비스 전달체계의 변화다. 사회서비스 공급을 민영화한다는 것은, 공공부문의 조직들이 수행해 왔던 서비스 생산의 기능을 민간 조직들에 이양한다는 것을 뜻했다. 민간부문을 보조금이나 서비스 구매계약 등의 방식으로 활용하면 보다 효율적인 사회서비스 공급이 가능할 것이라는 취지였다. 이런 맥락에서 많은 수의 민간 사회서비스 기관들이 만들어졌고 전통적인 비영리 민간부문만이 아니라, 이윤 추구 목적의 영리 기업들까지 아동과 노인을 대상으로 하는 사회서비스 제공에 가담할 수 있게 되었다. 요양시설·재가 돌봄·약물중독 치료 등의 서비스 분야에서는 영리 목적의 조직이 실질적으로 팽창했다. 전달체계를 구성하는 조직 부문들이 다원화되면서 재정자원의 유형과 경로 환경도 따라서 복잡해졌다. 전달체계의 복잡성이 한편으로는 이를 다룰 수 있는 행정적 지식과 역량에 대한 필요성을 더욱 크게 만들었다. 이러한 환경적 현실은 미국의 사회사업가 전문직이 행정 관리자로서의 영역과 역할을 지속적으로 확충해야 할 당위성을 제시했으며, 그 결과 1970년대 말 이후 미국의 사회사업 교육과 실천 현장에서는 사회복지행정이 실질적인 실천 방법으로 자리 잡기에 이른다(김영종, 2017: 66-67).

### 4) 사회복지행정의 도전(1990년대~현재)

1990년대 미국의 복지국가는 낮은 경제성장과 국제경쟁의 심화로 인해 후퇴하는 기미를 보이고 사회계층 간의 소득불균형은 더욱 확대의 골이 깊어 민간 사회복지기관이 빈곤계층의 다양한 복지수요에 대응할 자원부족현상을 겪게 된다. 1980년대 이후 시작된 사회복지서비스의 민영화와 상업화는 1990년대 더욱 강화되어 전통적으로 비영리 민간 복지기관과 영리 민간 복지기관의 구분도 모호해졌으며 사회복지기관의 관리자는 정부지원, 후원금, 클라이언트가 지불하는 이용료 등 자원 획득의 통로를 다변화해야 하는 상황에 직면하게 되었다(Hasenfeld, 1996: 192-193).

또한 미국 사회의 정보기술혁신으로 클라이언트에 관한 정보 수집과 관리를 비롯하여 기관 운영과 의사결정에 필요한 정보관리의 방법에도 큰 변화를 초래하였다. 그래서 최근에는 클라이언트와 상담을 하면서 동시에 컴퓨터에 수록된 사정기록지에 정보를 입력시키는 방법이 보편화되고 있다. 아무튼, 1990년대 이후 미국 사회복지서비스조직이 이와 같이 변화하는 환경에 적응하기 위해서 보이는 양태는 각양각색으로 나타나고 있는데 그중 두드러진 현상 몇 가지를 살펴보자.

우선 1990년대 이후 미국 사회복지행정에서 강조되는 것은 재정관리와 마케팅(marketing)이다. 사회복지서비스의 민영화와 상업화가 급속도로 진행되고 빈곤계층의 다양하고 증대된 복지욕구를 충족시키기 위해서는 안정적인 재원 확보가 무엇보다 중요한 과제로 제기되고 있다. 그래서 조직 내부적으로 비용 절감의 경영이 강조되고 외부적으로는 전략적 계획을 수립하여 보다 공격적인 마케팅과 홍보를 강화시키고 있다. 이러한 재정관리의 중요성과 마케팅 강조 현상은 사회복지사와 같은 전문직 종사자의 클라이언트 선정과 예산관리에서의 자율성과 재량권을 제한하는 기제로 작용하기도 한다.

사회복지조직의 환경 변화는 기존 조직구조의 변화와 리더십 변화를 가져다주었다. 전통적으로 관료조직구조를 형성하던 사회복지조직들이 수직적 조직구조를 수평적 구조로 변화시켜 여러 형태의 '팀(teams)제'와 '태스크포스(task force)' 집단을 형성하여 이들 하부조직들이 유기적인 네트워크를 구성하며 작동하도록 하였다(Hasenfeld, 1996: 197). 이러한 조직구조는 환경 변화에 매우 유연하게 적응할 수 있으며 조직 운영의 효율성을 증대시키는 것으로 인식되었고, 또한 사회복지조직의 관리자 리더십에도 변화가 초래되었다. 그것은 내부 지향적이며 성과에 의한 보상을 강조하는 '거래적 리더십(transactional leadership)'보다는 외부 지향적이며 새로운 아이디어와 도전을 중요시하는 '변혁적 리더십(transformational leadership)'이 점차 강조되고 있는 경향을 보인다(Lewis, 2001: 269). 변혁적 리더십은 사회복지조직에서 구성된 사회복지조직의 직원에게 비전을 제시하면서 동기부여와 적절한 인사관리의 방법으로도 효과성이 입증되고 있다.

마지막으로 1990년대 미국 사회복지조직의 관리 및 사회복지행정의 변화 양상으로 크게 눈에 띄는 것은 사회복지조직의 합병과 연합이다. 이미 공공 복지행정 체계는 본래의 기능을 민간에 이양하는 민영화가 진행되고 있기 때문에 지역 차원에서 계약과 서비스 구매가 활발히 이루어지는 상황 속에서 위기감을 느낀 영세 민간 사회복지조직들은 보다 경쟁력 있는 대규모 조직으로 합병과 협력으로 공동사업과 클라이언트 확보 전략을 세우고 있다. 이러한 합병과 연합에 의해서 새로운 형태의 사회복지조직이 출현하는 것은 특히 지역사회의 최소한의 자원 확보에서 경쟁적 우위를 확보할 수 있기 때문에 더욱 가시적인 현상으로 나타나고 있다(황성철 외, 2014: 48-50).

**표 3-1 미국 사회복지행정의 역사**

| | |
|---|---|
| 19세기<br>~<br>1930년대 | •사회복지행정에 대한 최초 관심<br>•사회사업 교과과정에 최초로 행정 등장(1914)<br>•Abott: 1972년 사회사업가들에게는 공공복지행정을 포함하는 교육과정이 필요함을 언급<br>•Dunham: 사회복지행정을 실천의 보조적 방법으로 인식<br>•Hagerty: 교과과정 속에 행정에 관한 내용을 포함시켜야 한다고 주장<br>•미국 사회사업대학협의회의 채택 교과과정에 행정이 선택과목으로 포함(1923) |
| 1930년대 중반<br>~<br>1950년대 후반 | •연방긴급구호청(1934) 설립: 대공황 극복을 위한 실업문제 해결 시도<br>•사회보장법(1935) 제정: 연방, 주 공적부조제도 창설 – 행정 발전의 기초 형성<br>•사회복지행정의 개념과 기초의 정립 – 행정을 독립적인 영역으로 확립 |
| 1960년대 | •사회사업가협회에서 행정 관련 이론 연구 및 행정 발달에 대한 건의안 발표<br>•사회복지협의회에서 사회복지행정에 관한 요소를 다룬 논문 발표<br>•사회사업교육협의회(1961): 사회복지행정 교육을 강화하는 교과과정 인정<br>•NASW 산하 사회사업행정위원회(1963) 창설<br>•사회복지기관에 대한 불신, 지역사회조직사업의 발달 – 행정 발달의 정체 |
| 1970년대<br>~<br>1980년대 중반 | •프로그램 비용 부담의 어려움, 사회복지정책 선택 문제에 직면 – 새로운 관리기법의 도입<br>•1975년까지 미국 84개 대학 중 19개 대학이 사회복지행정이란 과목으로 교육<br>•1977년에는 사회복지행정을 필수과목으로 하는 대학이 35개로 증가<br>•행정 관련 논문 수의 급증<br>•사회복지행정에 관한 문헌과 잡지 출현 – 원칙, 이론, 역학, 모델 정립<br>•1976년 최초의 정기적 저널인 '사회사업행정' 창간 |

| | |
|---|---|
| 1980년대 후반<br>~<br>현재 | • 레이건 행정부의 사회복지 역할 축소 이후 사회복지행정에 대한 도전과 응전<br>• 민간의 사회복지행정에 참여 증대(공공 관료조직 퇴조, 민간부문의 직접서비스 전달에서의 역할 증대, 민간·공공의 엄격한 조직적 구분 퇴조)<br>• 조정, 연계, 책임성 이행 기술의 강조(서비스 연계조직의 출현과 자원 제공처의 다양화) |

출처: 한국복지행정학회(2014: 54)

## 03 한국 사회복지행정의 과정

Social Welfare Administration

한국의 사회복지행정은 늦은 등장으로 발전하기 시작했다. 앞서 살펴본 미국의 사회복지행정과 비교하면 상당히 느리게 발전하였고 역사적 흐름상 욕구자들(clients)의 욕구를 제대로 파악하지 못했고 법령과 제도로 반영하지 못했던 게 사실이다. 하지만 전쟁의 빠른 복구와 놀라운 경제성장을 바탕으로 서구사회의 요구를 빠르게 받아들이며 사회복지행정에 대한 행동을 진화시키고 있다. 한국의 상황을 시대별로 알아보고 당시의 상항에 적절했던 행정의 역사를 살펴보도록 하자.

### 1) 일제강점기와 미군정 시대(1950년 이전)

한국은 1910년 일제강점으로 인해 재래(在來)의 구제사업은 거의 자취를 감추고 말았다. 구호사업을 조선총독부 지방과에서 담당하다가 1921년에 사회과가 신설됨에 따라 담당부서가 바뀌었고 1940년에는 후생국이 설치되어 사회복지업무를 담당하였다. 일제강점기 대표적인 구호법으로는 1914년에 '은사금이재구조기금관리규칙', 1916년 '은사진휼자금궁민구조규정', 1917년 '행려병인구호자금관리규칙', 1944년에 '조선구호령' 등이 제정된다. 조선구호령은 국민의 빈곤, 불구, 폐질 등에 대처하기 위하여 생활부조, 의료부조 등 네 가지를 규정하였다. 그러나 이 법령은 조선총독부가 국민들을 회유하고 종속시키기 위한 법령상의 명분에 불과하였고 단지 생활보호법이 제정되기 전까지는 우리나라의 공공 구호행정의 법적 근거가 되었다는 데 그 의의를 가질 뿐이다(신복기·박경일·이명현, 2013). 이 시기에는 천주교, 기독교, 불교 등에서 고아원과 병원 등을 설치하여 구호사업을 실시하였는데 민간에 의한 구호사업의 출발인 점에서 의미가 있다.

광복 후 약 3년간 미군정 시기가 있었는데 미군정은 1945년 10월 보건후생국을 설립하였고, 1964년 3월에 보건후생부로 승격되었다. 보건후생국은 1946년 1월에 빈민구호를 위한 '후생국보 3호'를 발표하여 조선구호령과 함께 시행하였으며, 1946년 9월에 「아동노동법규」, 1947년 5월에 「미성년자노동보호법」을 시행하였다.

이 시기 사회복지행정은 혼란기에 대처하기 위한 임시방편으로밖에는 평가될 수 없다(신민정·염일열·조성욱, 2015 : 39).

조선총독부

출처: 국가기록원

## 2) 사회복지행정의 도입(1950~1970년대)

1950년대 이전에는 조선총독부 사회과가 설치되어 사회복지행정이 수행되었지만 시혜적인 활동에 국한되었으므로 공적인 사회복지행정으로 보기는 매우 어려웠으며, 광복 이후 미군정 기간 동안 월남피난민과 전재민을 대상으로 긴급구호가 이루어져 사회복지 현장에서 사회복지행정의 필요성은 거의 인식되지 못한 것이 사실이다.

1948년 합법적인 정부로 제1공화국이 출범하게 되지만 한국전쟁이라는 극도의 혼란 상태에 놓이게 되면서 경제적 어려움으로 인한 사회복지정책은 전무한 상태였다. 전쟁으로 인해 초래된 막대한 수의 난민과 이에 대한 구호가 1950년대 이래 한국 사회복지의 절대과제가 되어 버렸다. 우리나라에 근대적 의미의 사회복지행정이 도입된 것은 제1공화국 이후부터라고 해도 과언이 아닌데 제1공화국은 미군정 당시 보건후생부와 노동부를 병합하여 사회부를 설치하고 보건, 위생, 노동, 부녀 행정을 관장하게 했다. 이후 1955년 보건사회부를 통해 우리나라의 사회, 복지, 보건, 부녀 행정을 총괄하게 된다. 당시 제헌헌법 제19조를 통해 '월남피난민과 전쟁고아 및 피해자의 긴급구호'를 실시하였으나 현대적 사회복지 개념에 입각한 행정은 이루어지지 않았다. 그럼에도 불구하고 사회부는 열악한 육아시설을 보완하기 위해 노력했고 전쟁고아의 수용보호시설 확충과 시설의 운영 및 지도감독을 위한 '후생시설 운영요령'을 제정하였다(구자헌, 1984).

한편 6·25 전쟁 이후 급증한 전쟁피해자들을 위한 외국의 원조기관들이 현대적인 민간 사회복지기관들을 설립하면서 사회복지행정 실천의 장이 마련되었다. 이들 외원기관에 대해서 정부는 별다른 규제를 가하지 않았고 자유로운 활동을 허용했으나 1963년에는 「외국민간원조단체에 관한 법률」을 만들어 형식적인 규제를 두었다. 외원단체들은 '한국외원단체협의회(Korea Association of Voluntary Agencies: KAVA)'라는 연합체를 결성하여 활동하였는데 실제로 외국의 민간 원조단체들이 한국 정부의 보건사회부보다 사회복지활동에 더 많은 재원을 사용했으며 당시 대부분의 민간 사회복지시설들은 외원단체에 거의 전적으로 의지하여 운영되었다. 이들 외원기관들은 사회복지 활동으로 단순히 물질적 지원에 그치지 않고 구호활동과 관련한 조직 체제와 기술을 들여와 서구식 전문 사회사업 개념과 실천 방법을 알렸고 사회사업이 곧 사회복지로 인식되게 하는 중요한 활동을 진행했다. 그러나 이들 외원기관들은 전쟁피해자인 고아, 과부, 무의탁 노인, 빈민들에 대한 긴급구호에 주력하였기 때문에 조직적인 원조활동과 전문적 사회복지활동을 수행할 수는 없는 상태였다(최성재·남기민, 2000).

이 시기는 사회복지가 학문으로서 한국에 도입되었다는 점에서 의의가 크고, 학문으로서의 사회복지는 1947년 이화여자대학교에 기독교사회사업학과가 설립되면서 시작되었다. 이후 1953년 중앙신학교(현 강남대학교), 1958년 이화여자대학교와 서울대학교에 사회복지교육을 위한 사회사업학과가 설치되었다. 실제로 서울대학교는 사회사업학과 개설 이래 사회사업행정을 교과목으로 개설해 오고 있으며, 1956년에는 사회복지 전문인력 단기양성소인 국립중앙사회사업종사자훈련소(현 보건사회연구원)가 창설되었다.

결론적으로 제1·2공화국 시기에는 전후 경제, 사회, 정치가 취약하고 혼란스러웠지만 외형적으로는 외원단체의 자선구호활동, 전문 사회사업교육기관 설치 등 민간 사회사업은 활발했던 반면, 사회복지행정상으로는 일제강점기와 미군정 시대 사회복지의 틀을 벗어나지 못했던 시기이기도 하다. 특히 정부수립 후 계획되었던 사회정책 대부분은 전쟁으로 인해 무산되어 응급정책 수준이었고, 외국 원조는 긍정적 측면이 있었음에도 불구하고 우리 사회에 의존적 구제방식을 심화시켜 사회로의 자립이 지연되는 결과를 초래했다(한동일 외, 2012).

1960년대 군사정부가 경제개발정책을 강력히 추진한 시기이며, 사회복지에 투자할 자원이 절대적으로 부족했고 여전히 민간복지기관들은 외국의 원조에 의존할 수밖에 없는 형편이었다. 당시 군사정부는 생활 무능력자들에 대한 생계보호를 체계적으로 시행하기 위해 1961년 「생활보호법」을 제정하고, 65세 이상의 노인과 18세 미만의 아동, 불구폐질아 등 근로능력이 낮거나 없는 저소득층에 대한 공적 부조 위주로 하는 생활보호행정이 이루어졌다. 「생활보호법」을 시작으로 「군사원호보상법」, 「국가유공자와 월남귀순용사특별법」, 「재해구호법」, 「자활지도사업에 과한 임시조치법」 등의 제도를 확립하고 「아동복리법」, 「윤락행위방지법」, 「공무원연금법」, 「선원보험법」, 「군인연금법」, 「산업재해보상법」, 「의료보험법」 등의 관련 법률을 제정하는 등 1960년대는 근대적인 사회보장제도를 확립하는 사회복지정책의 기초가 정립되는 시기였다(장천식, 2007).

또한 같은 해에 전국 7개의 대학이 새로 사회사업학과를 설치하여 신설된 학과에서 대부분 사회복지행정을 교과목으로 채택하였다(황성철 외, 2010).

1970년대가 되면서 정부의 경제개발정책의 효과가 서서히 나타나게 되었고 국가의 재정능력 또한 향상되면서 외국 원조단체들이 원조를 줄이거나 철수를 시작하게 되었다. 민간 사회복지시설은 시설에 필요한 자원결핍의 문제가 발생하게 되는데 「사회복지사업법」이 제정되어 사회복지사업의 정의와 범위를 명확히 하고 민간 사회복지사업이 주체가 되어 사회복지법인 제도를 도입함으로써 민간 사회복지사업의 체계가 확립된다. 또한 국가와 지방자치단체가 법인을 보조함과 동시에 지도감독의 권한이 강화됨으로서 민관 공동의 사회복지행정 발전의 토대를 마련했다. 1970년대 말이 되자 총 137개 대학에서 사회사업을 교육하게 되었으나 대학마다 사회복지행정의 중요성을 강조하는 정도가 달라 사회복지행정을 전공필수로 인정하는 대학은 반 정도밖에 되지 않았다(남세진, 1979).

1950년대 이후부터 1970년대에 이르기까지의 시기는 한국사회복지행정의 발달에 차지하는 의미가 매우 크다고 볼 수 있다. 한국 사회복지조직의 주요한 원형이 형성되었으며 오늘날까지 한국 사회복지행정의 흐름에 영향을 주고 있기 때문이다(김영종, 2010).

### 3) 사회복지행정의 발달(1980~1990년대)

한국의 사회복지행정은 1980년대에 들어서야 본격적으로 체계화되었다고 봐야 할 것이다. 1982년 한국사회사업가협회(현 한국사회복지사협회)에서는 사회복지윤리강령을 제정하였고, 1980년대 이전까지만 해도 사회복지의 절대적인 자원을 확보하기 위한 사회정책적인 노력들은 매우 미약했다. 따라서 빈약한 사회복지제도로 인해 이러한 제도에서 활동할 전문직을 배출하는 교육제도 역시 빈약할 수밖에 없었다. 1980년대 초까지도 한국 사회에서는 사회복지에 대한 전체 사회의 자원 규모가 극히 제한적이었으며, 사회복지서비스 조직들의 수와 규모 면에서도 영세성을 면치 못하고 있었다.

여전히 사회복지실천에 있어서 행정적인 지식을 필요로 할 만큼의 경영과 관리에 관련된 이슈들이 본격적으로 나타나지 않았다. 즉, 사회복지에 필요한 자원이 절대적으로 부족한 상태에서 사회복지의 효율적 관리의 문제는 일차적인 관심사에서 벗어나 있었다는 것이다.

하지만 한국의 사회복지 환경은 1980년대에 들어 급격히 변화되기 시작했다. 경제개발 위주의 정책들이 사회개발을 동시에 강조하는 정책으로 바뀌기 시작했고, 사회복지에 투입되는 자원에 대한 우선순위를 높이고 사회복지에 투입되는 절대적인 자원의 양을 크게 증가시키기 시작했다(김영종, 2010 : 69-70).

또한 1980년대 후반에 새로운 형태의 전문적인 사회복지조직들이 집중적으로 등장하기 시작하였는데 민간부문에서는 1985년도 종합사회복지관이 전국 시·도에 설립되면서 종합사회복지관 중심의 사회복지전문 서비스 기관들의 수가 급증하기 시작하였고 각종 상담 및 치료 전문 사회사업기관들도 나타나기 시작했다.

1980년대 후반에 들어서는 공공부문에서도 많은 변화가 있었다. 사회보장과 관련한 공공부조 서비스의 전달 인력을 사회복지 전문 인력으로 대체하기 시작하였으며, 1987년 '사회복지전문요원제도'가 도입되면서 공공복지행정의 체계가 마련되었다. 1988년 이후 「사회복지사업법」 개정을 통해 1992년 '사회복지시설 평가제도'가 도입되고 사회복지시설이 허가제에서 신고제로 변경되었으며 시설운영위원회의 설치가 도입되었다. 또한 동년 기부금에 대한 체계적이고 투명한 관리를 위한 사회복지공동모금회가 설립되었다.

1992년 12월에 「사회복지사업법」 개정을 통해 사회복지 전담공무원과 복지사무 전담기구를 설치할 수 있는 법적 근거가 마련되었다. 현재까지도 진행되고 있는 이러한 노력은 공공부문에 있어서의 사회복지행정에 대한 새로운 필요성을 증가시키고 있고 1995년부터 전국 5개 지역에서 보건소에 사회복지 기능을 통합하는 보건복지사무소 시범사업을 1999년까지 실시하였다. 1997년 IMF(International Monetary Fund) 경제위기로 인해 당시 우리나라는 사회복지욕구가 증대되었고, 재정지출도 급격히 증가하면서 공적 자원의 효율적인 배분과 활용이 중요한 문제로 부각되었다.

한편, 1990년대의 중대한 정치질서의 변화 중 지방자치제의 전면적 실시는 사회복지서비스 전달이 보다 체계적으로 관리되어야 할 필요성을 높였다.

1999년 사회복지행정에 대한 교육 및 연구에 대한 관심의 증가로 '한국사회복지행정학회'가 창립되어 '한국사회복지행정학'을 정기적으로 발간하기 시작했다(최성재·남기민, 2006: 67).

하지만 이러한 사회복지 환경의 제반 변화에도 사회복지행정의 지식에 대한 관심은 그리 높지 않아 현장에서의 사회복지행정에 대한 인식 부족, 전문직과 대학교육에서의 행정 방법에 대한 관심 부족 등으로 사회복지행정 지식이 크게 활성화되지 못했던 것으로 보인다(이준영, 2017: 48-50).

### 4) 사회복지행정의 현재(1990년대~현재)

사회복지행정이 실제적으로 중요성을 인정받고 사회복지행정에 관한 연구활동이 활성화된 시기는 1990년대 이후부터이다. 이 시기 특히 사회복지시설 및 기관에서 사회복지행정에 관한 수요를 촉발시킨 계기는 다음과 같이 크게 세 가지 요인으로 나눌 수 있다.

사회복지공동모금회 청사

첫째, 민간 복지재단이 사회복지사업에 관한 사업계획서를 엄격히 심사하여 재정적 지원을 하기 시작한 것과 사회복지공동모금제의 본격적 시행으로 사회복지 프로그램 관리에 관한 중요성이 부각되었다. 1995년 삼성복지재단은 전국 사회복지시설 및 기관을 대상으로 접수된 사업계획서를 심사하여 지역적 특성에 부합하는 우수한 프로그램을 선별하여 재정적 지원을 함으로써 사회복지기관의 프로그램 기획 및 수행에 전문성을 향상시키는 계기를 마련하였으며, 이후 1998년부터 본격적으로 민간 주도 공동모금제도가 시행됨으로써 공동모금회의 재정적 지원을 받게 된 사회복지기관들의 전문성에 관심과 노력을 기울이게 되었다.

둘째, 사회복지시설 및 기관의 평가 실시이다. 1997년 정부는 「사회복지사업법」을 개정하여 보건복지부 장관이나 시·도지사가 사회복지시설을 3년에 1회 이상 평가하도록 규정하였다. 이에 따라 1999년 한국보건사회연구원에서 사회복지관을 비롯한 각종 사회복지시설에 대한 평가지표를 개발하여 2000년 전국 사회복지시설에 대한 평가를 실시하였다. 시설의 평가는 기관 운영의 책임성, 효율성, 효과성을 높일 수 있다는 관점에서 사회복지행정의 중요성을 증대시키는 역할을 했다. 하지만 아쉽게도 사회복지 현장과 사뭇 다른 평가지침과 결과로 많은 사회복지사들에게 공감받지 못하는 실정이다.

셋째, 사회복지기관 및 시설의 증대에 따른 지역사회에서 기관 운영에 대한 경쟁적 분위기가 고조되고 이에 자원 확보의 중요성이 강조되면서 1990년대 후반부터 종합사회복지관이 급격히 증가하였고 IMF 경제위기 이후 제정된 「국민기초생활보장법」의 시행에 따른 자활후견기관과 지역사회 각종 NGO기관의 출현은 기존 사회복지시설로 하여금 한정된 지역사회의 자원을 놓고 서로 경쟁을 벌이는 상황이 되고야 말았다. 이에 사회복지시설 및 기관을 운영하는 데 필요한 현대적 관리 및 경영기법이 요구되어 사회복지행정에 대한 관심이 크게 고조되었다.

2000년대에 들어와서는 인구의 저출산과 고령화의 사회적 급변 현상에 대한 정부의 시책 마련이 본격적으로 시작되었다. 저출산·고령화에 대한 대표 시책으로 2004년에 공적노인요양제도 실행위원회가 구성되어 제도모형이 개발되고 이를 토대로 2007년 4월 「노인장기요양보험법」이 제정되어 2008년 7월부터 시행되었고, 2012년 '보육료전액지원정책(무상교육)'이 시행되었다.

## 04 일본 사회복지행정의 과정

Social Welfare Administration

1847년에 일본 최초의 '공적 구제제도'가 시행되었다. 메이지 정부의 구휼규칙은 가난한 사람을 구제 대상으로 하였지만, 가난을 개인의 책임으로 보았으며 친족 또는 공동체에 의한 상호부조를 원칙으로 했다. 그렇기에 구빈은 빈궁한 노인과 아동, 장애자, 질병으로 노동이 불가능한 성인에게 약간의 도움을 주는 제한적 서비스에 그쳤다. 이런 제도는 빈민구제의 측면보다는 빈민이 안 되도록 막는 데 치중할 뿐이었다.

1920년 내무성에 사회사업을 전담하는 '사회국'이 신설되었으며, 1929년 구호법으로 노동능력이 있는 빈민을 지원 대상에서 배제하는 제한적인 부조주의를 취했다.

1940~1950년대에는 전후처리의 중요한 과제로 자국 내의 사회 안정이 중요시되었고, 1946년 「(구)생활보호법」과 1947년 「아동복지법」에 이은 1949년 「신체장애자복지법」이 제정되어 일본의 사회복지행정에 있어 근간을 이루었다. 1951년에는 「사회사업법」(2000년에 사회복지법으로 바뀜)이 제정되었다. 이 시기 사회복지행정의 특징은 복지 사각지대에 노출되어 있는 장애인과 저소득층에 초점을 맞추는 선별주의로 평가된다(양승일, 2014).

1960년대부터 일본 경제는 급속도로 성장하여 복지 3법 체제를 기초로 추가입법이 계속되어 복지 6법 체제를 이루게 된다. 일본의 복지 6법에는 1960년대 3법 체제(「생활보호법」, 「아동복지법」, 「신체장애자복지법」)에 「정신박약자복지법」, 「노인복지법」, 「모자복지법」이 포함되었다. 또한 국민연금, 국민건강보험 등 기본적인 사회보험제도가 시행되어 사회복지행정이 이전보다 크게 확대되었다.

1970~1980년대에는 지역사회 위주의 사회복지행정이 전개되었는데, 1970년 고령화사회에 진입하며 1973년 복지 원년을 선언하기에 이른다. 1980년대에는 다양한 개혁 시도와 고령사회를 위한 사회복지체제의 정비 등이 이루어졌다.

1982년 「노인보건법」이 제정되었는데, 법의 목적은 국민의 노후건강 유지와 적절한 의료 확보를 위해 질병 예방, 기능훈련 등의 보건사업을 종합적으로 실시하고 동시에 국민건강 향상 및 노인복지 증진을 도모하였다. 1989년에는 고령자보건복지추진 10개년 전략인 '골드플랜(gold-plan)'이 책정되었다.

1990년 「사회복지사업법」 등 8법이 개정되었고 골드플랜이 추진되었으며, 골드플랜은 고령사회에 대비하여 고령자 보건복지서비스의 기반을 마련하려는 정책을 말한다. 1990년부터 10년간 총 사업비 약 6조 엔을 투입한 장기적인 계획인 점에서 보건복지 분야에서는 전례 없는 정책으로 평가된다. 1994년에는 '신골드플랜'으로, 1999년에는 '골드플랜21'로 조정되었다. 1994년에는 여성의 일과 출산율 저하에 대응하는 보육지원정책 '엔젤플랜'을 추진하였고, 1999년 '뉴엔젤플랜'으로 조정되었다. 뉴엔젤플랜은 보육원의 수와 서비스의 질을 늘렸으며, 육아휴직급여를 늘리고 아동수당을 확대하였다(신민정·염일열·조성욱, 2015: 37-38).

2000년대에 들어서 국가재정 부담의 완화를 위해 사회복지서비스를 영리기업에 개방하였으며, 이후 그 영향력이 커지고 있는 실정이다. 2000년에는 노인요양 서비스만을 전담하는 새로운 사회보험을 만들고, 일반기업이나 시민단체들이 노인요양 서비스 제공의 주체로 참여하는 '개호(介護)보험 제도'가 생기기도 했다. 의료보험에서 차지하는 노인의료비가 보험 예산의 30%대까지 치솟자, 의료보험제도 자체가 제 기능을 못할 것을 우려하여 노인요양을 위한 전문보험으로 도입되었다.

## 05 한국 사회복지행정의 전망과 과제

### 1) 사회복지조직의 변화와 향후 과제

사회복지행정활동이 일어나는 거점이 되는 한국 사회복지조직의 변화에 지대한 영향을 주는 요인은 크게 세 가지로 볼 수 있다. 그에 따라 사회복지조직이 해결해야 할 과제는 다음과 같다.

첫째, 사회복지서비스 공급조직의 확대에 따라 조직경쟁력이 강화되어야 하며, 한국에서 사회복지서비스는 현재 총량적인 차원에서 지속적으로 확대되고 있기 때문에 지역사회에 기반을 둔 기존의 사회복지서비스조직은 새로운 조직의 증가로 한정된 지역사회의 자원을 놓고 서로 경쟁하거나 갈등하는 상황이 예견된다. 2007년부터 시작된 사회서비스 바우처 사업과 2008년 시행된 노인장기요양보험제도는 기존의 비영리 사회복지조직이 거의 독점하던 사회복지서비스를 영리기관, 종교기관, 가족과도 경쟁해야 하는 상황으로 바뀌었다. 따라서 사회복지조직은 관리 및 행정체계를 정비하여 경쟁우위를 확보하지 못하면 생존에도 크게 위협을 받을 수 있다. 사회복지조직은 그 특성상 외부 자원에 크게 의존하기 때문에 조직의 외연을 확대하는 차원에서 경계 잇기와 적극적인 환경관리가 절실히 요청되고 있다. 이러한 관점에서 사회복지조직의 행정가와 관리자는 외부 지향적이고 변혁적인 리더십을 발휘하여 사회복지조직의 환경변화에 능동적인 대응을 펼쳐야 할 것이다.

둘째, 책임성 요구의 증대에 따른 사회복지조직관리 및 행정의 과학화가 필요하다. 정부는 사회복지조직에 의무적으로 평가를 하도록 법률로 규정하고 있다. 사회복지기관을 운영하는 관리자의 입장에서는 부담스러운 법조문이지만 이를 보고 긍정적으로 해석하여 시설 및 기관평가를 해당 기관의 문제점 분석과 개선의 기회로 활용할 수 있을 것이다. 평가의 핵심은 책임성 요구이고 책임성은 앞으로도 지속적으로 사회복지행정에서 가장 큰 이슈의 하나가 되기 때문에(정무성, 1999: 15) 사회복지기관은 더 이상 회피할 수 없는 명제로 받아들여야 한다. 책임성의 올바른 이행은 시설 및 기관의 전반적인 운영과 프로그램, 재정, 클라이언트와의 관계에서도 합리성과 전문성을 향상시키는 길이다. 그래서 조직관리자는 주먹구구식의 기관 운영을 탈피하고 새로운 경영과 행정철학을 바탕으로 전문적 서비스를 제공할 수 있도록 행정체계를 과학화할 필요가 있다.

셋째, 근로 환경의 변화에 따른 조직의 근로 환경 개선과 새로운 사회복지서비스조직의 문화 창달이 요구된다. 사회복지기관은 전통적으로 불우계층과 소외계층을 대상으로 서비스를 제공하기 때문에 사회적 지위가 낮다. 이러한 이유로 사회복지기관에 근무하는 사회복지사를 비롯한 전문직원은 다른 직종의 인력보다 사회적 처우가 열약하다. 최근 사회 전반의 근로 환경이 급속하게 향상되고 변화되고 있는 흐름에 있지만 기존의 열악한 근로 환경을 개선하려는 노력이 절실하기만 하다. 사회복지서비스의 질이 전문성을 갖는 사기와 노력에 의해 크게 좌우되기 때문에 서비스의 효과성을 발휘하기 위해서 직원의 동기부여, 참여 확대, 보수 수준의 향상 등을 위한 인사관리 계획의 수립과 시행이 필요하다. 이러한 근로 조건의 향상으로 보다 긍정적이고 발전적인 조직문화를 형성해서 유지하는 일이 사회복지기관 관리자에게 부여된 중요한 과제가 될 것이다.

### 2) 전망과 과제

사회복지행정은 사회복지서비스조직을 중심으로 복지정책과 복지서비스를 이어 주는 역할을 한다. 사회복지행정은 복지정책의 수립과 집행에 영향을 줄 수 있고 사회복지서비스의 제공 방법과 수준을 결정하기도 한다. 이런 측면에서 사회복지행정은 사회복지실천의 모든 영역에 광범위한 범위로 확대될 수도 있다. 사회복지행정학은 사회복지학의 한 분과학문이지만 사실 학문연구의 활동은 전방위에 걸쳐 광범위하게 전개될 수도 있다. 향후 사회복지실천현장에서 요구되는 바가 사회복지학과 다른 분과학문에서 적절히 수용되지 않을 때 사회복지행정학은 그 학문연구활동이 위로는 정책, 아래는 서비스 영역으로 광범위하게 확대될 수 있을 것이다.

그러나 사회복지행정학의 일차적인 관심 영역은 사회복지서비스조직을 중심으로 하는 행정 및 관리활동이기 때문에 당분간 이러한 연구활동의 범위는 크게 변화되지 않을 전망이다. 사회복지서비스조직의 팽창과 더불어 경쟁력의 강화가 요구되고, 평가로 인한 책임성이 중요시되어 기관 관리 및 운영의 과학화가 이루어져야 하고, 근로환경의 변화에 따른 직원의 근로 조건 향상과 생산적 조직문화의 형성이라는 중차대한 과제를 안고 있는 오늘날의 한국 사회복지서비스조직은 이러한 당면과제를 합리적으로 해결하기 위해서는 사회복지행정에 관한 지식과 기술이 필수불가결하다. 이러한 관점에서 향후 한국 사회복지서비스조직의 사회복지행정학에 대한 의존도는 더욱 증가하리라 생각된다. 향후 한국 사회복지행정학계가 수행해야 할 과제와 방향은 다음과 같다.

### (1) 학문적 정체성의 확립

한국 사회복지행정학은 초기 사회복지학에서 크게 분화되지 않았으며, 학문공동체인 학회의 창설도 근래에 들어 이루어졌다. 전반적으로 사회복지학의 학문적 특성을 그대로 유지하고 있으며 한국의 사회복지학이 서구 이론을 무비판적으로 수용하거나 진지한 한국적 실천현장의 고려 없이 연구되고 있다는 학계의 자성적 비판이 사회복지행정학에도 적용되고 있다.

따라서 한국의 사회복지행정학은 학문 발전의 초창기인 지금부터 외국 이론을 수용하는 것보다 한국 사회복지서비스기관 및 시설의 고유성에 기반을 둔 조심스런 이론의 도입과 적용이 필요하다. 이러한 접근이 사회복지행정학의 한국적 토착화를 주도하고 사회복지학에서도 독립된 학문 영역으로 정체성을 확립해야 한다.

### (2) 기초 이론의 정립과 연구방법론의 다양화 및 정교화

사회복지행정학은 정치학, 경제학, 행정학, 관리과학, 경영학의 지식과 기술을 사용하고 있다. 최근 한국에서 연구된 논문과 발간된 단행본을 살펴보면 인접학문의 이론을 비판 없이 소개하거나 적용의 근거로 삼는 경우가 많다. 사회복지행정의 실천현장을 체계적으로 지도하기 위해서는 기초 이론을 정립하는 문제가 먼저 해결되어야 한다. 한국 사회복지행정학의 연구 동향을 살펴보고 분석해 보면 이론 연구에 대한 갈증과 빈곤문제가 있고, 행정역사, 행정철학, 재정관리 등 비교적 소외된 영역에서의 기초 이론을 확립하는 작업과 노력이 절실하게 필요하다. 또한 연구방법론의 차원에서는 대부분 계량적 연구방법을 사용하고 있어 질적 연구가 활성화되어야 한다는 필요성이 있다. 계량적 조사분석의 경우에도 인과관계를 기초로 한 체계적인 자료분석의 방법이 활용될 필요가 있다.

### (3) 민영화와 복지경영의 대두

최근 한국의 사회복지서비스는 민영화라는 커다란 조류에 휩쓸려 있다. 사회복지시설 및 기관 운영이 허가제에서 신고제로 변화된 것을 필두로 각종 복지서비스 이용권 제도의 시행과 제3자 지불 형태의 강조 등으로 전통적 비영리조직인 사회복지기관은 기관 운영에서 영리조직과 경쟁하는 체계에 놓이게 되었다. 따라서 기존의 정부보조금의 효율적 집행이라는 명제는 그 빛이 바래고 사회복지서비스 공급체계의 다원화에 따라 비교 우위를 확보할 수 있는 경영자 입장이 강조되고 있는 추세다(황성철 외, 2014).

### 생각 나누기

1. 미국의 탈시설정책이 이루어진 시점에 대해 이야기해 보자.
2. 일제강점기 우리나라의 사회복지 상황에 대해 이야기해 보자.
3. 한국의 사회복지행정에 대한 역사적 의미가 깊었던 시기에 대해 이야기해 보자.

# CHAPTER 4

# 사회복지서비스 전달체계

## 01 사회복지서비스 전달체계의 개념

Social Welfare Administration

사회복지서비스 전달체계(delivery system)란 '사회복지서비스가 필요한 클라이언트에게 효율적으로 서비스를 전달하기 위해 지역사회 내에서 서비스를 공급하는 조직과 조직, 혹은 조직과 클라이언트를 원활하게 연결시키는 조직적 체계'라고 할 수 있다. 길버트와 테렐(Gilbert & Terrell, 1988: 143)은 "지역사회 체계 속에서 사회복지서비스의 공급자 간 또는 수급자와 소비자(클라이언트 등) 간을 연결시키기 위한 조직적 장치, 즉 서비스 전달망이라 할 수 있다."고 했으며, 게이트(Gate, 1980)는 이를 지역사회의 맥락에서 사회복지서비스를 공급하는 자들 간의 조직적 연계 및 공급자와 클라이언트 간의 조직적 연결이라고 하였다(김형식·이영철·신준섭, 2009).

사회복지서비스는 사회복지법과 사회복지정책의 기준에 따라 서비스를 소비자에게 공급하는 공공부문과 민간부문, 서비스를 받는 클라이언트로 나눌 수 있다.

사회복지서비스 전달체계는 사회에서 요구하는 복지서비스의 목표를 성취하기 위해 서비스 공급자가 클라이언트에게 서비스를 전달하는 과정에서 합리적 선택을 할 수 있도록 해야 한다. 이때 합리적 선택이란, 서비스 전달의 전체적인 구조 및 업무체계, 서비스 공급자들 간의 연결, 공급자의 지리적 위치, 서비스를 직접 공급하는 인력

(적정 규모 배치)의 능력 및 자질, 업무지원체계(정보시스템) 등을 모두 포함한다.

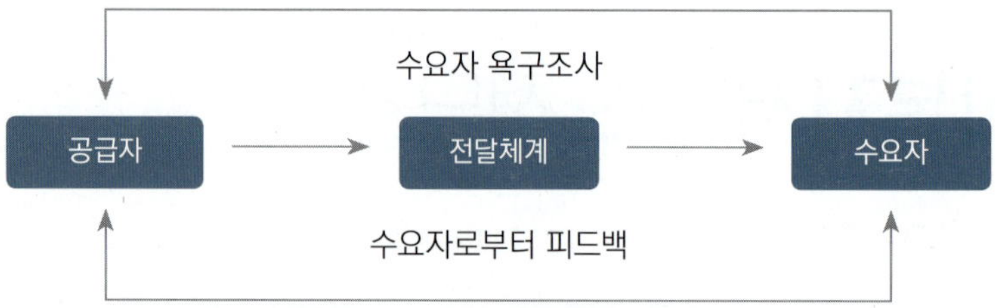


**그림 4-1** 사회복지 전달체계의 모형

사회복지서비스 전달체계는 그림 4-1처럼 공급자의 수요자 욕구조사에서 공급자에게 전달체계로, 전달체계에서 수요자, 수요자의 피드백이 공급자로 이르는 일련의 과정을 반복하며 전달체계의 순환 과정을 만들어 가고 전달체계가 수정되거나 보완되기도 한다(김용구, 2008: 252).

## 02 사회복지서비스 전달체계의 원칙

사회복지서비스가 성과 있게 전달되기 위해서는 다음과 같은 원칙에 따라 실행되어야 한다.

### 1) 사회복지서비스 전달체계의 주요 원칙

#### (1) 전문성

사회복지서비스 제공 업무 중 일부는 행정적 요소로 전문가가 아니어도 실행할 수 있는 부분이 있다. 그러나 클라이언트의 삶과 관계, 위기지원 등 전문가적 능력이 요구되는 핵심적 업무는 반드시 전문가가 담당해야 한다. 국가 혹은 전문 직업 교육단체의 정규교육을 이수하고, 국가 자격(사회복지사)을 취득한 자, 전문직 간 협회를 통해 교류하고, 윤리강령을 통해 서비스를 제공하는 자를 전문가라 한다. 전문가는 자신의 전문적 업무와 관련해 권위, 자율적 결정권, 책임성을 지녀야 한다. 예를 들어 폭력 피해자를 담당하는 사회복지사는 폭력과 관련된 법의 이해 및 처리 절차에 대한 지식을 갖고, 가·피해자의 특성 및 주변인을 사정할 수 있는 전문적 지식 기반과 가치 기반을 보유한 상태에서 클라이언트의 재범 방지 혹은 회복을 위한 적극적인 조치를 취해야 한다.

### (2) 포괄성

클라이언트의 다양한 문제와 욕구를 해소하기 위해서는 다양한 방법의 서비스 접근이 필요하다. 예를 들면 학교폭력 피해로 인해 학교 밖 청소년이 된 클라이언트를 지원하게 된 사회복지사는 청소년이 원하는 욕구에 따라 검정고시 준비와 관련한 서비스 연결, 청소년 아르바이트와 관련한 취업 알선 및 직업교육, 학교폭력 후유증이 있다면 치유회복을 위한 상담 연계, 가족 내 갈등과 관련하여 부모상담 및 교육, 가족상담 지원 등 여러 분야의 서비스를 연결하고 제공하는 역할을 수행해 낼 수 있어야 한다.

포괄성을 달성하는 방법은 아래 표와 같다.

**표 4-1 포괄성을 달성하는 방법**

| 구분 | 내용 |
|---|---|
| 일반적 접근 방법 | •전문가 한 명이 클라이언트의 여러 가지 문제를 다루는 것<br>•전문가의 비전문 영역에 대한 개입 수준이 낮을 수 있음 |
| 전문적 접근 방법 | •각 분야의 전문가들이 한 사람의 다양한 문제 중 자신의 영역에 해당하는 문제를 맡아 접근하는 방법<br>•통합하여 조정하는 어려움을 겪을 수 있음 |
| 집단적 접근 방법 | •다수의 전문가가 팀을 구성해 클라이언트의 여러 문제를 함께 다루는 방법<br>•전문가 간 의견이 달라 생기는 갈등이 존재할 수 있으며, 명확한 책임성을 부여하기 어려움 |
| 사례관리 방법 | •전문가 한 사람이 클라이언트의 다양한 욕구와 필요한 서비스를 연결해 주고, 체계적으로 관리하는 방식 |

출처: 김현진 외(2017: 193) 수정 인용

### (3) 통합성

클라이언트마다 복잡하고, 다양한 문제에 노출되어 있어 욕구와 문제해결을 위해 포괄성의 원칙에 따라 개입하되, 서비스를 순차적이고, 체계적인 순서에 맞추어 제공해야 한다는 원칙이다. 통합성의 원칙을 실행하기 위해 한 기관에서 모든 서비스를 순차적으로 하는 방법도 있으나, 현실적으로 서비스의 종류가 다양하고, 각 기관의 장점이 다른 만큼 다양한 서비스를 책임지고 관리할 수 있는 주 책임기관 혹은 책임전문가가 있어야 한다. 한 기관이나, 한 사람의 책임전문가가 관리자 역할을 하여, 기관과 기관, 전문가와 기관, 전문가와 전문가와의 관계에서 연계와 협조 및 조정을 체계적으로 맡아, 클라이언트에게 효율적인 서비스를 제공할 수 있어야 한다. 서비스가 원활히 진행되기 위해서는 클라이언트를 중심으로 한 기관들이 지리적 접근성이 용이한 위치(근거리)에 있어야 하며, 서비스가 한쪽으로 치우치거나 중복 및 누락되는 일이 없도록 서비스 조직 간 유기적으로 연계되어야 한다.

### (4) 지속성

사회복지서비스가 클라이언트에 제공될 때, 클라이언트의 욕구와 서비스 목표 달성을 위해서 지속적인 관리가 이루어짐으로써 클라이언트가 서비스 간 단절을 경험하지 않고, 필요한 서비스를 지속적으로 제공받을 수 있어야 한다는 원칙이다. 예를 들면 미혼모 시설에 입소한 클라이언트의 경우 출산을 위한 병원진료, 스트레스 및 위험관리를 위한 상담, 자녀양육과 관련된 정보교육, 출산 후 보육 시 필요한 생계 및 생활시설 연계, 자활 지원 등이 순차적으로 몇 년 동안 이루어질 수 있어야 한다. 이때 서비스 제공기관이 달라지더라도 각 기관의 서비스가 지속적으로 연계되어야만 클라이언트가 안전하게 아동을 양육하고, 자활에 성공할 수 있다.

### (5) 적절성

클라이언트의 욕구 수준과 서비스 목표 달성 수준에 맞추어 사회복지서비스가 양적·질적으로 충분히 개입되어야 한다는 원칙이다. 사회복지서비스를 제공할 때는 지원방법, 시간, 횟수, 금액 등을 미리 계획한 후에 실행한다. 이때 사회복지서비스의 양과 제공 기간이 클라이언트의 욕구 및 서비스 목표 충족에 충분한 양이어야 한다. 그러나 현재 사회복지서비스가 제공되는 것을 보면 클라이언트나 서비스 목표 도달에 대한 예측보다는 처음부터 서비스를 제공받을 수 있는 횟수, 기간, 금액 등이 미리 정해진 상태에서 진행되는 경우가 있다. 또한 회를 거듭하여 제공받고 싶을 때 지원 우선순위에 밀리기도 한다. 이는 서비스 제공에 대한 국가 정책, 기관 정책 등과 연결될 수 있으며, 특히 복지예산이 축소될 경우 클라이언트의 욕구와 서비스 목표 달성에 맞춘 서비스가 현실적으로 실현되기 어렵다.

### (6) 책임성

국민에게 사회복지서비스를 제공하는 조직과 기관은 국가 및 사회로부터 사회복지서비스 전달 업무를 위임받아 실천하고 있으므로, 사회복지서비스 전달에 책임을 다해야 한다. 조직에서 책임성을 갖고 서비스 전달이 수행되기 위해서는 서비스 과정과 절차가 서비스 원칙에 맞추어 투명하게 진행되어야 하고, 서비스와 관련한 조직 내 의사결정 구조가 윤리적 기반하에 민주적인 절차에 따라 이루어져야 한다. 책임과 관련된 주요 내용을 살펴보면 서비스가 클라이언트의 욕구에 맞게 적절히 제공되었는가, 서비스 전달 절차가 적합하게 이루어졌는가, 서비스가 효과적이고 효율적인가 하는 것이다.

### (7) 평등성

사회가 다변화하면서 여러 사회문제들이 각 개인과 가족의 삶에 영향을 주고, 다양한 여러 문제가 발생하고 있다. 이와 관련하여 국가는 성별, 연령, 소득, 인종, 종교, 사회적 지위와 상관없이 모든 국민에게 사회복지서비스를 제공해야 한다는 원칙이다. 평등성의 원칙이 지켜지기 위해서는 모든 사회구성원들에게 보편적인 서비스를 제공하는 사회복지 정책이 시행되어야 한다.

그러나 현실적으로는 평등성의 원칙에 어긋나는 경우가 있다. 기초수급대상자가 되어 공적 서비스를 받는 경우 소득과 재산이 일정 수준 미만이어야 한다. 사회보험의 경우도 모든 국민에게 제공되는 서비스이긴 하나 소득과 비례하여 보험료가 차별적으로 선정된다. 건강보험의 경우 서비스 내용은 같으나, 소득 수준이 높을수록 더 많은 보험료를 내게 된다. 국민연금의 경우 기여 수준에 따라 차등하여 연금액을 수령한다.

### (8) 접근 용이성

사회복지서비스를 필요로 하는 클라이언트는 누구나 자신이 원하는 서비스를 받을 수 있다는 원칙이다. 그러나 서비스를 필요로 하는 사람은 몇 가지 장애에 직면하여 서비스를 받는 데 어려움을 경험하기도 한다. 서비스 접근이 어려운 경우는 다음과 같다. 서비스와 관련된 정보가 부족한 경우, 서비스 장소가 너무 멀거나 교통이 불편하여 지리적 접근성이 어려운 경우, 클라이언트가 자신의 문제를 밝히는 데 어려움을 겪거나 수치감을 느껴 심리적 불편감을 갖는 경우, 자산조사를 통해 서비스대상자에 선정되지 않는 경우, 서비스를 제공하는 전문인력이 부족한 경우 등이다.

## 03 공적 전달체계와 사적 전달체계

Social Welfare Administration

### 1) 공적 전달체계

공적 전달체계는 중앙정부를 비롯해 지방정부 및 공공기관이 사회복지서비스를 직접 기획 및 운영, 관리하는 형태이다. 서비스를 관장하는 정부와 서비스를 실행하는 기관, 실제로 서비스를 전달하는 사회복지사를 포함한다. 공적 전달체계는 사회복지 관련 법령에 의한 사회복지 관련 공무원이 직접 실천하거나, 국고나 지방비를 지원받는 위탁기관을 통해 서비스를 전달할 수 있다.

사회복지 전달체계와 관련해 중앙부처의 변화를 살펴보면, 1948년 대한민국정부 수립 후 신설한 사회부가 공적 전달체계의 시작이 되어, 1949년 7월 사회부의 보건 업무를 분리하여 보건부가 신설되었고, 1955년 사회부와 통합하여 보건사회부로 다시 변경되었다. 1994년 보건복지부를 거쳐 2008년 보건복지가족부로 변경하여 편성되었으며, 2010년 3월 청소년·가족 관련 업무를 여성가족부가 맡아 관할하도록 하고 다시 보건복지부로 이름을 변경하였다.

### (1) 공적 전달체계 현황

현재 공적 전달체계는 사회복지 관련 법령에 의거하여 사회복지 시책이 운영되는데 크게 사회보험, 공공부조[1], 사회복지서비스의 3가지로 구분할 수 있다.

사회보험 중 국민연금, 국민건강보험, 노인장기요양보험은 보건복지부에서 관리·운영하며, 산재보험, 고용보험은 고용노동부에서 관리·운영한다.

공공부조사업은 경제적 어려움으로 사회보험 혜택을 받을 수 없는 국민에게 국가 또는 지방자치단체가 기초생활을 보장해 주는 제도로, 빈곤층 주민에게 최저한도의 생활을 보장해 주기 위한 것이다. 공공부조에는 최저생활보장, 의료부조, 보훈급여, 재해구호, 갱생보호, 북한이탈주민보호 등이 있다. 최저생활보장과 의료부조는 보건복지부에서, 보훈급여는 총리실의 보훈처가, 재해구호는 행정안전부에서 관리한다.

사회복지서비스는 국가·지방자치단체 및 민간부문이 함께 분담하여 진행하는데, 도움이 필요한 모든 국민에게 복지, 보건의료, 교육, 고용, 주거, 문화, 환경 등의 분야에서 인간다운 생활을 보장하고 상담, 재활, 돌봄, 정보의 제공, 관련 시설의 이용, 역량 개발, 사회참여 지원 등을 통하여 국민의 삶의 질이 향상되도록 지원하는 제도를 말한다.

공적 전달체계 내 서비스 전담 부처와 관련 기관을 표로 간략히 정리하면 다음과 같다.

---

1) 공공부조는 공적부조라는 용어를 1995년 12월 30일 제정된 「사회보장기본법」에서 '공공부조'로 변경하였다. 최소한의 생활권을 국민에게 보장하기 위해 경제적 빈곤층·장애인·노인 등 사회적 지원이 필요한 이들에게 정부와 공공부문이 경제적 지원을 하는 것이다.

**표 4-2 공적 전달체계 내 법률·서비스 부처 및 관련 기관**

| 구분 | | 관련법 | 담당 부처 | 서비스 관련 기관 |
|---|---|---|---|---|
| 공통 | | 「사회보장기본법」 | 보건복지부 | 사회보장위원회, 시·군·구 |
| 사회보험 | 국민연금 | 「국민연금법」 | 보건복지부 | 국민연금공단 |
| | 국민건강보험 | 「국민건강보험법」 | 보건복지부 | 국민건강보험공단 |
| | 노인장기 요양보험 | 「노인장기요양보험법」 | 보건복지부 | 국민건강보험공단, 장기요양기관, 장기요양원 |
| | 산재보험 | 「산업재해보상보험법」 | 고용노동부 | 근로복지공단 |
| | 고용보험 | 「고용보험법」 | 고용노동부 | 고용복지플러스센터 |
| 공공부조 | 최저생활 보장 | 「국민기초생활 보장법」, 「긴급복지지원법」 | 보건복지부 | 시·군·구 |
| | 의료부조 | 「의료급여법」 | | |
| | 보훈급여 | 「국가유공자 등 예우 및 지원에 관한 법률」 | 국가보훈처 | 국가보훈처 및 지방보훈처 |
| | 재해구호 | 「재난 및 안전관리 기본법」 | 행정안전부 | 재난관리책임기관<br>- 재외공관, 지방산림청, 농림축산검역본부 등 다수(「재난 및 안전관리 기본법 시행령」 별표 1의 2 참조) |
| | 갱생보호 | 「보호관찰 등에 관한 법률」 | 법무부 | 보호관찰기관(보호관찰심사위원회, 보호관찰소) |
| | 북한이탈 주민보호 | 「북한이탈주민의 보호 및 정착지원에 관한 법률」 | 통일부 | 북한이탈주민지원재단 |
| 사회복지서비스 | 공통 | 「사회복지사업법」 | 보건복지부 | 한국사회복지사협회, 사회복지관 등 |
| | 가정복지 및 여성 | 「가정폭력방지 및 피해자 보호 등에 관한 법률」, 「가정폭력범죄의 처벌 등에 관한 특례법」 | 여성가족부 | 가정폭력상담소, 보호시설(쉼터) |
| | | 「성폭력범죄의 처벌 등에 관한 특례법」, 「성폭력방지 및 피해자보호 등에 관한 법률」 | 여성가족부 | 성폭력상담소, 보호시설(쉼터) |
| | | 「건강가정기본법」 | 여성가족부 | 한국건강가정진흥원, 건강가정지원센터 |
| | | 「다문화가족지원법」 | 여성가족부 | 다문화가족지원센터 |
| | | 「한부모가족지원법」 | 여성가족부 | 한국한부모가족복지시설협회, 모·부자복지시설, 미혼모자가족복지시설 등 |
| | | 「모자보건법」 | 보건복지부 | 중앙모자의료센터, 난임전문상담센터, 난임시술 의료기관 |

| 구분 | | 관련법 | 담당 부처 | 서비스 관련 기관 |
|---|---|---|---|---|
| 사회복지서비스 | 아동·청소년 복지 | 「아동복지법」 | 보건복지부 | 아동권리보장원<br>아동보호전문기관 |
| | | 「청소년 기본법」 | 여성가족부 | 한국청소년상담복지개발원<br>청소년상담복지센터(광역 및 시·군·구) |
| | 장애인복지 | 「장애인복지법」 | 보건복지부 | 한국장애인복지시설협회 등 다수 |
| | 노인복지 | 「노인복지법」 | 보건복지부 | 노인보호전문기관, 독거노인종합지원센터, 노인일자리전담기관 등 |

출처: 심상용(2017: 177–178) 수정 인용

사회보험, 공공부조와 사회복지서비스 전반과 관련해서 보건복지부가 주관 기관이 되고, 여성가족부, 고용노동부, 법무부 등의 중앙부처가 각 부처의 주관 업무 성격에 따라 대상과 문제 영역에서 서비스를 제공하고 있음을 알 수 있다.

표 4-2와 같이 공적 영역에서 사회복지서비스를 공급하는 정부조직에 따라 구조와 기능이 구분될 수 있다. 공적 전달체계 내에서 주민(클라이언트)들과 직접 소통하며, 서비스를 전달하는 읍·면·동사무소와 사회복지시설의 경우 '집행체계'로 분류할 수 있고, 서비스 전달을 기획하고 지원 관리하는 역할을 하는 보건복지부, 여성가족부 등의 경우 '행정체계'라고 한다.

**표 4-3** 구조·기능적 차원에 따른 분류

| 구분 | 내용 |
|---|---|
| 행정체계 | 서비스 전달을 기획·지원 및 관리하는 체계<br>(예: 보건복지부 → 특별시·광역시·도 → 시·군·구) |
| 집행체계 | 전달자가 소비자와 상호 접촉을 통해 서비스를 직접 전달하는 체계<br>(예: 읍·면·동 → 클라이언트) |

출처: 오세영(2009: 182)

### (2) 공적 전달체계의 앞으로의 방향성

공적 전달체계의 경우, 주로 중앙정부에서 지침을 내려보내면 광역시나 기초 지자체(시·군·구)가 중앙정부의 지침에 따라 위탁을 하거나 직접 서비스를 제공하였다. 이로 인해 지역 내 클라이언트의 욕구에 맞추어 자율적이고 능동적으로 서비스를 제공하기 어려웠다. 사회복지전담공무원은 계속 증원되고 있으나, 사회복지행정서비스의 광범위한 업무를 감당하기에 아직 충분하지 않은 실정이다. 사회복지서비스를 제공하는 중앙정부의 공공전달체계가 산발적으로 운영되어, 통합성이 필요한 상황이다.

이런 공적 전달체계의 어려움을 극복하고, 클라이언트에게 직접 다가설 수 있는 복지전달체계의 개편이 지속적으로 요구되고 있다.

이를 위해 첫째, 공적 전달체계를 단순화하고, 공적 책임성을 강화(공공서비스 강화)하는 것이 필요하다. 각 지역의 복지욕구를 살피고, 지역에 맞는 사회서비스 수급 계획, 제공 기반 마련, 지역 연계망 구축 등을 위해 시·군·구 및 시·도의 역할 변화가 필요하다.

둘째, 복지 전달체계에서 강화되어야 할 업무를 선별하고 명확하게 하는 것이 필요하다. 지역별 목표를 설정하는 등 새로운 성과관리 방식, 중앙과 지역의 협력연계체계가 필요하다.

셋째, 지역 단위의 욕구 영역별 서비스가 확대되어야 한다. 이와 관련해 지역 내 공공과 민간 서비스 기관 간 주요 업무별 연계 및 의뢰체계를 공식화하고, 주요 지역 복지서비스 기관의 역할을 강화하는 방안을 모색할 필요가 있다. 좋은 예로 2014년 통합사례관리 시범사업을 토대로 2017년까지 시범적으로 운영되었던 '대전형 복지전달체계 「희망티움 프로젝트」 운영'을 들 수 있다. 「희망티움 프로젝트」 운영은 권역 통합사례관리팀인 희망티움센터를 중심으로 공공사례관리체계와 민간의 다양한 기관이 협력하여 전문적이고 효율적인 사례관리와 자원 연계 활성화로 중복과 누락을 방지하는 민·관 협력의 통합사례관리체계 모델이 되었다(강혜규 외, 2017: 34-35 수정 인용).

## 2) 사적 전달체계

사적 전달체계는 민간부문에서 사회복지서비스 전달을 직접 관리 운영하는 형태이다. 대부분 국가와 지방자치단체로부터 위탁이나 바우처사업 형태로 이루어진다. 민간이 직접 위탁을 받아 운영하는 위탁기관이라 할지라도 국가와 지방정부로부터 운영비 보조를 받기 때문에 국가와 지방정부의 관리감독을 받게 된다. 이로 인해 운영주체로서 완벽한 사적 전달체계로 구분하는 것은 현실적으로 어렵다.

### (1) 사적 전달체계의 주요 기능

사적 전달체계는 정부가 직접 제공하지 못하는 서비스를 제공한다. 사회보험이나 공공부조와 달리 사적 전달체계 내 서비스는 서비스를 원하는 클라이언트가 직접 선택할 수 있다.

시대의 변화에 따라 서비스 대상자들의 다양한 욕구를 반영하여 서비스 제공기관들은 기관만의 독자적인 프로그램을 기획하고 운영할 수 있다. 클라이언트와 근거리에 위치하며 다양한 서비스를 제공하는 기관들이 연계하여, 복합적인 문제를 갖고 있는 대상자에게 도움을 주고 사회복지서비스를 효율적으로 제공할 수 있는 장점이 있다.

사적 전달체계 내 기관들은 지역 내 자원(자원봉사, 후원처 발굴 및 물품 후원)을 쉽게 발굴하고 동원할 수 있어, 현재 지역사회 내 많은 서비스 기관들이 자원봉사자와 후원자 발굴을 위해 노력하고 있다. 이는 지역사회 내 일반 주민과 시민들이 지역 내 어려운 이웃들에 관심을 갖고, 더불어 살아가기를 실천할 수 있는 기회를 제공한다. 또한, 지역 내 기관 혹은 전국 네트워크를 통해 사회복지 관련 문제에 연대하고, 협력하여 정부의 서비스를 감시하거나, 새로운 서비스를 제공하도록 건의할 수 있다. 정부의 사회복지 관련 활동에 영향을 주고, 압력단체로서의 역할을 하기도 한다.

### (2) 사적 전달체계의 분류

1970년 「사회복지사업법」 제정을 통해 사회복지 전달체계의 기본적인 틀이 마련되었다. 이 법에서는 주로 사회복지 법인의 위상을 규정하였다. 이후 1980년대에는 사회복지서비스 관련법이 제정되는데, 「아동복지법」 제정(1981, 1962 「아동복리법」에서), 「노인복지법」 제정(1981), 「장애인복지법」 제정(1981, 1969 「심신장애자복지법」에서) 등이다. 「사회복지사업법」은 사회복지사업에 관한 기본법으로 「노인복지법」, 「아동복지법」 등 개별 법령에 별도의 규정이 있을 경우 해당 법령을 우선하여 적용한다(보건복지부, 2019).

사회복지사업 관련 개별 법령은 다음과 같다(「사회복지사업법」 제2조제1호).

① 「국민기초생활 보장법」

② 「아동복지법」

③ 「노인복지법」

④ 「장애인복지법」

⑤ 「한부모가족지원법」

⑥ 「영유아보육법」

⑦ 「성매매방지 및 피해자보호 등에 관한 법률」

⑧ 「정신건강증진 및 정신질환자 복지서비스 지원에 관한 법률」

⑨ 「성폭력 방지 및 피해자보호 등에 관한 법률」

⑩ 「입양특례법」

⑪ 「일제하 일본군위안부 피해자에 대한 생활안정지원 및 기념사업 등에 관한 법률」

⑫ 「사회복지공동모금회법」

⑬ 「장애인·노인·임산부 등의 편의증진보장에 관한 법률」

⑭ 「가정폭력방지 및 피해자보호 등에 관한 법률」

⑮ 「농어촌주민의 보건복지증진을 위한 특별법」

⑯ 「식품등 기부 활성화에 관한 법률」

⑰ 「의료급여법」

⑱ 「기초연금법」

⑲ 「긴급복지지원법」

⑳ 「다문화가족지원법」

㉑ 「장애인연금법」

㉒ 「장애인활동 지원에 관한 법률」

㉓ 「노숙인 등의 복지 및 자립지원에 관한 법률」

㉔ 「보호관찰 등에 관한 법률」

㉕ 「장애아동 복지지원법」

㉖ 「발달장애인 권리보장 및 지원에 관한 법률」

㉗ 「청소년복지 지원법」

㉘ 그 밖에 대통령령으로 정하는 법률*

* 「사회복지사업법 시행령」 제1조의2(사회복지사업 관련 법률) 「사회복지사업법」(이하 "법"이라 한다) 제2조제1호허목에서 "대통령령으로 정하는 법률"이란 「건강가정기본법」, 「북한이탈주민의 보호 및 정착지원에 관한 법률」, 「자살예방 및 생명존중문화 조성을 위한 법률」, 「장애인·노인 등을 위한 보조기기 지원 및 활용촉진에 관한 법률」을 말한다. (2019.6.12.시행)

사회복지시설은 「사회복지사업법」을 기본으로 하여 개별 법령에 의해 보호·선도 또는 복지에 관한 사업, 사회복지 및 상담, 직업지원, 일시보호, 재가복지, 사회복지관 운영, 건강과 의료, 정신질환자 관련 서비스 등을 제공한다.

주관 부처와 관련법, 사회복지시설을 살펴보면 다음과 같다.

**표 4-4** 사회복지시설의 종류

| 소관 부처 | 시설 종류 | 세부 종류 | | 관련법 |
|---|---|---|---|---|
| | | 생활시설 | 이용시설 | |
| 보건복지부 | 노인복지시설 | •노인주거복지시설<br>•노인의료복지시설<br>•학대피해노인전용쉼터 | •재가노인복지시설<br>•노인여가복지시설<br>•노인보호전문기관<br>•노인일자리지원기관 | 「노인복지법」 |
| | 복합노인 복지시설 | 농어촌에 지역에 한해 「노인복지법」 제31조 노인 복지시설을 종합적으로 배치한 복합노인복지시설을 설치·운영 가능 | | 「농어촌주민의 보건복지증진을 위한 특별법」 |
| | 아동복지시설 | •아동양육시설<br>•아동일시보호시설<br>•아동보호치료시설<br>•자립지원시설<br>•공동생활가정 | •아동상담소<br>•아동전용시설<br>•지역아동센터<br>•아동보호전문기관<br>•가정위탁지원센터<br>•다함께돌봄센터 | 「아동복지법」 |
| | 장애인 복지시설 | •중증장애인 거주시설<br>•장애영유아 거주시설<br>•장애인단기 거주시설<br>•장애인공동생활가정 | •장애인지역사회재활시설<br>•장애인직업재활시설<br>•장애인의료재활시설<br>•장애인생산품판매시설 | 「장애인복지법」 |
| | 어린이집 | | •어린이집 | 「영유아보육법」 |
| | 정신보건시설 | •정신요양시설<br>•정신재활시설 중 생활시설 | •정신재활시설 중 이용시설 | 「정신건강증진 및 정신질환자 복지서비스 지원에 관한 법률」 |

| 소관<br>부처 | 시설 종류 | 세부 종류 | | 관련법 |
|---|---|---|---|---|
| | | 생활시설 | 이용시설 | |
| 보건복지부 | 노숙인시설 | •노숙인자활시설<br>•노숙인재활시설<br>•노숙인요양시설 | •노숙인종합지원센터<br>•노숙인일시보호시설<br>•노숙인급식시설<br>•노숙인진료시설<br>•쪽방상담소 | 「노숙인 등의 복지 및 자립지원에 관한 법률」 |
| | 사회복지관<br>결핵·한센시설 | •결핵·한센시설 | •사회복지관 | 「사회복지사업법」 |
| | 지역자활센터 | | •지역자활센터 | 「국민기초생활 보장법」 |
| 여성가족부 | 성매매피해<br>지원시설 | •일반지원시설<br>•청소년지원시설<br>•외국인지원시설<br>•자립지원공동생활시설 | •자활지원센터<br>•성매매피해상담소 | 「성매매방지 및 피해자 보호 등에 관한 법률」 |
| | 성폭력피해<br>보호시설 | •성폭력피해자보호시설 | •성폭력피해상담소 | 「성폭력방지 및 피해자 보호 등에 관한 법률」 |
| | 가정폭력<br>보호시설 | •가정폭력피해자보호시설 | •가정폭력상담소<br>•긴급전화센터 | 「가정폭력방지 및 피해자보호 등에 관한 법률」 |
| | 한부모<br>가족복지시설 | | •한부모가족복지상담소 | 「한부모가족지원법」 |
| | 다문화가족<br>지원센터 | •모자가족복지시설(기본, 공동, 자립)<br>•부자가족복지시설(기본, 공동, 자립)<br>•미혼모자가족복지시설(기본, 공동)<br>•일시지원복지시설 | •다문화가족지원센터 | 「다문화가족지원법」 |
| | 청소년<br>복지시설 | •청소년쉼터<br>•청소년자립지원관<br>•청소년치료재활센터<br>•청소년회복지원시설 | | 「청소년복지 지원법」 |

출처: 보건복지부(2019)

위의 표와 같이 사회복지시설의 소관 부처는 보건복지부와 여성가족부로 나누어진다. 보건복지부에서 주관하는 시설은 9종류로서 노인복지시설, 복합노인복지시설, 아동복지시설, 장애인복지시설, 어린이집, 정신보건시설, 노숙인시설, 사회복지관 결핵·

한센시설, 지역자활센터로 나눌 수 있다. 여성가족부에서 주관하는 시설은 6종류로서 성매매피해지원시설, 성폭력피해보호시설, 가정폭력보호시설, 한부모 가족복지시설, 다문화가족지원센터, 청소년복지시설로 나눌 수 있다.

사회복지시설은 법령에 따른 분류뿐 아니라, 이용 형태, 서비스비용 부담, 운영 주체에 따라서도 분류할 수 있다. 이용 형태에 따라 생활시설과 이용시설로 나눌 수 있는데, 생활시설은 보호서비스가 필요한 클라이언트를 24시간 기관에서 보호하고, 생활하도록 하는 시설이다. 이용시설의 경우는 서비스 대상자에게 방문 혹은 기관으로 내방하도록 하여 보통은 일과시간(9~18시) 동안 서비스를 제공하는 시설을 말한다.

서비스 비용 부담에 따라 클라이언트가 전액 비용을 부담하는 유료지원, 국가 혹은 지차체에서 일부 부담하고 대상자가 일부 부담하는 부분 지원, 전액 국가와 지자체에서 제공하는 무료 지원으로 나눌 수 있다.

사회복지시설은 운영 주체에 따라 다섯 가지 형태로 분류할 수 있는데 ① 국·공립 공영시설은 국가 또는 지방자치단체가 설립해 직접 운영하는 사회복지시설이다. ② 국·공립 민영시설은 국가 또는 지방자치단체가 설립하고, 민간법인이 위탁해 운영하는 사회복지시설이다. ③ 사립국·공영시설은 민간이 설립하고 국가 또는 지방자치단체에 기증해 운영하는 사회복지시설이다. ④ 사립민영시설은 민간이 설립하고 민간이 국가 또는 지방자치단체의 지원을 받아 직접 운영하는 사회복지시설이다. ⑤ 개인운영시설은 개인이 설립하고, 운영하는 사회복지시설이다(심상용, 2017: 184-185).

### (3) 사적 전달체계의 앞으로의 방향성

앞에서 언급한 것과 같이 사적 전달체계는 대부분 국가와 지방자치단체로부터 위탁받거나 바우처사업 형태로 이루어지므로, 운영 주체로서 주도권을 갖고 사업의 방향성을 갖기 어려울 수 있다. 그럼에도 불구하고, 지역사회 내 사적 전달체계는 복지서비스를 받고자 하는 클라이언트의 다양한 욕구를 클라이언트와 만나 직접적으로 해소하고, 문제를 해결해 주는 역할을 사회복지 현장의 가장 전방에서 수행해 내고 있다. 이로 인해 지역에 맞는 클라이언트의 욕구를 알고, 사회복지서비스의 방향을 개선하고, 제안할 수 있는 기회를 갖는다.

사적 전달체계 내에서 시설을 유지하고, 클라이언트의 욕구 및 문제를 해결할 수 있는 전문적 서비스 제공을 지속적으로 하기 위해서는 안정적으로 운영비를 마련하고, 전문성 있는 인력을 확보하는 것은 매우 중요하다. 각 기관은 사회적 자본 개발을 위해 다양한 시도를 하고, 전문성 강화를 위해 개인과 기관이 함께 노력하고, 건강한 의사결정을 통해 사회복지기관 및 시설의 사업 수행을 위한 조직력을 증진하는 것이 필요할 것이다(이세형, 2017: 17 수정 인용).

## 생각 나누기

1. 사회복지서비스 전달체계의 원칙에 대해 설명하라.
2. 전달체계 중 포괄성을 달성하는 방법에 대해 설명하라.
3. 공적 전달체계와 사적 전달체계의 기능을 비교 설명하라.

# CHAPTER 5

# 기획과 의사결정

## 01 기획의 개념

Social Welfare Administration

### 1) 기획이란?

'기획(planning)'은 조직의 목적 달성과 관련해 앞으로 행동해야 할 방향을 설정하고, 조직관리의 밑그림을 그리는 최상위 기능이다. 기획은 조직 전체 혹은 개별 세부사업이 이루고자 하는 목적을 명확히 밝히고, 목적을 이루는 합리적인 목표와 구체적인 전략을 통해 실천하는 것을 말하며, 최선의 기획은 조직의 미래 비전(vision)을 제시하고, 조직을 성공으로 이끄는 데 기여한다. 그러나 반대의 경우 조직이 무너질 수 있는 위험도 있다. 그래서 조직의 기획은 조직과 관련된 주변의 다양한 변수들을 반영하고, 조직 내부와 외부의 영향에 적절히 대응하고, 조율할 수 있는 기획으로부터 출발하여야 한다.

기획의 개념에 대해 이야기하는 데 있어 이와 유사한 개념도 살펴볼 필요가 있다. '기획(planning)과 계획(plan)'의 차이를 살펴보면 다음과 같다.

기획은 조직에서 서비스를 준비하고 실행하며 평가하여 더 나은 서비스를 만들기 위한 전 과정을 계획하는 행동 그 자체를 의미한다. 계획은 이러한 기획을 통해 나타난 결과물, 즉 서비스 계획서이다(강병노, 2011: 136). 기획과 정책의 경우 기획은 장기적인 미래에 대한 설계이고, 정책은 현재의 문제해결을 위한 설계라고 할 수 있다(김현진 외, 2017, 160-161).

체계론적 관점에서 기획을 정의한다면, 기획은 '어떠한 행동이 취해지지 않는다면 바람직한 미래가 도래하지 않을 수 있으며, 그 행동이 취해진다면 바람직한 결과가 도래될 개연성이 증가된다고 믿는 상황하에서 그 행동이 취해지기 전에 상호 연관된 결정들의 집합을 형성하고 평가하는 일련의 과정'이라고 말할 수 있다(이종수 외, 2006).

사회복지조직에서 기획을 이야기하는 이유는 사회복지조직은 자생성이 낮기 때문에 정부보조금이나 후원금에 의존하여 조직이 운영될 수밖에 없기 때문이다. 그러므로 사회복지조직은 기획을 통해 다음과 같은 시너지를 얻어야 한다.

첫째, 사회복지조직의 운영 효율성을 증진시키며 서비스 목표를 달성할 수 있도록 한다.

둘째, 사회복지조직의 효과성을 증진시켜 클라이언트의 욕구충족과 문제해결에 기여한다.

셋째, 사회복지조직의 평가와 책임성을 증진시킨다.

넷째, 사회복지조직은 지역사회로부터 권한을 위임받거나, 후원을 통해 운영되는 만큼 투여하는 서비스의 전문성을 확보하여 효과성과 효율성이 증진될 수 있도록 노력하고 책임을 실천하는 것이다.

다섯째, 조직구성원들의 사기진작을 위한 것이다. 조직구성원들이 서비스 기획에 참여하고, 실행함으로써 성취감과 인정을 경험할 수 있기 때문이다.

여섯째, 목표의 불확실성을 감소하기 위해서이다. 변화가 많은 외부 환경의 영향이 목표 설정에 모호함을 줄 수 있으나 기획은 이것을 감소시킬 수 있다.

일곱째, 합리성을 증진시킨다. 합리적인 기획은 조직 내 의사결정에서 타당성을 확보할 수 있다(심상용, 2017: 356; 천정웅·김용환·김승돈, 2015: 339 인용 및 수정).

사회복지조직은 시민의 문제나 욕구를 해결하기 위한 서비스를 제공하도록 사회로부터 인가를 받았을 뿐만 아니라 그들이 부담한 세금, 기부금 등으로 서비스를 제공하고 있기 때문에 효과적이고 효율적인 서비스를 제공할 책임을 가지고 있다. 그러므로 조직의 목표인 서비스의 효과적·효율적인 목표 달성을 위해 기획이 필요하다. 특히, 사회복지조직의 과업환경과 일반환경의 요인들이 급속하게 변화하는 상황에서 행정책임자는 환경 변화와 장래의 예측을 통하여 적절한 계획을 수립하고 신속한 의사결정을 하지 않으면 생존하고 발전할 수 없게 된다(최성재·남기민, 2006: 211).

스키드모어(Skidmore, 1995: 50-51)는 사회복지행정에서 기획이 필요한 이유를 네 가지로 제시하고 있다.

첫째, 기획은 효율성의 증진을 위해 필요하다. 사회복지 인력과 자원은 제한되어 있으므로 최소의 비용과 노력으로 효율적인 서비스를 제공하기 위해서는 치밀한 기획이 필요하다.

둘째, 기획은 효과성의 증진을 위해 필요하다. 사회복지행정이 클라이언트에게 제공한 서비스는 그의 문제나 욕구를 해결하는 데 효과가 있어야 한다. 계획된 활동이 아니라면 그 결과는 바라는 대로 달성되지 않을 수도 있다.

셋째, 기획은 책임성의 증진을 위해 필요하다. 사회복지행정은 사회의 인가를 받아 국고와 개인의 기부금을 사용하고 있기 때문에 목표하는 서비스를 효과적이고 효율적으로 제공할 책임을 가져야 하고 책임 수행을 위한 서비스 기획이 필요하다.

넷째, 기획은 사회복지조직의 사기를 위해서 필요하다. 기획 과정에는 많은 조직구성원이 참여할 수 있고 참여를 통한 조직구성원의 기여와 구성원들의 의견수렴이 수반된다. 구성원들은 자신들의 참여로 계획이 이루어진 데 대한 인정과 성취감을 얻을 수 있기 때문에 구성원의 사기를 높일 수 있다.

## 02 기획의 유형과 과정

Social Welfare Administration

### 1) 기획의 유형

#### (1) 일반 유형

기획(planning)의 유형은 조직의 위계 수준, 시간 및 기획 대상에 따라 구분할 수 있다.

**① 조직 위계 수준에 따른 유형**

조직 내 위계에 따라 요구되는 기획의 양상이 달라지는데, 위계 유형에 따라 최고관리층, 중간관리층, 감독관리층, 실무관리자로 나눌 수 있다. 최고관리층은 조직 전체에 초점을 맞추고, 목표와 조직구조, 장기적이고 전략적인 기획을 한다. 중간관리층은 조직의 맡은 부분에서 계획과 운영을 기획한다. 감독관리층은 구체적 사업과 관련해 계획하고, 서비스 시행을 하는 관계로 사업기획과 운영기획을 동시에 한다. 실무관리자는 서비스 제공에 집중하여 구체적인 프로그램 기획과 일상적 업무를 맡는다.

**표 5-1** 조직의 위계 수준에 따른 기획의 유형

| 위계 수준 | 기획의 유형 |
|---|---|
| 최고관리층 | 목표, 정책, 장기적 계획, 조직 전체 기획, 전략적 기획, 조직구조 |
| 중간관리층 | 할당, 배분, 사업계획, 보완적 목표, 정책, 운영기획 |
| 감독관리층 | 구체적인 사업기획, 일정표, 단기목표, 운영기획 |
| 실무관리자 | 일상적 업무, 사소한 절차에 국한, 구체적 프로그램 기획 |

출처: 천정웅·김용환·김승돈(2015: 340), 심상용(2017: 358) 수정

**② 시간적 배경에 따른 유형**

시간적 배경에 따라 장기적 기획과 단기적 기획으로 분류할 수 있다. 장기적 기획은 1년 이상 혹은 5년, 10년, 그 이상의 기간에 걸친 기획을 말한다. 장기적 기획은 조직의 최고관리층에서 다루며 조직의 미래와 관련해, 예상되는 외부 영향과 조직의 목적 및 목표를 수정하여 재설정하고, 단기기획의 바탕이 된다. 단기적 기획은 보통 1년

이내의 기간 중 시행되는 사업 또는 프로그램 기획이다. 구체적이고, 행동 지향적이며, 실행 방법에 대한 상세한 내용이 포함된다. 단기적 기획은 중간관리층이 영향력을 행사하고, 조직의 장기적 기획 및 목표의 구체적 실행 전략이 된다.

### ③ 기획 대상에 따른 분류

기획 대상에 따라 전략적 기획과 운영기획으로 나눌 수 있다.

'전략적 기획(strategic planning)'은 최고관리층의 영역이고, 조직의 장기적 방향을 만들기 때문에 전체 조직에 영향을 준다. 전략적 기획은 조직의 미래와 변화를 예측한 장기기획과 연동된다. 관리자는 조직의 목표 설정과 변경, 구체적 목표 달성을 위한 자원 획득과 사용, 배분에 대한 정책결정의 과정을 기획한다. 전략적 기획을 설정하는 과정에서 필요한 내부 자원과 외부 환경의 요구를 수용할 수 있어야 한다. 즉, 전략적 기획은 특정 목적과 수단의 근본적인 방향 수정이 포함되고, 조직의 구조와 전략을 결정할 수 있다.

'운영기획(operational planning)'은 전략적 기획의 바탕 위에 획득한 자원으로, 조직의 목표를 효율적으로 성취하기 위한 일련의 과정이다. 그래서 운영기획은 자원관리 및 사용에 대한 기획 과정이다.

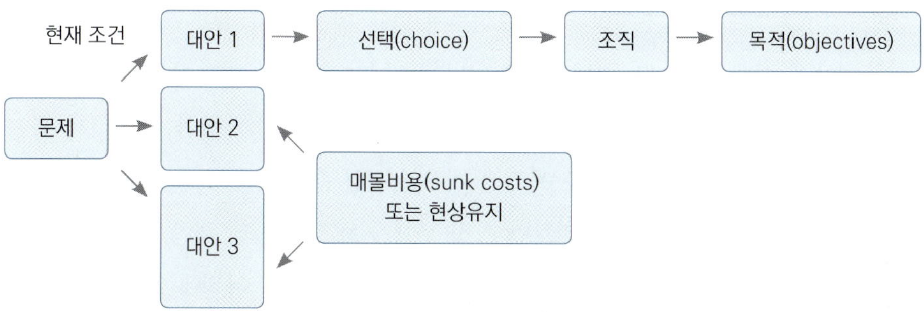


**그림 5-1** 장기적 범위의 기획 순서

출처: Mckinney & Howard(1998: 200): 이영균(2019: 263) 재인용

### 2) 기획의 과정

기획의 과정은 상황에 따라 복잡하게 진행되는 프로젝트를 어떻게 관리하고, 계획할 것인지 도움을 준다. 기획 과정은 과거의 실수를 수정하고, 미래 기획과 의사결정에 정보를 제공한다. 이에 기획 과정은 개방적이고, 융통성 있게 이루어질 수 있어야 한다. 기획 과정은 다음과 같다.

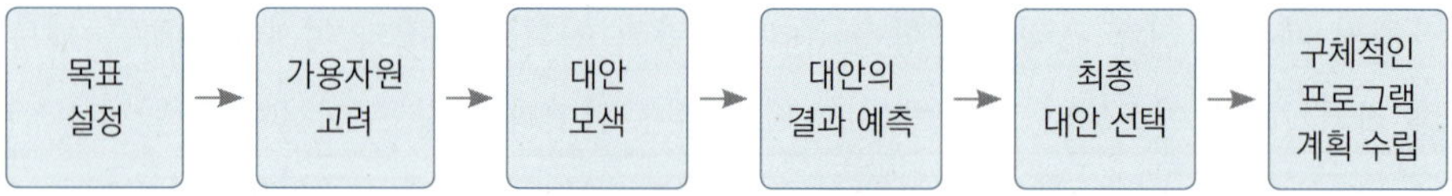


**그림 5-2** 기획의 과정

출처: 김현진 외(2017: 165-167) 수정 인용

## 03 의사결정의 개념

의사결정은 개인이나 조직의 목적을 이루기 위해 여러 가지 대안 들 중 가장 바람직한 대안을 선택해 나가는 사고와 행위의 과정이다. 기획이 기관이나 개인의 목적 또는 목적을 향해 나아가는 방향을 정하고, 연속해서 최적의 대안들을 선택해 가는 과정이라면 의사결정은 그 자체로 목적을 이루기 위한 수단이 된다.

의사결정을 좁은 의미에서 살펴보면 특정 문제를 해결하는 데 대안을 선택하는 것이다. 그러나 넓은 의미에서는 조직구성, 인사관리, 전체 관리 과정에 있어 통제 혹은 조정의 문제를 어떻게 할 것인가와 연결된다.

사회복지조직에서도 의사결정은 매우 중요하다. 전체적인 조직활동에 대한 의사결정은 사회복지조직의 활동 방향과 내용을 좌우하기 때문에 기관이 제공하는 사회복지서비스의 효과성과 효율성에 결정적인 영향을 끼친다. 또 실제 서비스 제공활동에 있어서도 프로그램이나 원조와 관련된 의사결정은 개인, 집단, 가족, 지역사회의 다수 구성원의 문제해결과 삶의 질 개선에 구체적으로 기여할 수 있다(Skidmore, 1990; 심상용, 2017: 366 재인용). 무엇보다 조직구성원들의 체계적인 의사결정 참여는 조직의 리더와 종사자 간의 협조적인 파트너십은 물론, 직무 만족, 열정, 비전, 조직몰입 등 조직 성과에도 자연스럽게 이루어지는 기반이 된다(Vroom & Jago, 1988; 김선희, 2014: 4 수정).

의사결정은 다음과 같은 네 가지 특성이 있다.

첫째, 계속성이다. 조직 위계, 관리체계, 시간의 선후 관계에서 계속된다.

둘째, 보편성이다. 조직의 모든 관리 과정에서 나타나며, 정책 결정, 기획 작성, 조직 편성, 인사조치, 예산의 편성과 심의, 프로그램 기획 등 모든 단계에서 나타나는 현상이다.

셋째, 동태성이다. 조직 내 의사결정은 사안에 따라 리더부터 일반직원까지 모두 관여할 수 있다. 의사결정된 내용들은 타협과 교섭을 거쳐 수정과 조정을 하게 된다.

넷째, 변화 가능성이다. 한번 결정된 의사가 시간의 흐름에 따라 내용이 바뀌거나 추가 또는 삭감될 수 있다. 장기적이고 많은 사람이 참여하며 내용이 복잡한 의사결정일수록 불확실성과 위험도가 높아지고 변화 가능성은 커진다(천정웅·김용환·김승돈, 2015: 339 수정). 불확실성이 높다는 것은 구조화된 절차를 활용하기 어려울 수 있는 복잡한 의사결정의 조건이 된다.

# 04 의사결정의 유형과 과정

Social Welfare Administration

## 1) 의사결정의 유형

### (1) 의사결정의 정형성에 따른 분류

#### ① 정형화된 의사결정

조직 내에서 일상적이고, 빈번하게 반복하여 일어나는 의사결정을 말한다. 정형화된 의사결정은 문제에 대해 표준적으로 결정해야 하는 것들이 이미 약속되어 있다. 그래서 결정권이 있는 자는 명확한 근거와 절차, 인과관계에 따라 선택할 수 있고, 절차에 따른 선택과 결정은 결과를 예측할 수 있게 한다. 정형화된 의사결정은 구조화되어 있어, '표준운영절차(standard operating procedures: SOP)'에 따라 이루어지므로, 일반적으로 깊은 사고의 과정이 필요하지 않다. 예를 들면 기업의 재고품 관리, 학교의 성적관리, 의료기관의 환자 등록 순서 등을 들 수 있다.

#### ② 비정형화된 의사결정

비정형화된 의사결정은 결정권자가 과거에 경험하지 못한 문제에 직면한 상황에서 의사결정을 해야 할 때 사용하는 의사결정이다. 이런 상황은 문제가 복잡하거나, 아주 중요할 수 있고, 이전에 동일한 형태로 일어난 문제가 아닐 수 있어 문제해결을 위한 방법이 설정되어 있지 않다. 그래서 비정형화된 의사결정은 결정권자의 개인 역량, 경험, 판단에 더 의존한다. 따라서 비정형화된 의사결정은 비용, 불확실성, 조직에 대한 몰입 필요, 조정, 통제와 관련해 일반적으로 최고관리자의 권한에 속한다. 이로 인해 비정형화된 의사결정은 조직의 생명을 위협할 수 있다. 이런 이유로 관리자는 독창적인 결정을 위해 대안과 대안의 결과를 면밀히 검토해야 한다(이영균, 2019: 344).

**표 5-2** 의사결정의 유형

| 구분 | 정형화된 의사결정 | 비정형화된 의사결정 |
|---|---|---|
| 문제 유형 | 빈번함(frequent), 반복, 루틴, 인과관계(cause-and-effect relationships)의 명확성 | 새로움, 비구조화, 인과관계의 불확실성 |
| 절차 | 정책, 규칙, 명확한 절차에 의존 | 창의성(creativity)과 직관 필요, 모호성에 대한 인내(tolerance), 창의적 문제 해결 |
| 위계 | 조직 하위관리자 | 조직 최고관리자 |

출처: 이영균(2019: 345) 수정 인용

## (2) 의사결정 주체별 분류

### ① 개인적 의사결정

의사결정 권한을 갖는 책임자가 개인의 경험과 판단, 수집된 정보와 자료를 토대로 혼자 의사결정하는 것이다.

가. 의사결정나무 분석(decision tree analysis)

개인이 발견할 수 있는 여러 대안들을 나열하고, 나열된 대안들을 선택했을 때 일어나는 결과값을 그림으로 그려가며 도식화하는 개인의사결정 방법이다. 의사결정나무를 구성하는 요소는 나무의 골격이 되는 대안의 종류, 각 대안을 채택 혹은 채택하지 않았을 때 일어나는 결과값으로 나누어 볼 수 있다. 나뭇가지를 쳐내듯 적절하지 않은 대안들을 삭제하면서 최적의 안을 찾아 의사결정할 수 있다.

나. 대안선택 흐름도(alternative choice flow chart)

의사결정나무에 비해 비교적 목표가 명확하고, 예상 가능한 대안이 정해져 있을 때 적용될 수 있는 의사결정 방법이다. 'Yes', 'No'로 답할 수 있는 질문을 만들어 예상되는 결과를 결정한다.

### ② 집단적 의사결정

가. 브레인스토밍(brainstorming)

어떤 한 가지 주제를 가지고 5~15명의 사람들이 정해진 시간 동안, 가치판단을 하지 않고, 자유롭게 의견을 개진할 수 있는 집단적 의사결정 방법이다. 브레인스토밍은 단시간에 최대한 많은 양의 아이디어를 제공받고자 할 때, 다양한 사람들의 의견이 연결고리가 되어 최적의 대안을 만들어 낼 수 있다. 브레인스토밍을 원활히 진행하기 위해서는 비판받지 않고, 자유로운 분위기에서 누구나 의견을 낼 수 있고, 모두에게 발언권이 주어질 수 있도록 균형을 잡는 것이 필요하다.

나. 델파이 기법(delphi method)

불확실한 상황에 대한 의사결정을 위해 전문가들에게 설문을 송부한 후 의견을 수집하는 형태이다. 델파이 기법은 실제 참가자들이 면대면 만남을 할 수 없다. 송부한 의견을 수집한 후 정보를 분석하여 만족스런 결과를 얻을 때까지 송부와 수집을 반복한다. 이 기법의 장점은 의견을 개진하는 사람들이 장소나 시간의 구애를 받지 않고 의견을 낼 수 있다는 것이다. 단 시간이 많이 걸리고, 반복하여 정보를 수집하는 동안 의견 개진(開陳: 의견을 제안)자가 줄어들 수 있다.

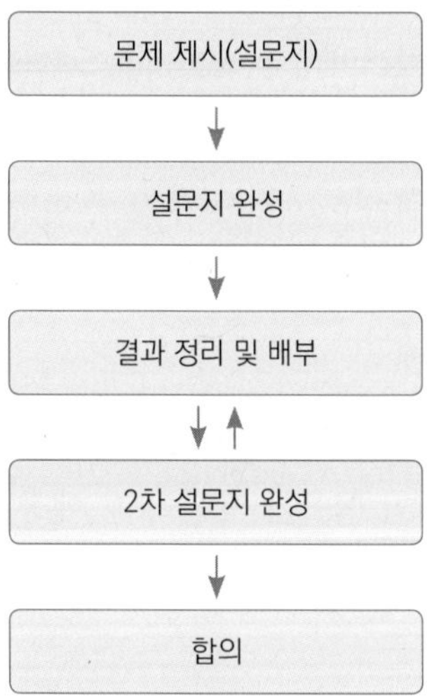


**그림 5-3** 델파이 기법의 단계
출처: 심상용(2017: 379) 재인용

다. 명목집단 기법(nominal group technique)

6~9명의 소집단원이 한곳에 모인 후, 많은 의견을 교환하지 않은 채로, 자신의 의견에 집중하며, 의견을 종이에 적어 개진할 수 있도록 요구받는다. 각 구성원은 모두 자신의 의견을 내야 하는데, 집단에 각자의 아이디어를 내면 침묵하는 시간이 종료되고, 각 아이디어를 평가하여 합의를 이루어 내면 의사결정이 종료될 수 있다. 이 기법은 다른 집단원의 영향 없이 각 집단원이 생각하는 의견을 다양하게 들을 수 있고, 참여율을 높일 수 있는 장점이 있다.

**표 5-3 델파이 기법과 명목집단 기법 비교**

| 델파이 기법(delphi method) | 명목집단 기법(nominal group technique) |
|---|---|
| 델파이 참여자들은 전형적으로 서로 익명을 요구한다. | 명목집단 참여자들은 서로 아는 사이이다. |
| 델파이 참여자들은 물리적으로 떨어져 있고, 면대면(face-to-face)으로 만나지 못한다. | 명목집단 참여자들은 테이블에 둘러 앉아, 면대면으로 만난다. |
| 델파이 과정에서 참여자 사이의 모든 의사소통은 문서로 된 설문지 방식으로 이루어지고, 직원 모니터링에 의해 환류된다. | 명목집단 과정에서 의사소통은 참여자 사이에서 직접 이루어진다. |

출처: 이영균(2019: 365)

델파이 기법은 'Chapter 11. 욕구와 욕구조사' 부분에서 현장 중심적 실천 사례를 통해 다시 한번 알아보겠다.

### (3) 의사결정의 합리성과 관련한 분류

의사결정자는 모두 대안을 선택하는 의사결정 안에 합리적 선택 과정을 포함한다. 이 합리성의 기준은 목적을 이룰 수 있는 대안 선택을 말한다.

#### ① 합리적 의사결정

합리적 의사결정은 의사결정자가 목적 및 문제와 관련된 모든 정보를 획득하고, 기대한 바를 얻을 수 있는 완벽한 선택을 할 수 있다고 가정한다. 그래서 의사결정자가 다음과 같은 과정을 통해 최적의 대안을 선택한다고 전제한다.

가. 문제와 관련한 가능한 모든 정보를 알고, 대안과 해결책을 갖고 있다.

나. 각 대안 실행 시 결과값을 알 수 있다.

다. 대안에 있어 몇몇 가치시스템에 대응한 결과를 평가하고, 분별할 수 있다.

라. 목적에 대응한 선택을 위해 대안에 따른 선호체계를 갖는다.

마. 목적을 최대로 이룰 수 있는 최적의 합리적 대안을 선택한다.

**② 만족모형 의사결정**

만족모형은 인간의 지적 능력 및 인지능력, 시간과 비용의 문제 등 제약조건으로 인해 합리모형에서처럼 모든 대안을 탐색하고, 선택하는 것이 아니라 인간이 갖고 있는 제한된 조건 안에서 합리적인 결정을 하여 제한된 합리성이라고 한다.

시몬(Herbert Simon, 1976)은 의사결정자가 완벽한 합리성이 아니라 제한된 합리성에 의해 의사결정하는 모델을 제시하고 있다. 제한된 합리성은 의사결정자와 관련해 다음과 같이 가정한다.

가. 제한된 가능한 대안만 인식한다.

나. 각 행동에 대해 몇몇 가능한 결과만 알 수 있다.

다. 실제 상황(real situation)에서 제한되고, 단순화된 모델로만 접근한다.

이로 인해 의사결정자는 제한된 상황에서 조직과 조직원이 수용할 수 있는 대안들을 찾아 선택하여 만족하게 된다. 대부분의 사람들은 의사결정에서 만족스러운 대안을 발견하고, 선택하는 데 관심을 가진다(March & Simon, 1958; 이영균, 2019: 353 수정, 재인용).

**③ 쓰레기통 의사결정**

쓰레기통 의사결정은 조직의 문제를 합리적 의사결정과 만족모형 의사결정으로는 해결할 수 없는 매우 복잡하고, 혼란스러운 상태에서 관리자가 복잡한 시스템을 다루도록 도움을 준다. 문제가 뒤죽박죽 얽혀 목표와 성과를 예측할 수 없는 불확실한 상태에서 의사결정이 합리적으로 이루어지는 것이 아니라 무질서한 상황(조직화된 무정부 상태)에서 의사결정이 이루어지는 것이다. 이러한 조직화된 무정부 상태에서는 문제의 선호, 불명확한 기술, 유동적 참여의 3가지 특성을 보인다. 먼저, 문제의 선호의 경우 문제, 해결책, 목표 등을 조직구성원들이 명확히 정의하는 데 어려움을 겪는다. 둘째, 불명확한 기술은 의사결정의 정보와 지식 기반이 명확하지 않고, 조직구성원들이 조직이 무엇을 할 것인지 받아들이지 못하는 상태이다. 셋째, 유동적 참여는 정해진 조직구성원이 의사결정에 참여하는 것이 아니라 유동적으로 계속 변화하는 상태이다. 이는 의사결정자가 매우 비합리적이고, 불확실한 상태에서 의사결정을 해야 하는 상황에 놓여 있음을 보여준다.

쓰레기통 의사결정은 문제에서 시작되고, 해결로 마무리되는 선형적인 구조의 의사결정 방식이 아니다. 여기서 결정이란 의사결정과 관련된 4가지가 우연히 만나, 상호작용하여 이루어진다. 이때 기회, 운, 타이밍이라는 변수가 의사결정에 주요 결정요인이 될 수 있다. 의사결정과 관련된 4가지는 참여자, 해결책, 문제, 선택적 기회이다.

**그림 5-4 쓰레기통 의사결정**
출처: 이영균(2019: 358)

## 2) 의사결정의 과정

의사결정 과정은 바람직한 상태를 이루기 위해, 여러 대안과 대체 안 중 최선의 선택을 하기 위한 조직적 시도 과정이다. 에이블스와 머피(Ables & Murphy, 1981)이 제시한 의사결정의 여섯 단계를 살펴보면 다음과 같다.

### (1) 문제의 명확화 및 욕구 파악 단계

의사결정자가 문제를 포괄적으로 이해하는 과정으로서 해결되어야 할 문제와 욕구를 명확히 한다. 문제를 명확히 하고 욕구를 파악하는 것은 이용 가능한 시간 및 자원을 통해 목표를 이루고자 하는 것이다.

### (2) 문제 및 욕구와 관련된 정보 확인

문제와 욕구를 확인한 후 이를 해결하기 위한 정보를 수집하고, 검증함으로써 의사결정의 판단 근거를 만들어 가는 단계이다. 문제에 대한 사람들의 주관적인 생각과 사실에 기반을 둔 자료와 기록을 통해 객관적인 정보를 수집할 수 있다. 정보의 중요도에 따라 순위를 정하는 것도 필요하다.

### (3) 해결 대안 및 평가

선택 가능한 여러 대안들을 현실적으로 적용 가능하고, 실현할 수 있도록 개발한다. 각 대안들의 장·단점, 성공 가능성, 기대효과 등을 포함하여, 서로 비교할 수 있도록 한다.

### (4) 최선의 대안 선택

각 대안의 장단점 및 성공 가능성을 예측하여 가장 적합한 최선의 대안을 결정해야 한다. 또한 조직의 목표와 철학, 윤리와 실용적인 면, 조직구성원들의 실제 감정 등을 고려하고, 현실적·잠재적 제약성을 고려한 선택이 이루어져야 한다.

### (5) 실행

목적을 이루기 위해 행동하는 과정이다. 실행 단계를 성공적으로 이끌기 위해서는 조직구성원들의 적극적인 이해와 협조 속에 업무가 추진되어야 한다. 실행 단계는 의사결정 과정 중 가장 핵심적인 활동으로 여겨진다.

### (6) 피드백

의사결정 과정 전 단계에서 개방적인 태도와 유연성을 갖고 의사결정의 각 단계 및 전 과정에서 일어나는 문제를 발견하여, 융통성 있게 개선하기 위해 노력하며 의사결정 과정에 재투입하는 것이다.

### 생각 나누기

1. 기획의 개념에 대해 설명하라.
2. 의사결정 주체별 분류에 대해 설명하라.
3. 의사결정의 유형에 대해 설명하라.

# CHAPTER 6

# 리더십

## 01 리더십의 개념

Social Welfare Administration

사회복지조직의 목표를 달성하는 데 매우 필요한 개념으로 인식되고 있는 리더십은 '조직의 목표와 개인의 목표 사이의 괴리를 좁히고 중요한 역할'을 감당하게 한다. 또한 '조직구성원의 단합과 사기를 증대시키고 각자 개별적인 발전을 촉진시킬 수 있도록 상호작용을 통제하는 것'을 의미한다. 이에 사회복지행정의 현장에서 사회복지 실무자들이 리더십의 특수성과 관계성을 활용하고 발휘할 수 있는 능력을 가져야 할 것이다.

리더십의 개념을 명백히 이해하기 위해서 헤드십(headship)의 개념을 리더십과 대비하여 비교하기도 한다. 리더십과 헤드십은 모두 권위(authority)를 바탕으로 영향력을 미친다는 점이 동일하나 그 권위가 어디에서 나오느냐에 차이가 있다. 즉, 리더십은 직위와 관계없이 일정한 사람 자체의 권위를 근거로 하는 데 비해, 헤드십은 과장·국장 등과 같은 공식적인 직위의 권위를 근거로 한다는 데 차이가 있다(최창호·정세욱, 1986: 143). 따라서 리더십은 지도자와 추종자 사이에 심리적 공감이 있으며, 상호성·자발성이 있는데 헤드십은 심리적 공감이 없으며 일방성·강제성을 본질로 한다고 할 수 있다(신민정·염일열·조성욱, 2015: 112).

표 6-1 리더십과 헤드십의 비교

| 기준 | 리더십 | 헤드십 |
|---|---|---|
| 권위의 근거 | 공식적 권위와 관계없는 일정한 사람의 특성 | 공식적인 직위(국장·과장 등)를 반드시 배경으로 함 |
| 주체 | 상관, 동료, 부하도 발휘 가능 | 상관만이 발휘 가능 |
| 권위의 성격 | 심리적 권위 | 제도적 권위 |
| 성격 | 상호성(상관과 부하), 부하의 자발성 | 일방성(상관), 상관의 강제성 |
| 인간관계 | 상관과 부하의 공감, 밀착 | 상관과 부하의 거리감, 분리 |

## 1) 리더십의 특성과 정의

하나의 조직을 '이끄느냐, 따르느냐'의 차이로 나눌 수 있다면 과연 '누가, 누구를' 이란 의문이 붙을 것이다. 조직을 따르기 위해서는 누군가 많은 책임을 져야 하며, 이런 책임은 특정 개인의 능력이 다른 조직원들보다 상위에 있어야 한다고 해야 할 것이다. 우리는 이런 능력을 지닌 사람을 '보스 성향(boss class)'이라고 말한다. 보스라는 말을 사전에서 찾아보면 '실권을 쥐고 있는 최고 책임자'라는 의미이며 대표적으로 우두머리, 대표라고도 불린다. 보스 성향의 책임자는 자신의 능력을 조직원들에게 나눠 줘야 하며 이에 따른 책임 소재도 분명하게 지어야 한다. 때문에 보스 성향을 지닌 사람들은 엄청난 스트레스를 받으며 장기간 그 위치를 지킬 수가 없다.

과거의 왕권제도에서는 이 보스 성향의 책임자가 조직을 이끌고 국가와 단체를 이끌었다는 기록을 쉽게 찾아볼 수 있다. 하지만 보스 성향의 책임자가 좋지 않은 결과만을 만드는 것은 아니다. 때로는 이런 보스 성향의 책임자가 필요할 때도 있다.

반대되는 성향으로 '리더 성향(leader class)'을 들 수 있다. 리더의 사전적 의미는 '어떤 조직이나 단체 등에서 목표의 달성이나 방향에 따라 이끌어 가는 중심적인 위치에 있는 사람'이다. 리더는 집단과 외부와의 조정 기능의 역할을 하며 이 역할이 결여되면 그 집단의 외부 환경에 대한 적응의 실패 여부와 관계하게 된다.

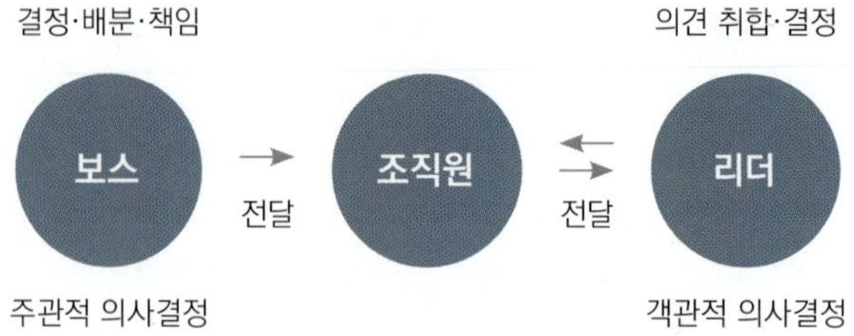


**그림 6-1** 보스와 리더의 의사결정 차이

리더십에 대해서는 많은 학자들에 의해 무수히 많은 이론들이 제기되어 왔다. 배스(Bass, 1981: 259)는 이것을 다양한 이론들이 얽혀져 있는 '혼돈상태'로 표현한다. 다양한 이론만큼이나 리더십에 대한 정의는 다양하고 시대의 흐름에 따라서도 상이한 특성을 보이기도 한다.

초기의 리더십 연구는 집단 또는 조직의 목표 달성 여부를 결정짓는 리더의 중심적 역할을 강조하였다. 리더십의 중심 개념은 조직의 리더가 구성원 또는 추종자(follower)에게 미치는 일방적 영향력에 있었다. 그러나 후기 리더십 연구는 리더의 일방적 영향력뿐만 아니라 추종자가 리더에게 미치는 영향력을 새롭게 강조하는 상호 교환적 리더십을 강조하고 있다. 아울러 조직이나 집단의 리더십은 ① 리더, ② 구성원, ③ 환경의 세 가지 요인이 서로 영향을 주고받는 역동적 과정임을 강조한다.

이와 같은 맥락에서 볼 때 리더십의 핵심 개념은 '영향력의 행사 과정(influence process)'으로 규정된다. 즉, 리더십은 '한 개인이 특정한 목적의 달성을 위하여 다른 개인이나 집단에게 영향력을 주기 위한 의도적 노력'이라고 말할 수 있다(Yuki, 1994: 5). 이 정의를 토대로 리더십의 특성을 정리하면 다음과 같다.

① 리더십은 사람에 의해서 만들어지는 활동으로 리더십의 활동 중심은 개인이다.
② 리더십은 과정이며 리더십은 정적인 것이 아니라 리더와 추종자 간에 만들어지는 역동적인 행위이다.
③ 리더십은 사람에게 영향력을 주기 위한 활동이며, 리더십의 초점은 개인이나 집단과 같은 추종자들이다.

④ 리더십의 가장 중요한 요인은 '영향력'이다.

⑤ 리더십의 목표는 목적 달성이다.

⑥ 리더십은 의도적인 것이며, 리더십 행위는 우발적 행위가 아닌 특정한 목적의 달성을 위해 한 개인이 시도하는 노력이다.

리더십은 개인과 개인 사이의 영향력 행사의 과정으로 시작하여 사회조직의 장(長)이 조직구성원에게 영향력을 행사하는 과정까지 매우 폭넓게 적용할 수 있다(김형식·이형철·신준섭, 2013, 299-300). 이처럼 리더십의 특성에서 말하듯이 개인을 중심으로 역동적이며 사람들에게 영향을 주기 위한 활동이라고 말할 수 있고 이런 활동의 궁극적인 이유는 조직이 추구하는 목적 달성이며 리더의 의도적인 행위라고 정의될 수 있다.

## 2) 리더십의 유형

### (1) 지시형

지시형은 명령과 복종을 강조한다. 따라서 지시형의 지도자는 독선적이며 조직체 성원들을 보상과 처벌의 연속선에서 통제하고 관리한다. 지시형의 장점은 통제와 조정이 쉽고 정책의 해석과 집행에 일관성이 있다는 것이다. 또한, 의논이 필요 없고 신속한 결정이 가능하므로 위기 시에 기여할 수 있다. 그렇지만 이와 같은 리더십은 사람들이 통제받기를 싫어하기에 성원들의 사기를 저하시킬 수 있고 조직원과의 사이에 적대감과 소외감 그리고 경직성을 초래할 수 있는 단점이 있다. 또한 다른 성원을 이해시키지 못하기도 한다.

### (2) 참여형

참여형은 민주적 리더십으로 결정을 함에 있어 부하 직원들에게 의견을 묻고 이들을 결정 과정에 참여시킨다. 이에 부하 직원들의 일에 대한 동기와 사명감을 증진시킬 수 있고 의사소통의 경로가 개방됨으로써 새로운 정보의 교환이 활발하게 이루어질 수 있다. 즉, 참여형의 장점은 동기 유발이며, 개인의 지식과 기술을 잘 활용한다. 또한 개인의 중요성을 강조하므로 인간의 가치와 신뢰 및 개방성을 형성하고, 개방적 의사소통으로 보다 많은 정보를 얻고 참여를 통해 개인의 기술을 발전시킬 수 있다. 그렇지만 단점은 참여에 시간이 걸리고 긴급한 결정을 할 경우에는 다소 어려울 수 있다. 또한 책임이 확산되어 활동성이 떨어지고 참여기술은 학습하기 어렵다는 것이다(Howard, 1997: 435).

### (3) 자유형

자유형은 방임적 리더십이라 할 수 있다. 대부분의 의사결정권을 부하 직원들에게 위임하는 형태로서 '위임적 지도력'이라고도 한다. 부하 직원들은 스스로 프로그램의 목표를 세우고 그에 따르는 계획을 수립하게 되는데 특정 과업 해결을 위한 전문가 중심 조직에 적합할 수 있다. 그렇지만 자유형 리더는 자문기관으로서의 역할을 하며, 부하들에게 지시·감독 등 절차적인 일의 처리에 필요한 정보 제공 및 명확한 설명을 해주지 못한다. 결과적으로 확고한 권한을 가지지 못한 리더들은 부하들이 조언을 요구하지 않는 한 내부적 갈등이 생겨도 이를 해결하지 못하게 되기에 공식 조직에 있어서 자유방임형 리더십은 본래 계획·지휘·조정 및 통제를 하지 못함으로 인해 혼란을 야기시킬 수 있다(이수도, 1999: 292-293).

대부분의 조직 상황은 위에서 분류한 것과 같은 완전한 지시적·민주적·자유형적인 리더십 분위기를 나타내지는 않으며 실제로는 이러한 각 분위기가 혼합되어 나타날 것이다. 그렇지만 다양한 리더십의 유형은 상호 공통적인 특성과 능력, 조건들을 공유하고 있다(신복기·박경일·이명현, 2013: 10-11).

표 6-2 리더의 특성과 능력

| 특성 | | | 능력 |
|---|---|---|---|
| •상황적응력이 있다.<br>•사회환경에 민감하다.<br>•야심이 있고 성취 지향적이다.<br>•결단성이 있다.<br>•협력적이며 단호하다.<br>•믿음직하고 타인을 지배하려는 욕구가 강하다.<br>•활동적이고 끈기가 있다.<br>•자신감이 있으며 스트레스에 잘 견딘다.<br>•책임을 떠맡으려 한다. | | | •영리함<br>•개념파악 능력<br>•창의력<br>•재치력<br>•화술<br>•과업에 대한 지식<br>•행정 능력<br>•설득력<br>•대인관계 능력 |
| 원칙 중심 리더의 특성 | | | |
| •끊임없이 배운다.<br>•긍정적 에너지를 발산한다.<br>•균형 잡힌 삶을 산다. | •시너지를 활용한다.<br>•서비스 지향적이다.<br>•다른 사람을 믿는다. | | •인생을 모험으로 여긴다.<br>•자기 쇄신을 위해 노력한다. |

출처: Stogdill(1974: 74-756)

## 02 리더십의 이론

Social Welfare Administration

### 1) 상황적 이론(situational theory)

상황적 이론의 등장 배경은 과학적 관리론에 대한 반발이었으며, 상황이론가들은 모든 상황에 똑같이 적용될 수 있는 '가장 정확한 결정' 혹은 '최상의, 최선의 방법'이란 있을 수 없다고 주장하였다. 즉, 조직 상황이 다르면 다른 조직구조를 요구할 것이기 때문이다. 그러므로 주어진 상황에서 가장 효율적이고 생산적인 조직구조를 결정하는 요인은 당면한 구체적인 상황에 의존해 있다는 것이다(Lewis et al., 2001: 94). 따라서 행정가는 당면한 상황이 요구하는 것이 무엇인가에 대한 판단에 따라서 적절한 결정을 해야 한다는 관점이고 상황적 이론은 본질적으로 결정할 내용에 대한 예측을 불허한다.

상황적 이론가들은 특정한 조직구조와 관리 방법이 다른 구조와 방법보다 효과적이라는 가정을 부정한다. 따라서 그들은 전통적인 관료조직을 시작으로 항상 변화하는 조직에 이르기까지 거의 모든 형태의 조직이 그 조직의 특성과 요구가 상황이나 환경적 특성과 부합된다면 그 조직은 효과적일 수 있다고 본다. 효과적인 조직은 다양할 수 있으며, 그 조직의 특성과 환경과의 적합성이 조직의 성패를 좌우한다고 본다.

상황적 이론의 이론 구성은 다음과 같다.

① 환경으로부터의 요구는 조직 내 구조 변화의 형태를 결정한다.

② 조직이 사용하는 기술의 속성이 이 기술을 사용하는 부서의 구조를 결정한다.

로렌스와 로쉬(Lawrence & Lorsch)는 조직을 변화무쌍한 환경과 부단히 상호작용하는 개방체계로 보고 환경적인 변화에 의한 요구를 수용하는 방향으로 조직구조를 형성하는 것이 조직의 목표 달성에 더욱 유리하다는 견해를 제시했다.

사회복지조직에서 관리자가 상황적 이론을 활용할 경우 가장 우선적으로 고려해야 할 사항이 자신이 운영하는 사회복지조직의 특성과 욕구를 분명히 파악하는 것이며, 그다음으로 결정할 사항이 환경적 특성을 잘 이해하는 것이다. 상황적 이론은 사회복지조직의 특성을 잘 설명하고 상황과 환경의 중요성을 강조한다는 점에서 시사하는 바가 크다. 실제로 사회복지조직은 환경 변화에 영향을 받기 때문에 이론적 타당성은 충분하다.

이처럼 상황적 이론은 조직 환경, 조직 규모, 조직 기술이 조직구조 형성에 결정적인 영향을 미친다는 것을 밝혀냈고, 경제, 기술적 상황 등의 조직 외부 요인 이외에 사회, 인간적 상황 같은 조직 내부 요인까지도 중시함으로써 조직을 '환경-조직-과업-인간'의 유기적 관계 속에서 파악했다는 점에서 의의가 있다. 그러나 상황이론은 부분적인 상황 요인만 중시하고 전반적인 사회적·정치적·문화적 변수는 배제한다거나, 조직구조 형성의 주체인 의사결정, 가치관, 의도, 목적을 간과하고 있으며 주로 기존 조직을 대상으로 하여 실증적 연구만을 행하고 있다는 비판이 제기되고 있다(최종태, 1985: 360-371). 그리고 상황적 이론은 어떠한 상황이나 환경에 어떤 조직이 효과적이라는 일정한 원칙과 지침을 제공하지 못했기 때문에 실제로 이 이론을 과학적으로 검증하거나 현실에 적용하는 데는 한계가 있다.

## 2) 성향적 이론(trait theory)

성향적 이론(Trait theory)은 리더십에 관한 초기 이론으로서, 20세기 전반부에 유행되었다. 훌륭한 리더십을 발휘하는 리더들은 독특한 개인적 성향을 가지고 있다는 설명으로 이론의 연구자들은 효과적인 리더들을 찾아내 그들이 공통적으로 가지는 성향이 무엇인지를 규명하는 작업을 진행했다. 그 결과, 리더십을 효과적으로 구사하는 리더들의 성향은 주로 개인의 지능, 지배력, 자기 확신(자아), 열정, 활동력, 업무 관련 지식 등과 관련되어 있다는 사실을 밝혀냈다. 성향적 이론은 인과관계를 명확히 과학적으로 검증하기 어렵다. 예를 들어, 리더들이 대부분 활동력이 뛰어나다는 것이 관찰되었다 해도 활동력 때문에 리더가 된 것인지 아니면 리더가 되었기 때문에 활동력이 많아진 것인지를 분간하기란 어려운 일이기 때문이다. 만약 성향적 이론이 옳다고 입증된다 해도, 실용적 측면에서의 쓸모는 한계가 있다. 효과적 리더십의 원인을 본질적으로 리더 개인에게 귀속된 성향에서 찾기 때문이다. 예로, 지능이나 열정적 태도가 효과적 리더십의 원인임을 밝힌다고 해도 효과적인 리더를 만들기 위해 사람을 그렇게 바꾼다는 것은 어려운 일이다. 그런 성향은 대개 선천적이기 때문이다. 이런 이유에서 성향적 이론은 사회복지행정에서의 함의가 그리 크지 않다.

## 3) 행동적 이론(behavioral theory)

행동적 이론(Behavioral theory)은 성향적 이론의 접근으로부터 탈피하려는 시도에서 비롯되었다. 행동적 이론은 리더십을 개인에 귀속한 형질이 아니라, 개인이 나타내는 행동의 특성으로 설명할 수 있으며, 이 이론은 리더십을 관찰 가능한 과정이나 활동으로 보고 있다. 또한 어떤 행동이 효과적인 리더십과 연관되어 있는지를 설명하려고 하는 것이다. 효과적인 리더들은 효과적이지 않은 리더들에 비해 분명히 다른 어떤 행동 유형들을 가질 것이라고 보았으며 행동적 이론 접근을 따르는 리더십 연구들은 대개 리더십 행동을 유형화하는 가운데 어느 것이 효과적인지를 찾아보려는 노력을 보여 왔다. 브레이크와 모튼(Blake & Mouton, 1964)의 관리격자 모형을 근거로 한 브레이크와 맥켄즈(Blake & McCanse, 1991)가 제시한 리더십 격자 모형을 살펴보면, '리더십 격자(leadership grid)'는 두 가지 축을 기준으로 리더십 행동을 구분하는데, 하나의 축은 리더가 가지는 '사람에 대한 관심'이고 다른 하나는 '생산/성과에 대한 관심'이다. 이를 조합하여 리더십 행동의 유형화를 시도하였고 이를 리더십 스타일(style)이라 한다.

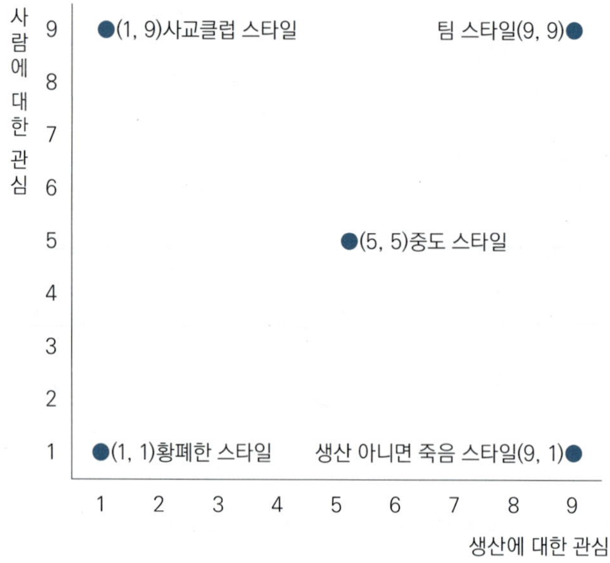


- 황폐한 스타일: 리더의 기능이 망실된 상태
- 생산 아니면 죽음 스타일: 리더의 강력한 권위 상태로 생산에 대한 관심 일변도의 과업 몰입 상태
- 사교클럽 스타일: 리더가 사람에게만 관심 상태
- 중도 스타일: 리더가 균형 유지에 노력하는 상태
- 팀 스타일: 리더가 사람들의 잠재력을 인정하고 헌신과 책임성 유발 상태

**그림 6-2** 리더십 격자에 의한 리더십 유형

출처: 김영종(2017: 152)

리더십 격자이론에서는 팀 스타일을 이상적인 리더십 행동 유형으로 본다. 비록 현실적으로는 '생산 아니면 죽음' 스타일에 가까운 리더들이 많지만, 조직의 관리자는 팀 스타일로 행동하는 것이 이상적이라고 제안한다. 더 많은 연구가 필요하지만, 이와 같은 리더십 격자이론은 리더십의 근원적 원리를 직관적으로 보여준다. 조직을 관리

하는 어떤 리더 혹은 슈퍼바이저(supervisor)도 '사람'과 '생산' 모두에 대해 높은 관심을 가져야 한다는 것이다. 하나에 관심이 치우친 조직은 효과적이지 못하게 된다는 이유에서다.

행동적 이론의 리더십 접근은 사회복지행정에서 현실적 유용성이 있다. 여기서는 리더십을 개인에게 귀속된 성질이 아닌 행동으로 파악한다. 사람의 행동은 만들어지거나 수정 가능한 것이며, 효과적인 리더나 리더십 또한 의도적인 개발이 가능하다는 것이다. 휴먼서비스 조직의 특성상 리더십에 의한 효과성 영향이 작지 않다는 점을 감안하면, 사회복지조직은 적어도 리더십의 행동에 변화를 통해서라도 스스로를 개척해야 할 책임이 강조된다(김영종, 2017: 153).

## 03 사회복지조직의 리더십

Social Welfare Administration

### 1) 서번트 리더십

사회복지기관 리더의 리더십으로 가장 바람직한 것이 아마도 '서번트 리더십(servant leadership)'일 것이다. 서번트 리더십은 그린리프(Greenleaf, 1970)가 처음 소개했다. 서번트 리더십은 타인을 위한 봉사를 가장 중시하고, 종업원, 고객 및 공동체를 최우선시하여 이들의 욕구 충족을 위해 헌신하는 리더십이다.

이후 서번트 리더십에 대한 관심이 이어졌으며, 스피어스(Spears, 1998)는 서번트 리더십을 인간의 존엄성과 가치에 대한 믿음에서부터 출발한다고 하였고, 리더의 권위는 강제가 아니라 그 추종자들의 자발적 순응에서부터 나오는 민주적인 원칙에 입각한 리더십이라고 규정했다.

스피어스는 서번트 리더십의 특징으로 다음과 같이 열 가지를 제시했다(심상용, 2017: 337).

① 경청: 서번트 자세의 출발로서의 경청

② 공감: 서번트 리더는 최고의 공감가
③ 치유: 자신과 서번트를 치유할 수 있는 능력
④ 자기인식: 윤리 및 가치와 관련된 이슈를 통찰하고 상황을 통합적·전체적 시각에서 조망하는 힘
⑤ 설득: 강제적인 복종보다 자발적 순응 유도
⑥ 개념화: 조직의 상황과 문제에 대한 개념적 인식 및 비전 제시
⑦ 예지력: 조직의 과거와 현재로부터의 미래 전망
⑧ 청지기: 팔로어의 욕구충족을 우선시함으로써 신뢰 관계 조성
⑨ 성장지원: 팔로어의 개인적·전문직업적·정신적 성장을 위해 자신의 권한 사용
⑩ 공동체 구축: 공동체적인 조직문화 조성

한편, 심스(Sims, 1997)는 비전의 공유를 촉진하는 사람, 다른 사람들의 욕구 충족을 위해 파워를 사용하는 사람, 공동체와의 협력을 장려하는 사람, 다른 사람을 수용하는 사람, 정직하게 의사소통을 하는 사람, 다른 사람을 고무시키는 사람 등이 서번트 리더이며 서번트 리더십은 부하의 존엄성과 가치를 존중하고, 그들의 창조적 역량을 일깨워 주는 것이라 주장했다. 이와 유사하게 보어(Boyer, 1999)도 질문하고 이해하려 노력하는 사람, 격려하고 보살피며 편안한 분위기를 만들려고 노력하는 사람, 타인을 존중하는 사람, 도덕성을 갖춘 신뢰할 만한 사람, 권한을 위임하고 학습을 장려하는 사람, 공동체를 형성하는 사람을 서번트 리더라고 규정하였다(원석조, 2013: 153-154 재인용).

서번트 리더십은 기존의 리더십 이론들과 달리 과업 지향형과 인간관계 중심의 리더-팔로어(follower) 관계를 구분하지 않고 이를 통합하려 한다. 즉, 서번트 리더는 이타적인 자세로 팔로어를 보살피고 그들의 욕구를 충족시키는 인간적인 노력을 중시하면서도 팔로어의 성장과 발전을 위해 지원하고 코칭하는 역할에도 충실하다는 것이다(Northhouse, 2009).

어떤 리더가 서번트 리더인지 판별하는 방법은 팔로어가 리더와의 조직적인 관계에서 인격적으로 성숙해 가는지, 건전하고 현명한 사고방식을 발전시키고 자율적인 의사결정을 내리게 되는지, 스스로 서번트 리더로 성장해 가는지 살펴보는 것이다.

서번트 리더십 이론의 주장은 리더와 팔로어의 관계에 대한 인간관계 중심의 시각을 제공한다. 리더가 먼저 서번트의 욕구를 충족시킨다면 팔로어를 우선적으로 배려하고 팔로어의 처지에서 문제를 바라볼 수 있을 것이다. 반면, 리더의 욕구만을 생각한다면 원만한 의사소통이나 합의가 어려울 때 일방적인 힘과 강제력에 의존하려는 경향을 가지게 된다. 이렇듯 서번트 리더십은 권력 지향적인 카리스마 리더십을 역할 모델로 내세우지 않는다(심상용, 2017: 337-338).

리더십에 대한 전통적인 이론들은 직권성(직무상의 권한)을 가진 리더가 팔로어에게 영향을 끼치는 수직적인 관계를 전제로 한다면, 새로운 리더십 이론들은 리더와 팔로어 간의 상호작용을 통한 효과적인 리더십이 발휘될 수 있다는 관점에 바탕을 둔다(Hersey & Blanchard, 1998). 이러한 관점에 따라 효과적인 리더십은 공식적인 지위보다는 리더의 개인적인 권위를 바탕으로 팔로어들의 심리적 수용을 이끌 수 있는 상호작용을 중시한다. 즉, 팔로어는 효과적인 리더십 발휘에 있어서 수동적인 존재가 아니라 능동적인 주체로 간주되어야 한다는 것이다(Shamir, Zakay, Breinin, & Popper, 2007).

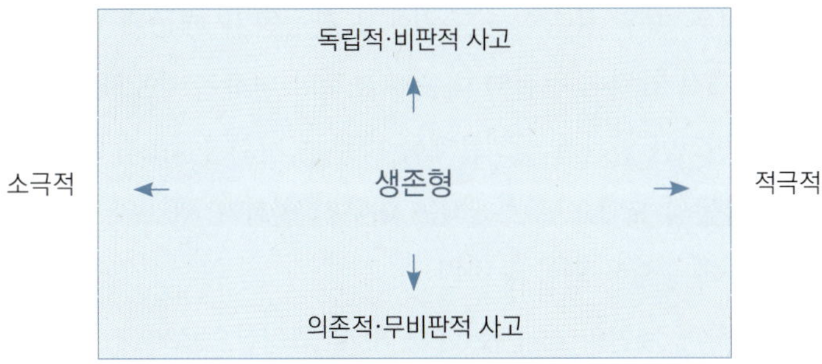


**그림 6-3 팔로어십의 모형**

출처: Kelly(1988: 145)

이에 따라 새로운 리더십 이론에서는 효과적인 리더십 발휘의 한 축인 팔로어의 역할에 대해 주목하기 시작했다. 켈리(Kelly, 1988)가 제기한 '팔로어십 이론(Followership Theory)'은 최초로 팔로어를 주제로 삼는다. 효과적인 팔로어란 '셀프 리더십(self-leadership)'을 가진 팔로어라 본다. 셀프 리더십이란 팔로어가 리더의 지도에 수동적으로 따르는 게 아니라 스스로가 자신의 리더가 돼 자율적으로 통제하고 적극적으로 행동할 수 있다는 관점을 말한다.

이처럼 팔로어십 이론은 조직의 성공을 위해서는 리더의 역할 못지않게 팔로어십, 즉 팔로어의 역할이 중요하다고 보고 있다. 조직적인 차원에서 팔로어십은 리더를 도와 리더십이 발휘될 수 있도록 능동적인 역할을 하는 팔로어의 자세라고 할 수 있다. 켈리는 조직의 성과에 기여하는 리더의 역할은 고작 10~20%에 불과하며, 나머지 80~90%는 팔로어십이 결정한다고 보았다. 기존의 팔로어에 대한 인식을 바꾸어 팔로어를 독립적이고 능동적인 주체로 인식하지 않는다면 효과적인 리더십 발휘는 물론 조직의 성공에도 어려움이 따를 수 있다는 것이다.

사회복지조직에서 리더십은 매우 중요하다. 그 이유는 다음과 같다(Bargal, 2000; Neugeboren, 1985).

① 사회복지조직에는 전문가의 자율적 욕구와 조직의 통제 욕구 사이의 긴장이 존재하는데, 리더십은 조직구성원들이 조직의 규칙과 규정을 준수하도록 동기를 부여해 준다.

② 사회복지조직은 매우 불확실한 환경에서 활동하기 때문에 리더십은 끊임없이 변화하는 환경적 압력에 적절히 대응해 조직의 변화를 주도해야 한다.

③ 복잡하고 가변적인 인간과 사회문제를 다루는 사회복지조직에서 리더십은 새로운 기술과 활동의 도입으로 초래되는 내부적 변화가 새로운 통합으로 귀결되도록 유도하는 데 중요한 역할을 한다.

④ 리더십은 조직과 개인의 욕구를 균형 있게 고려함으로써 조직구성원 개개인의 목표와 조직의 목표를 일치시키는 데 기여한다.

## 2) 슈퍼비전

슈퍼비전(supervision)이란 일반적으로 '사회복지조직의 슈퍼바이저가 지식과 기술을 적절히 사용해 효율적·효과적으로 서비스를 전달하도록 슈퍼바이지(supervisee)에게 도움을 주는 활동'을 말한다. 이는 잘 훈련되고, 경험이 많고 능력이 있고, 전문적 지식과 기술을 갖추며 전문직업적 태도를 가진 사람은 경험, 지식, 기술이 부족한 사람들에게 도움을 줄 수 있다는 전제에서 이루어지는 것이다.

슈퍼비전의 개념을 좀 더 상세하게 알아보면 다음과 같다(김융일·양옥경, 2002).

① 중간 관리자인 슈퍼바이저의 유형과 일선 실천가인 슈퍼바이지의 반응 간의 위계적이면서도 긍정적인 슈퍼비전 관계이다.

② 특정 분야나 상황의 고유한 특성을 고려한다.

③ 그 분야의 정책과 절차에 따라 클라이언트에게 질적·양적으로 최선의 서비스를 제공할 목적으로 한다.

④ 기능별 고유한 역할, 과제, 활동이다.

⑤ 슈퍼비전 관련 윤리강령에 입각해 다양한 내용과 구조 및 시간 적용을 통해 수행한다.

⑥ 슈퍼바이저가 슈퍼바이지의 업무 수행을 지시하고 조정하고 향상시키고 평가한다.

⑦ 의무적이며 구조화돼 있고 정규적이고 일관성 있고 사례 중심적인 상호작용 과정이다.

⑧ 슈퍼바이지에 대해서는 직접적이지만 클라이언트에 대해서는 간접적인 전문적 서비스이다.

슈퍼비전의 목표에 대해 모리슨(Morison, 2001)은 다음과 같이 설명하였다(안정선·최원희, 2010 재인용).

① 슈퍼바이지가 자신의 역할 및 책무성을 명확히 확보하는 것

② 클라이언트의 욕구충족과 문제해결을 위해 최대한의 관심을 기울이도록 하는 것

③ 기관의 목적과 기준에 대해 명확히 이해시키는 것

④ 업무 수행 역량을 개발해 적절한 업무량을 확보하는 것

⑤ 전문적 실천과 조직의 직무 수행을 위해 지지적인 분위기를 형성하는 것

⑥ 사회복지사의 발전을 촉진하는 것

⑦ 효율적인 업무 수행을 위한 사회복지사의 노력을 지지하는 것

⑧ 조직과 슈퍼바이지 간의 명확한 의사소통을 촉진하는 것

미들맨과 로도스(Middleman & Rhodes, 1985)는 훈련 및 자문을 다음과 같이 구분한다. 훈련은 특정한 직무를 수행할 수 있는 직원을 양성하기 위한 강제적이고 종속적인 학습/피교육과정이다. 현임교육(in-service training)이나 워크숍 등을 통해 임상가(clinician)를 수련시키는 내용을 많이 포함하고 있고, 가장 직접적이고 통제적이다. 자문은 조언을 듣고 참조하기 위한 것으로, 자문 요청자가 자문가의 자문 내용의 수용 여부를 결정할 수 있기 때문에 가장 덜 통제적이다.

슈퍼비전이 훈련 및 자문과 구분되는 측면은 다음과 같다. 슈퍼비전은 훈련과 자문의 중간 정도의 직접성과 통제성을 갖고 있다. 슈퍼비전은 훈련과는 달리 상호 협력에 의해 목표를 정하거나 슈퍼바이지의 의견을 어느 정도 반영하고, 자문과는 달리 수직적인 집행관계로서 권력 체계의 불평등한 지위를 포함하고 있으며, 정규적이고 의무적인 것이다. 한편, 자문은 특정 업무에 대해 능력 있고 배려가 깊은 전문가가 행정적 권력관계와 관계없이 개인 또는 집단에게 문제해결을 위해 조언하는 활동을 말한다. 자문이 슈퍼비전과 구별되는 구체적인 특징은 자문요청자로부터 요청된다는 점, 양측이 행정적 권력관계에 있지 않다는 점, 관련 지식과 기술이 상당히 전문화되어 있는 경우가 많다는 점이다.

카두신(Kadusin, 1992)은 슈퍼비전의 기능을 행정적·교육적·지지적 슈퍼비전으로 분류했으며, 행정적 슈퍼비전에서는 기관의 정책과 행정적 절차의 효과적이고 적절한 이행이 주요 관심사다. 슈퍼바이지에 대한 작업 배경 제공을 목표로 하고, 기관의 자원에 접근하는 방법을 제공해 효율적으로 과제를 수행하는 사회복지사를 배출하고자 한다. 행정적 슈퍼비전의 내용은 직원의 선발 및 배치, 업무 계획 및 분장, 업무 평가 및 조절 등이다.

교육적 슈퍼비전에서는 직무 수행에 필요한 지식, 태도, 기술에 대한 사회복지사의 무지 또는 부적절함이 주요 관심사다. 슈퍼바이지의 업무 능력 개선을 목표로 하고, 업무에 필요한 지식과 기술을 제공해 자질 있고 능력 있는 사회복지사를 배출하고자 한다. 교육적 슈퍼비전의 내용은 슈퍼바이지 자신에 대한 자아인식의 증진, 사회복지 관련 학문 및 전문적 사회복지 지식과 기술, 대인관계 기술 향상, 문제해결 능력 제고, 지역사회와의 관계에서 변화 촉진 역할 등이다.

지지적 슈퍼비전에서는 사회복지사의 사기와 직무 만족을 통한 전문적 정체성 형성이 주요 관심사다. 업무에 대한 만족감 고취를 목표로 하고, 효과적인 업무 수행을 위한 심리적 자원을 제공해 공감적이고 이해심 많은 사회복지사를 배출하고자 한다. 지지적 슈퍼비전의 내용은 심리적·대인 관계적 자원 제공, 스트레스의 경감과 사명감 및 동기 부여 등이다.

### 3) 사회복지조직의 리더십 수준

#### ① 최고 관리자의 리더십

최고 관리자는 사회복지조직을 이끌어 나갈 전반적인 책임을 가지고 있는 사람을 말한다. 최고 관리자는 조직 외부의 다양한 이해관계나 지역사회와 상호작용하면서 조직 내·외부의 환경 변화에도 적절히 적응하며 조직을 이끌어 나가야 한다.

#### ② 중간 관리자의 리더십

중간 관리자는 사회복지조직의 주요한 프로그램 부서를 책임지고 있는 사람을 말한다. 중간 관리자는 최고 관리자에서 내려오는 지시를 구체적인 프로그램 목표로 전환한 후 그 목표를 달성하기 위해 어떤 프로그램 전략을 선택할지 판단하여 그에 부합하는 인적·물적 자원을 확보하고 프로그램 활동을 감독·조정·평가한다.

#### ③ 하위 관리자의 리더십

하위 관리자는 일선 사회복지사와 매일 접촉하는 단위 감독자, 조정자, 팀리더 등을 말한다. 하위 관리자는 업무의 기술적 측면에 관해서 일선 직원에게 충고를 하거나 지침을 내리고 부족한 지식과 기술을 지적해 주며 개인의 성과를 평가한다.

**생각 나누기**

1. 리더십의 정의를 이야기해 보자.
2. 서번트 리더십 이론에 대해 설명해 보자.
3. 사회복지 현장에서 필요한 리더십에 대해 이야기해 보자.

"교육의 위대한 목표는
앎이 아니라 행동이다."

The great aim of education is not knowledge but action.

**허버트 스펜서**(1820~1903년)

# PART 2
# 사회복지행정의 실천적 접근

이번 파트에서는 사회복지 현장에서 활용되고 있는 실천적 방법을 기술하고 있다. 인적자원관리와 재정관리, 마케팅과 사회복지 프로그램 개발과 평가는 실질적인 사회복지사의 역량을 펼칠 수 있는 사회복지행정가의 기초가 될 것이다.

Social Welfare
Administration

# CHAPTER 7

# 인적자원관리

## 01 인적자원관리의 개념

Social Welfare Administration

### 1) 개념

복지기관의 서비스 대부분을 사회복지사가 이용자(client)에게 직접 제공하므로 기관의 종사자는 단순한 경영자원이 아니라 서비스 질을 결정하는 중요한 원천이기도 하다. 따라서, 복지기관의 인적자원관리는 종사자를 서비스 제공 주체로 이해하고 그들의 가치를 높이는 데 주력해야 한다. 인적자원관리의 다양한 요소는 개별적으로 관리되지 않고 일련의 흐름 속에서 전체적인 시스템으로 관리되어야 한다. 조직문화나 풍토에 영향을 받으므로 기관 전체의 사명이 명확해야 한다는 기초로 경영전략이 세워지고 조직의 구조화가 이루어져야 할 것이다(신복기·박경일·이명현, 2013).

인적자원관리(human resource management)는 조직의 성장과 유지라는 양대 목적을 달성하기 위하여 필요한 자원 중 인적자원(HR)에 대한 관리라는 의미를 갖는다. 인적자원과 관리라는 두 용어의 합성어로서 인적자원은 경제적 가치를 사회·생산·분배(또는 배분)하는 투입 요소를 뜻하고 관리는 하나의 제도나 방식으로 볼 수 있다. 그러므로 인적자원관리의 의미는 조직에 필요한 인적자원의 수요와 공급을 계획하는 인적자원계획에서부터 일단 충원된 인적자원이 조직 내에서 업무 수행을 개선할 수 있도록 지식, 역량, 기술을 증진시키는 인적자원개발, 그리고 배치, 이동, 평가관리 등의 인적자원활용(human resource utilization)에 이르기까지의 다양한 측면의 활동이라 할 수 있다.

인적자원관리는 종래의 '인사행정'과 '인사관리'의 개념에 비하여 확대된 개념이라 볼 수 있다. 인적자원관리는 조직의 목적 달성을 위한 자원 활용 차원에서 인적자원을 대상으로 개발·획득·평가에 관한 활동이기 때문이다.

### 2) 목적과 기능

인적자원관리의 목적은 크게 조직의 성장과 유지라는 목적으로 정리될 수 있다. 하지만 이를 경제적 가치생산을 목적으로 하는 일반 조직과 사회적 가치생산을 목적으로 실행되는 사회서비스조직으로 구분하여 다음과 같이 설명하겠다.

① 경제적 가치생산을 목적으로 하는 일반 조직에서 이루어지는 인적자원관리는 조직의 생산성 향상을 주된 목적으로 하고 있으며, 조직 내의 직무 수행의 질을 향상시키고 개선하기 위하여 인적자원을 대상으로 한 채용·훈련·평가·통제의 기능에 목적을 둔다.

② 사회적 가치생산에 목적을 둔 사회복지행정조직 등에서는 생산성에 대한 향상보다는 사회적 취약계층에게 주어지는 사회복지서비스를 향상시키고 개선하는 데 필요한 인적자원을 대상으로 채용·교육·평가·통제하는 기능에 목적을 둔다.

③ 경제적 가치생산과 사회적 가치생산 혹은 분배가치실현을 복합적으로 가지고 있는 조직에서는 양대 가치실현의 목적의 비중이나 상황 변화에 따라 인적자원을 관리하는 활동의 측면이 다른 기능을 할 수 있도록 한다(한국복지행정학회, 2014: 148-149).

## 02 인적자원관리의 구성요소

Social Welfare Administration

### 1) 채용

조직에서는 전략적 인적자원관리를 위해 첫 번째로 인원 충원 계획을 수립하게 된다. 모집 절차에 따라 능력 있고 대인관계가 원만한 직원을 선발하는 전반적 채용 단계를 거치게 되는데 우선 모집 절차는 신설된 조직이나 기존 조직의 공석인 직위와 직무에 맞는 직원을 인터넷·신문·인쇄물·영상 등에 공고를 하는 방법이 대표적이다. 조직 내의 구성원들을 통한 대인접촉 방법과 관련 기관(취업지원기관)에 알리는 방법이 보완적으로 사용될 수 있다. 모집단 이전에는 필요한 직원에게 요구되는 직위와 직무 분석이 선행되어야 할 것이다.

일반적으로 채용 과정은 다음의 5단계로 구성된다(Pecora & Wagner, 2000).

① 직무분석을 바탕으로 학위, 경험, 기술 등에 대한 최소한의 자격 조건을 마련한다.

② 채용공고를 하고 홍보한다(공개모집).

③ 응시자의 응시원서와 이력서에 대한 검토, 기관이 마련한 체크리스트 활용, 시험 등을 통해 심사한다.

④ 전화와 면접심사를 활용한다.

⑤ 최적의 채용후보자를 선발하고 다른 응시자들에게 통보한다.

2000년대 후반부터 우리나라의 경우 '블라인드(blind) 채용제도'가 성행하고 있다. 블라인드 채용이란 영어의 'blind'와 '채용'의 합성어로서 보통 응시자의 학벌이나 스펙보다는 실력 위주로 평가하고자 하는 채용 방식을 말한다.

채용 업무에서 주의해야 할 사항은 다음과 같다(Rapp & Poertner, 1992).

#### ① 조직이 필요로 하는 것을 파악해야 한다.

채용 과정의 출발은 업무분석을 바탕으로 직무기술서를 작성하는 일이다. 이는 신규 직원을 채용해야 하는 필요성을 확인하는 작업이며, 나아가 선발 과정에서 제시하는 자격 기준의 합리적인 근거가 된다.

**② 조직의 배경을 파악해야 한다.**

채용 과정에서는 두 가지 측면으로 조직의 배경에 대해 명확히 이해할 필요가 있다. 우선 조직의 공식적인 인사정책과 절차를 정확히 파악해야 하며, 나아가 기관의 방침이 취업과 관련된 최근의 법률이나 판례에 부합하는지 검토하고, 개선할 점이 있다면 채용 절차가 시작되기 전에 수정해야 한다. 그리고 조직의 가치와 규범을 정리하고 채용 과정에 반영할 수 있어야 한다. 채용후보자는 조직의 가치와 규범에 대해 수용적이고 긍정적인 상호작용을 할 수 있는 잠재력을 가져야 한다.

**③ 선발 기준에 부합하는 채용후보자들을 가능한 한 많이 확보해야 한다.**

모집 과정에서 공식적·비공식적 방식을 최대한 활용해 유능한 응시자를 많이 확보하려는 노력이 중요하다. 나아가 채용후보자 후보군을 정할 때에도 응시자들을 손쉽게 배제하기보다는 한두 가지 자격요건이나 잠재력을 갖추었다면 후보군에 포함시키는 편이 낫다. 최종 후보자를 결정하기 이전에 최대한 많은 후보 자원을 확보한다면 신중하고 합리적인 의사결정에 도움이 되기 때문이다.

**④ 채용후보자가 자격요건에 부합하다는 근거를 수집해야 한다.**

채용후보자를 결정할 때에는 학위, 훈련, 경험 면에서 최소한의 자격요건에 부합한다는 명백한 근거를 마련해야 할 것이다. 이는 그가 제출한 응시원서와 이력서, 증명서, 과업성취의 증거뿐만 아니라 면접심사, 시험 등의 과정을 통해 확보할 수 있다.

**⑤ 신규 직원이 적극적으로 직무를 수행할 수 있는 여건을 제공해야 한다.**

모든 조직은 해당 직위에 대해 최적의 자격요건을 갖춘 사람을 선발해 채용하고자 하고, 이를 위해 많은 노력을 기울인다. 그런데 막상 최종 채용후보자를 결정할 때에는 걸림돌이 발생하는 경우가 있다. 조직은 능력이 있는 채용후보자가 선발될 수 있도록 장애물을 극복하기 위해 노력해야 하며, 여기에는 거주지역, 보수 수준, 아동 양육 등 다양한 것을 살펴야 한다.

한편, 사회복지조직에서 직원 채용은 관리자에게 조직을 해석하고 설명할 기회를 제공한다(최성재·남기민, 2016). 직원 채용은 모집과 선발 과정에서 조직의 목표, 조직구성, 직원들, 이사회, 다른 조직 및 지역사회와의 관계, 조직의 잠재력 등에 대한 체계적인 정보를 제공해야 하기 때문에 조직을 점검하는 기회가 될 수 있다. 또한 채용 계획 수립 과정에서 구체적인 직무와 책임, 급여 관련 사항, 직원개발 계획 등을 확인하고 인적자원관리정책을 보완하는 계기가 되기도 한다. 따라서, 사회복지행정가는 신규 직원 채용 과정을 조직의 전반적인 정책과 행정뿐 아니라 인적자원관리정책을 점검 및 평가하고 개선하는 기회로 삼을 필요가 있다(심상용, 2017).

**표 7-1** 직무기술서와 직무명세서 비교

| 직무기술서 | 직무명세서 |
|---|---|
| •직무 명칭<br>•직무의 직종<br>•직무 내용 요약<br>•수행하는 과업<br>•직무 수행 방법과 절차<br>•사용하는 장비와 도구<br>•작업 조건 | •직무의 명칭<br>•직무의 직종<br>•필요한 교육 수준<br>•필요한 기술 수준<br>•필요한 지식<br>•필요한 정신적/육체적 능력<br>•필요한 작업 경험 |

출처: 신복기·박경일·이명현(2013: 221)

## 2) 자원개발 및 교육

채용 과정을 거쳐 직원으로 임용되면 해당 조직에서 필요로 하는 기본 소양교육을 시작으로 직무교육을 실시하게 된다. 직원교육과 훈련은 기본적으로 개별 직원들이 그들의 직위와 직무에 적당한 능력을 개발할 수 있도록 하는 인적자원개발의 목적에서부터 이루어진다.

직원의 직위와 직무에 따라 다르게 교육훈련이 편성되는 경우가 대부분이다. 신입 직원에게는 조직의 기본 정책과 규정을 비롯한 근무 조건과 복리후생 등을 소개하는 오리엔테이션이 부여되고 기존 직원은 일반직원 훈련, 중간관리자 훈련, 관리자 훈련 등의 유형으로 구분된다.

그러나 소규모 조직이 많은 사회복지조직의 경우에는 기존 직원 교육이 유형별로 구별되지 않으며 상급자가 하급자를 대상으로 평상시 업무 수행 과정에서 슈퍼비전이 이루어지는 사례가 많다.

## 03 인사관리

Social Welfare Administration

### 1) 사회복지조직의 인사관리

인사관리는 기관의 운영 목적을 달성하기 위하여 인적자원의 효율적 관리와 관련된 활동으로 개념화할 수 있다. 이는 작업조직 내에서의 개인들을 관리하는 활동이므로 관리의 대상이 물적자원이 아니라 인적자원이 되고, 주로 인사부서나 인력관리부서에 할당된 신규 인력의 모집, 배치, 교육, 리더십, 이동 및 승진, 해고나 퇴직에 이르는 인사관리의 전 기능을 의미한다.

일반 기업조직에서는 직원의 복무와 근무규율, 복리후생, 보수 등과 관련된 노사간 관계를 중심으로 한 노무관리도 인사관리 영역에 포함되는 경우가 많다. 그러나 인적자원관리의 개념에 비하면 협의의 영역으로 볼 수 있다.

이러한 맥락에서 사회복지조직의 인사관리는 사회복지조직이 추구하고자 하는 고유의 운영 목적을 달성하기 위해 사회복지업무를 수행하게 될 사회복지서비스 관련 전문직들을 신규로 모집하고 배치하는 활동에서부터 기존 직원을 대상으로 동기부여나 보상을 통해 조직의 성과를 향상시킬 수 있도록 하는 관리활동으로 개념화할 수 있다.

## 2) 사회복지 인사관리 대상

### (1) 사회복지사

우리나라는 1982년 사회복지사업종사자 자격 개정위원회에서 '사회복지사(Social Worker)'라는 명칭이 제정되었고, 「사회복지사업법」에서 규정한 사회복지사업 전문직으로 대학 이상에서 일정한 사회복지학 교과목을 이수한 자에게 사회복지사 2급 자격이 주어지고 있다.

또한 2003년부터 국가자격시험으로 사회복지사 1급을 취득할 수 있다. 우선 2급 자격취득에 필요한 교과목은 사회복지개론, 인간행동과 사회환경, 사회복지조사론, 사회복지정책론, 사회복지법제론, 사회복지행정론, 사회복지실천론, 사회복지실천기술론, 지역사회복지론, 사회복지 현장실습 등의 10개 필수과목과 아동복지론, 청소년복지론, 노인복지론, 장애인복지론, 여성복지론, 가족복지론, 산업복지론, 의료사회사업론, 정신보건사회복지론, 정신건강론, 학교사회사업론, 교정복지론, 사회보장론, 사회문제론, 자원봉사론, 사회복지지도감독론, 사회복지자료분석론, 프로그램 개발과 평가, 사회복지발달사, 사회복지윤리와 철학 중 4개 과목 이상의 총 14개 과목 42학점이다. 사회복지사 1급 국가시험의 구성은 인간행동과 사회환경, 사회복지조사론, 사회복지정책론, 사회복지법제론, 사회복지행정론, 사회복지실천론, 사회복지실천기술론, 지역사회복지론 등의 8개 과목에 대하여 각 30문항씩 총 240문항을 5지선다형으로 이루어진다.

### (2) 물리치료사/작업치료사

물리치료사(physical therapist)는 노인과 장애인 혹은 환자를 대상으로 통증의 완화, 근육의 수축 및 이완, 혈액의 순환, 비정상적 자세 및 운동 형태를 개선시킬 목적으로 열, 전기, 광선, 물, 운동의 법칙과 같은 물리적 에너지 현상뿐만 아니라 도수적 방법(manipulation, 조작 또는 취급)으로 처우하는 전문직이다. 작업치료사(occupational therapist)는 신체적·정신적·사회적 장애를 입은 사람의 손상된 상태를 교정시켜 기능을 회복하고 상태의 악화를 방지하며 목적 있는 활동을 통해 제한된 능력 및 기능을 향상시켜 주위 환경과 사회생활에 잘 적응하여 최대한 독립적으로 살아갈 수 있도록 도와주는 재활치료 전문직이다.

### (3) 보육교사

보육교사(nursing teacher)는 「영유아보육법」에 근거한 전문직으로 주로 어린이집에서 근무하며, 영유아의 보육, 건강관리 및 보호자와의 상담, 그 밖에 어린이집의 관리 운영 등의 업무를 담당하는 전문가이다. 보육교사의 역할은 영유아의 성장·발달의 자연스러운 과정에 있어 보호와 교육적 측면의 전문가로서 신체적·사회적·정서적·지적 발달을 균형 있게 격려할 수 있도록 교육방법을 연구하고 적용하며, 교실 환경을 구성하고 영유아를 교육하는 전문성 수행에 있다.

### (4) 의사

의사(doctor)는 「의료법」에서 치과의사, 한의사, 조산사, 간호사에 한하여 의료인이라 정하고 있으며 사회복지시설의 의사는 정규직으로 근무하는 경우도 있으나 간호사와는 달리 대부분 촉탁의로 근무하고 있는 경우가 많다. 사회복지시설의 직원배치기준에서 의사인력은 촉탁으로 배치할 수 있도록 허용하고 있는 상태다.

### (5) 간호사(간호조무사)

간호사(nurse)는 의사의 진료를 돕거나 개인, 가족, 지역사회를 대상으로 전인적으로 이해하고 과학적인 방법인 '간호과정'을 적용하여 간호하는 역할을 한다. 사회복지시설에서 종사하는 간호사는 일반 병원이나 보건소 조직에서 근무하는 경우와는 다른 역할이 요구된다. 생활시설에서 생활인들의 주기적인 건강검진 및 건강상담, 정기적인 예방접종, 균형 있는 식이섭취, 바람직한 건강습관 지도 및 식습관 형성, 안전한 위생 및 환경관리 및 제공, 사고 예방 및 응급처치, 환자 간호 제공, 일상생활 돌보기 등의 업무를 수행한다. 사회복지시설의 직원배치기준에서는 개별시설기준에 따라 간호조무사를 배치하는 경우도 허용하고 있다.

### (6) 심리상담사

심리상담사는 인간의 심리적 건강 및 효과적인 적응을 다루어 궁극적으로 심신의 건강 증진을 돕는 사람으로서, 심리적 장애가 있는 사람에게 심리평가와 심리검사, 개인 및 집단 심리상담, 심리재활 프로그램의 개발과 실시, 심리학적 교육, 심리학적 지식을 응용해 자문을 하는 전문직이다.

### (7) 요양보호사

요양보호사는 「노인복지법」에 의한 국가자격 전문직으로 2008년 7월부터 시행된 노인장기요양보험제도에 따라 노인의료복지시설과 재가노인복지시설에서 요양 대상 요인들을 처우하는 기능을 수행한다. 요양보호사의 역할은 일상생활동작(ADL) 지원 영역인 식사 및 목욕서비스, 대·소변처리, 옷 갈아입기, 이동, 욕창 예방, 간단한 재활 훈련(산책 또는 보행훈련 등), 심리적 지원 및 기타 일상생활 관련 동작의 지원과 수단적 일상생활동작(IADL) 지원 영역인 세탁, 물건 사기, 식사 준비 및 조리 지원, 은행일 등 업무 지원, 기타 우애 서비스 등이 있다.

## 3) 동기부여

동기부여는 직무만족을 결정하는 요인이기도 하지만 직원들에게 근무의욕을 강화하고 사기를 충족시켜 조직과 업무의 성과를 향상시키게 됨은 물론 사회복지조직에서는 클라이언트에 대한 서비스 제공에서도 효율성과 효과성을 높일 수 있는 조건이 된다.

원칙적으로 동기부여는 조직의 관리자나 지도자가 조직구성원들을 대상으로 내재적이고 외재적인 영향력을 발휘하여 조직의 목표 달성을 목적으로 하는 과정을 의미한다. 우선 내재적 동기부여는 업무담당자가 일 자체와의 직접적 관련 속에서 발생하는 성취감, 도전감, 확신감 등의 내재적 보상이다. 외재적 동기부여는 직원이 직무를 수행하는 과정에서 직원 스스로가 조직 목표 달성을 위해 노력을 기울이거나 그러한 동기부여된 행동을 촉진하는 조직의 행동인 급여인상, 승진, 감독권 위임 등과 같은 일 그 자체가 아니라 일의 외부 환경으로부터 발생하는 보상이기도 하다. 이런 동기부여를 설명하는 이론을 몇 가지 살펴보자.

### (1) 매슬로의 욕구단계설

매슬로(Maslow, 1943)는 인간의 욕구가 낮은 단계에서 높은 단계로 올라가는 계층으로 되어 있다고 보고 최하위의 기초 욕구 단계로서 음식, 의복, 주거, 성욕, 수면욕구 등의 생리적 욕구를 배치하였다. 제2단계 욕구는 안전에 대한 욕구로서 육체적 안전과 심리적 안전에 대한 욕구를 배치하였으며, 제3단계 욕구는 소속의 욕구 혹은 사회적 욕구로서 인간의 상호관계 유지와 관련된다. 제4단계 욕구는 존경에 대한 욕구로 자신에 대한 긍지감과 타인으로부터 존경받기를 원하는 욕구이다. 마지막으로 최상위의 제5단계 욕구는 자아실현의 욕구로 인간의 자기(자아)완성에 대한 갈망을 최대한 실현하려는 욕구이다.

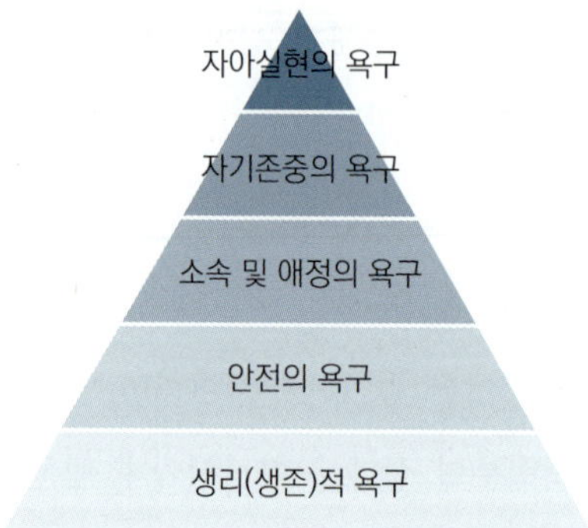


**그림 7-1** 매슬로의 욕구 5단계

매슬로의 욕구에 대해서는 'Chapter 11. 욕구와 욕구조사'에서 좀 더 알아보기로 하자.

### (2) 앨더퍼의 ERG이론

앨더퍼(Alderfer, 1977)는 매슬로의 5단계 욕구가 조직생활에 적용하기에는 한계가 있다고 비판하면서 인간의 욕구를 생존욕구, 대인관계욕구, 성장욕구의 세 범주로 분류하고 각 범주의 머리글자를 인용하여 'ERG이론'이라고 명칭했다. 생존욕구는 '존재욕구'로도 해석할 수 있으며 매슬로 욕구에서는 생리적 욕구나 안전욕구와 유사하며, 인간이 생존에 필요한 급여, 물질, 일 등에 대한 욕구라고 말한다. 관계욕구는 주변 사람들과 관계를 유지하고 싶은 욕구를 말하며 매슬로 욕구 단계에서는 안전의 욕구, 소속의 욕구, 존경의 욕구와 유사한 측면이 있다. 그리고 성장의 욕구는 창조적·개인적 발전을 향한 인간의 노력과 관련된 욕구를 말하며 매슬로 욕구에 비교해 보면 존경의 욕구와 자아실현의 욕구와 어느 정도 일치하는 점이 있다. 그러나 앨더퍼는 욕구에는 위계적 단계만 있는 것이 아니라 고순위의 욕구가 좌절되면 저순위의 욕구로 퇴행할 수도 있다고 보는 관점이 매슬로와 차별적이다.

### (3) 맥클리랜드의 성취동기이론

맥클리랜드(McClelland, 1962)는 동기를 부여하는 욕구를 성취욕구, 권력욕구, 친교욕구의 3가지로 제시하고 있다. 성취욕구는 난관이나 장애를 극복하고 자신의 능력을 최대한 발휘하려는 욕구를 말하며, 권력욕구는 조직구성원이나 타인의 행동에 영향력을 행사하거나 통제력을 발휘하려는 욕구다. 친교욕구는 '귀속욕구(affiliation needs)'라고도 불리며 자신의 의사결정이나 성취욕구보다는 다른 사람과 친하고 교류를 하고 싶어 하는 욕구를 의미한다.

### (4) 목표 설정이론

목표설정이론은 로크(Locke, 1968)와 그의 동료에 의해 처음으로 명명된 후 1970년대 와서는 동기에 대한 인지과정적 접근 방법으로 알려지게 되었다. 목표 설정이론은 목표관리(MBO), 기획예산제도(PPBS), 경영정보관리(MIS) 등의 경영기법에 적용되고 있다. 목표 설정이론의 기본 입장은 인간행동 결정의 인지적 요인에는 가치관과 목표가 있는데 우선 가치관이 그에 부합하는 일을 하고 싶은 욕망과 감정을 불러일으키게 되고, 이러한 욕망과 감정이 목표를 설정하도록 영향을 미치고 결국 설정된 목표를 성취할 수 있도록 강력한 동기가 생기게 된다는 것이다.

따라서 조직의 성과를 달성하려면 과업목표를 설정해야 하는데 과업목표가 지녀야 할 특성 6가지를 미국 오레곤주립대학교의 스티어스(Steers, 1975)의 견해에 따라 살펴보면 다음과 같다(한국복지행정학회, 2014: 158-166).

첫째, 구체적인 목표가 행동 방향을 명확하게 제시하게 된다.

둘째, 다소 어려운 목표가 쉬운 목표보다 동기유발이나 집중력을 자극하게 된다.

셋째, 조직구성원들이 목표 설정 과정에 참여해야 성과가 좋다.

넷째, 구성원들의 노력에 대한 피드백이 주어지는 목표라야 한다.

다섯째, 목표 달성에 동료 간의 경쟁이 성과를 높일 수 있다.

여섯째, 구성원들이 자발적으로 수용한 목표가 동기유발에 유리하다.

**생각 나누기**

1. 예비 사회복지사로서 자신의 취업 전략에 대해 이야기해 보자.
2. 사회복지조직의 인사관리에 대해 이야기해 보자.
3. 매슬로의 5단계 욕구에 대해 이야기해 보자.

# CHAPTER 8

# 재정관리

## 01 재정관리의 개념

Social Welfare Administration

### 1) 재정관리의 의의

사회복지기관의 재정관리는 '필요한 재원을 합리적이고 계획적으로 동원·배분하고 이를 효율적으로 사용·관리하는 과정'으로 정의할 수 있다(장인협·이정호, 1993). 재정관리를 통해 기관의 목표 달성을 촉진하고 법률, 전문직의 윤리 및 지역사회의 수준과 일치하는 방향에서 재원과 다른 부족한 자원을 통제하고 계획적으로 사용한다(강종수, 2011). 비영리 사회복지서비스 기관에 있어 수입과 지출을 일치시키는 것과 연결되는 재정관리는 다음과 같이 세분화할 수 있다. 재정관리는 조직이 목표 달성을 위해 기관 운영에 필요한 재정을 계획하고 집행, 관리하는 과정이다.

재정관리는 물적 자원의 동원에 해당되는 세입과 자원의 활용을 의미하는 지출로 구분된다. 사회복지조직에서도 재무계획, 기금조성, 부채관리, 예산편성, 지출통제와 관련한 일들을 사회복지행정가가 주도한다. 에젤(Ezell, 2000)은 사회복지기관의 재정관리 과정이 순환 과정임을 강조한다. 따라서 사회복지기관의 재정관리는 크게 ① 재정 획득, ② 재정계획, ③ 재정집행, ④ 재정평가의 과정으로 세분할 수 있다(Skidmore,

1983). 이때 기관의 재정관리는 당해 연도뿐만 아니라 과거 재정에 대한 평가와 미래의 예산 상태에 대한 계획을 동시에 고려하므로 순환적인 과정을 나타낸다.

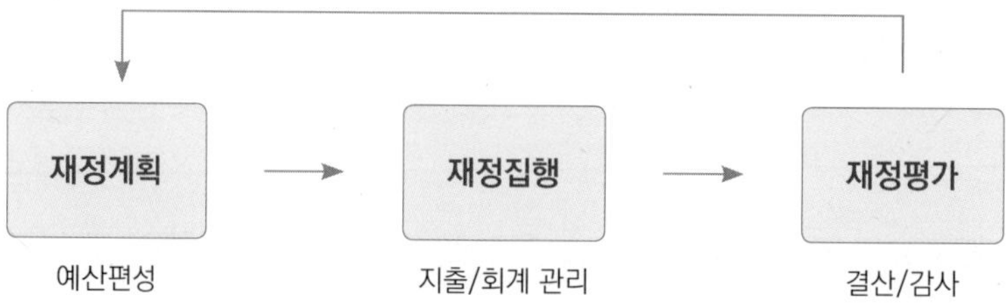


**그림 8-1** 사회복지기관 재정관리의 순환적 과정

로만(Lohmann, 1980)은 사회복지기관의 재정관리의 중요성을 다음과 같이 강조하고 있다(김형식·이영철·신준섭, 2007 재인용).

첫째, 재정관리는 기관의 생존과 직결되는 사항이다. 기관의 존립을 위해서는 재원의 확보와 조달이 가장 중요한 요인이 된다.

둘째, 재정운용의 중요성 강조는 최근의 경향이다. 국가·지방자치단체 및 민간기부자 등을 비롯한 재원의 제공자들은 그들이 사회복지기관에 제공한 재원이 어떻게 사용되는가에 관심을 갖는다. 사회복지기관에서도 재정의 투명성을 확보하고 재정운영에 관한 원칙과 통제 노력이 매우 필요하다.

셋째, 재정관리는 기관의 기획 과정과 평가과정에서 매우 중요한 영향력을 갖는다. 예산이 확정되어야 기관의 기획과 평가의 노력이 실행될 수 있으며, 기관의 미래 활동에 대한 기획과 실행 및 이에 대한 평가의 노력은 근본적으로 기관의 재정관리와 함께 다루어져야 한다.

사회복지행정의 재정관리는 기관의 목표 달성을 촉진하고 법률, 전문직의 윤리 및 지역사회의 수준과 일치하는 방향에서 재원과 다른 부족한 자원을 통제하고 계획적으로 사용하는 것이다. 사회복지서비스의 재정은 예산, 기부금 신청, 급료, 세금, 여비 등에 관련된 범위에서 출발하여 사회복지조직의 근본적인 활동에까지 영향을 미친다

(신복기 외, 2004). 사회복지조직의 재정은 사회복지수요를 해결하기 위하여 재화와 서비스를 생산하는 데 소요되는 정부의 비용을 말한다. 이러한 사회복지조직에서 재정의 중요한 특징 중의 하나는 대규모 사회보장비를 들 수 있는데, GNP 대비 사회보장비용의 지출비율은 복지국가의 수준을 가늠하는 중요한 지표로 사용되기도 한다. 다음으로 사회복지조직의 재정은 소득세 중심의 조세체계를 주요한 재원조달 수단으로 이용하고 있다(강용규 외, 2007).

## 2) 사회복지 재정관리의 특수성

사회복지조직의 가장 큰 특징 중의 하나는 자원의존성이 강한 것이다. 자원 중에서도 재원에 대한 의존성이 높은 편이어서, 사회복지조직들은 편성되는 예산에 따라 사업을 진행할 수 있다. 따라서 사회복지조직의 행정가들은 항상 안정적인 재원확보를 위한 노력에 많은 신경을 쓰게 된다(황성철 외, 2003). 사회복지행정은 그 특성상 공적·사적 사회복지기관을 전제로 하고 있기 때문에 사회복지행정의 재정관리는 재정관리로 이해하면서 재무행정의 원칙들을 원용하는 것이 바람직하다(오세영, 2009).

사회복지조직에서 재정관리는 재정자원을 동원하고, 예산을 수립하여, 효율적으로 집행하는 과정으로 구성된다. 재정관리는 일반적으로 기관의 목표 달성을 촉진하고, 재원과 기타 관련 자원을 법적 및 사회복지윤리성에 근거하여 통제하고, 계획적으로 사용하는 데 관계하는 것이다. 목적적인 측면에서 볼 때, 사회복지조직에서 재정관리는 예산, 교부금 신청, 인건비, 세금 및 여비 지급 등과 관련된 기술적이며 부차적인 문제이다. 그러나 수단적인 측면에서 볼 때에는 재정관리가 사회복지기관의 근본적인 활동에 광범위하게 관계하고 있다(강용규 외, 2007).

사회복지조직의 재정관리의 특성은 다음과 같다(Hasenfeld, 1992).

첫째, 사회복지조직은 재원의 지속적인 조달을 직접적으로 통제할 수 없으며 통제하려 하지도 않는다. 사회복지조직은 법적으로 위임된 서비스라 할지라도 재정 할당 정도를 스스로 정할 수 없고, 입법기관에서 정해 주어야 한다. 이는 사회복지조직이 예산과 관련된 정책결정 과정에 참여할 수 있는 권한을 제한당하는 것을 의미한다.

둘째, 사회복지조직은 매우 다양한 재원을 갖는다. 정부지원금, 재단지원금, 협찬후원금, 기부금, 서비스 요금, 수입 사업에 의한 이용료 등 다양하며, 이러한 각각의 유형들은 사회복지조직 특성에 따라 중요성의 비중이 달라진다.

셋째, 다양한 원천으로부터 재원을 확보하기 위해 사회복지조직은 특별한 업무를 수행해야 한다. 사업제안서를 쓰거나, 정부와 계약관계를 맺고, 기부자에게 후원금을 요청하거나, 사회복지서비스에 참여하는 대상자들에게 요금을 지불하도록 하거나 기부금품을 모집하거나 접수받고, 특별행사를 조직화하는 등의 다양한 재원확보 전략을 추진해야 한다.

## 02 예산의 개념

Social Welfare Administration

### 1) 예산의 정의

'예산(Budget)'이란 일정 기간 내에 요구된 사업들에 대한 소요자원과 가용자원을 추계하여 수치로 나타낸 계획서이다. 따라서 장래 일정 기간 동안 계획된 수입과 지출의 예정적 계산으로 자금조달계획의 서술이라 할 수 있다. 예산은 수입·지출의 종류 및 금액을 계통적·조직적으로 편성한 것이며, 사업계획의 내용과 방향을 계수적으로 표시한 것으로서 재정의 규모, 내용 및 방향을 알 수 있게 해준다. 일정 기간이란 회계연도를 의미하며 일반적으로 다음 1년간의 재정계획을 말한다. 여기에서 세입이란 1년 회계연도간의 수입을 말하며, 세출이란 1년 회계연도간의 지출을 말한다.

이와 같은 예산은 사회복지행정기관에 따라 적용을 받는 예산회계의 관계 규정이 다르다. 즉, 공공사회복지기관은 정부의 「국가재정법」의 적용을 받고, 민간 사회복지기관은 보건복지부의 「사회복지법인 및 사회복지시설 재무·회계 규칙」의 적용을 받아 전국적인 통일성과 행정의 표준화를 도모하고 있다.

## 2) 예산의 원칙

예산의 원칙이란 예산의 편성·집행에 있어서 준수되어야 할 원칙을 말하며 전통적으로 다음과 같은 원칙들이 강조된다(황성철 외, 2003).

**표 8-1 예산의 원칙**

| 방법 | 내용 |
|---|---|
| 공개의 원칙 | 예산의 편성, 심의, 집행 과정의 주요 단계는 공개되어야 한다. |
| 명료성의 원칙 | 예산은 모든 국민이 이해할 수 있도록 작성되어야 한다. |
| 포괄성의 원칙 | 예산은 총계주의 원칙에 입각하여 모든 세입·세출을 포괄해야 하며, 정부의 모든 활동을 나타내야 한다. |
| 예산통일성의 원칙 | 모든 세입은 하나의 일반기금으로 납부되고 여기서 모든 세출이 나와야 한다. 이 원칙은 세입과 세출 간에 특별한 직접적인 관계가 있는 경우 등을 제외하고는 특정한 세출과 세입이 직결되는 것을 금지한다. |
| 명세성의 원칙 | 예산수지는 구체적·명세적으로 제시되어야 하며, 특별한 경우 외에는 예산의 이용, 전용은 금지되어야 한다. |
| 사전승인의 원칙 | 예산은 사전에 의회의 심의, 의결을 받아야 한다. |
| 정기성의 원칙 | 지출권한을 일정 기간에 한하여 부여하여야 한다. 이 기간이 끝날 때까지 사용되지 않은 예산은 효력을 상실하든지 금액과 용도를 정하여 의회의 재의결을 받아야 한다. |
| 정확성의 원칙 | 예산의 추계는 가능한 한 정확해야 하며, 세출을 과다하게 적산하거나, 세입의 과소추계에 의한 은폐된 재원이 존재해서는 안 된다는 것이다. |

## 3) 예산의 종류

예산은 성질에 따라 일반회계와 특별회계로 구분되는데 사회복지조직에서는 구체적인 구별이 없고 일반적으로 일반회계에 따른다(강용규 외, 2007). 대상에 따라서 법인회계와 시설회계, 수익사업회계 그리고 시기에 따라 본예산, 수정예산, 추가경정예산, 준예산으로 구분된다.

표 8-2 예산의 종류

| 구분 | 종류 | 내용 |
|---|---|---|
| 성질 | 일반회계 | •일반적인 국가 또는 민간기관의 활동에 관한 세입과 세출을 편성한 예산 |
| | 특별회계 | •특정한 세입이나 자금으로 특정한 세출(사업)을 충당함으로써 일반적인 세입·세출과 구분하여 경리하는 회계 |
| 대상 | 법인회계 | •법인 업무 전반에 관한 회계 |
| | 시설회계 | •법인이 설치·운영하는 사회복지시설에 관한 회계 |
| | 수익사업회계 | •법인이 수행하는 수익사업에 관한 회계 |
| 시기 | 본예산 | •예산 수립 절차에 따라 확정된 예산 |
| | 수정예산 | •본예산의 수립 과정에서 필요에 따라 일부 수정한 예산 |
| | 추가경정예산 | •예산이 성립되고 회계연도가 개시된 후에 변경이 필요해서 추가로 편성한 예산 |
| | 준예산 | •회계연도 개시 전까지 예산이 성립되지 아니하여 전년도에 준하여 집행하는 예산<br>•임직원의 보수, 운영에 직접 사용되는 필수 경비, 법령상 지급의무가 있는 경비만 가능 |

출처: 강종수(2011)

## 4) 예산체계의 모형

사회복지서비스 예산의 유형은 예산편성이 어떻게 구성되고 조직되는가에 따라 분류되는데, 예산체계 모형은 예산 수립에서 무엇을 가장 중요한 기본 요소로 하는가에 따라 구분된다. 일반적으로 '품목별예산(LIB), 성과주의 예산(PB), 계획예산(PPBS), 영기준예산(ZBB)' 등으로 구분되고 있다.

### (1) 품목별 예산

품목별 예산(Line-Item Budget: LIB)은 일반적으로 1회계연도를 기준으로 지출하고자 하는 예산을 항목별로 기재하는 가장 전통적인 예산체계 모형이다. 지출대상을 항목별로 분류하여 지출대상과 한계를 명확하게 규정하는 통제 지향적인 예산편성의 방법이다. 사회복지기관의 경우에 지출항목을 인건비, 운영비, 사업비 등 지출의 대상에 따라 분류하며, 운영비의 경우에는, 공공요금, 통신비, 임대료 등의 품목으로 다시 세분화하는 방법을 활용한다. 이 방법은 집행이 품목별로 표시되어 작성이 용이하고 예산의 집행내역을 명확하게 보여주고 있으며 회계 담당자가 지출을 통제하기 쉽다.

품목별 예산의 장점을 살펴보면 다음과 같이 정리할 수 있다.

첫째, 지출 항목을 나열하여 제시하고 있어 사용하기에 간편하다.

둘째, 지출의 근거와 책임이 명확하므로 예산 통제에 효과적이다.

셋째, 예산 항목별로 지출이 정리되므로 회계처리가 용이하다.

그러나 품목별 예산은 다음과 같은 단점을 가지고 있다.

첫째, 전년도 예산을 근거로 하고 있으며, 일정한 양만큼 증감시켜 나가는 것으로 점진주의적 특성을 가지고 있어 예산의 증감을 신축성 있게 할 수가 없다.

둘째, 예산증대의 근거가 프로그램의 특성과 평가에서 나오는 것이 아니라 전반적인 인상률을 적용하기 때문에 타당성이 떨어지며 효율성에 한계를 가지고 있다.

셋째, 프로그램의 평가와 연계성이 부족하기 때문에 사회적 책임성이라는 요구를 충족시키기 어렵다.

**표 8-3** 품목별 예산 사례 (단위: 천 원)

| 항목 | 전년도 예산(A) | 당해 연도 예산(B) | 증감 |
|---|---|---|---|
| 급여 | 72,480 | 79,728 | 7,248 |
| 퇴직적립금 | 6,039 | 6,643 | 604 |
| 사회보험부담금 | 6,733 | 7,406 | 673 |
| 공공요금 | 5,654 | 5,850 | 196 |
| 제세공과금 | 1,380 | 1,580 | 200 |
| 사업비 | 15,000 | 18,500 | 3,500 |
| … | … | … | … |
| 합계 | … | … | … |

출처: 대전광역시 D재가노인복지센터의 세입세출 총괄표 수정

### (2) 성과주의 예산

성과주의 예산(Performance Budget: PB)은 '기능주의 예산(Functional Budget)' 또는

'프로그램 예산(Program Budget)'이라고 부른다. 성과주의 예산체제는 오래된 예산에 점차적인 증가를 더해가는 것으로 주된 이슈는 총예산이 아니라 앞으로 필요하게 되는 자금 증가의 합이다. 지출은 프로그램의 실행 결과 나타나는 '성과(산출물)'에 관심을 둔다. 조직의 활동을 기능별, 프로그램별로 나누고 이를 세부 프로그램으로 나누어 프로그램 단위비용을 편성하는 과정 중심의 예산 형식이라 할 수 있다. 즉, 조직의 활동을 기능별 또는 프로그램별로 나누고 이를 다시 세부 프로그램으로 나누어 세부 프로그램 단위의 원가를 계산하고 여기에 업무량을 곱하여 예산액을 정하고 있다.

단위원가 × 업무량 = 예산액

성과주의 예산은 새로운 서비스를 제공하기 위해서 현행 프로그램을 수정하는 비용을 사정하는 데 유용하다. 따라서 기관의 지출내용과 그 지출로써 이루고자 하는 달성 목표를 명확하게 나타내기에 적합하다. 또한 목표와 프로그램을 분명히 알 수 있고 단위 원가를 계산하여 자금을 배분함으로써 합리성을 도모할 수 있으며, 프로그램별로 통제하기 쉽고 프로그램의 효율성을 기할 수 있는 장점이 있다. 그러나 프로그램 단위의 원가를 계산하는 데 있어 비용계산이 용이하지 않다는 것이 단점이다.

**표 8-4 성과주의 예산 사례** (단위: 천 원)

| 항목 | 세부사업명 | | 예산 |
|---|---|---|---|
| 아동·청소년 복지사업 | 집단상담 | 진행비 20,000×10명×10회 | 2,000 |
| | 문화체험 | 견학비 20,000×30명×2회 | 1,200 |
| | 대학생 멘토링 | 봉사자 활동비 100,000×30명 | 3,000 |
| 재가복지사업 | 자원봉사자 교육 | 교재 및 다과 20,000×30명×2회 | 1,200 |
| | 도시락 배달 | 부식비 3,000×50개×월10회×6개월 | … |
| | … | … | … |
| 자원개발사업 | … | | … |
| 소계 | | | … |

출처: 강종수(2011)

### (3) 계획예산

계획예산(Planning-Programming-Budgeting Systems: PPBS)은 목표 달성을 위한 장기적 사업계획을 수립하고, 그것을 실천하기 위한 당해 연도의 프로그램별 계획과 이를 뒷받침하는 예산을 통합하여 수립하는 산출 중심 예산제도이다. 즉, 장기적인 계획수립과 단기적인 예산편성을 유기적으로 관련시킴으로써 자원배분에 관한 의사결정을 합리적으로 일관성 있게 하려는 예산체계이다.

계획예산은 프로그램 예산 형식에 따라 장기계획과 단기적 예산을 프로그래밍이라는 연결고리를 통해 유기적으로 결합시킴으로써 자원배분에 관한 의사결정을 합리적으로 하려는 예산제도이다.

**그림 8-2** 계획예산의 순환적 과정

계획예산은 장기적인 계획을 수립하고 그것을 실천하기 위한 프로그램을 계획하여 이에 맞게 예산을 수립하는 방식으로 다음과 같은 장점을 가지고 있다.

첫째, 조직목표와 프로그램을 보다 정확하게 파악할 수 있다.

둘째, 여러 목표 가운데서 가장 긴급한 것을 선택할 수 있다.

셋째, 목표 달성을 위한 효율적인 수단의 분석이 가능하다.

넷째, 자금 분배를 합리적으로 할 수 있다.

다섯째, 장기적 프로그램 계획에 대한 객관적 신뢰도가 높다.

여섯째, 조직의 통합적 운영이 편리하다.

계획예산의 단점은 다음과 같다.

첫째, 목표 설정의 어려움을 가지고 있다. 목표 설정에는 여러 가지 이해관계 및 정치적 요인이 개입되므로 합리적인 목표 설정이 어렵다.

둘째, 중앙집권화의 초래를 가져올 수 있다. 계획예산은 최고책임자에게 집중시키는 경향이 있다.

셋째, 정량화 및 계량화의 어려움을 가지고 있다. 달성되는 효과의 정량화가 곤란하며, 산출효과의 계량화에 중점을 두고 있는데 공공사업의 경우 대체로 계량화가 곤란하다.

**표 8-5** 계획예산 사례

<table>
<tr><th>목표<br>연도별<br>세부 목표</th><th colspan="12">농어촌 주민의 보건복지 향상<br>(전체 예산 3조)</th></tr>
<tr><td>농어촌 사회안전망 확충<br>(2006년)</td><td colspan="4">기초생활보장 및 자활지원<br>(5,000억 원)</td><td colspan="4">치매노인 그룹홈 설치<br>(3,000억 원)</td><td colspan="4">국민연금 확충<br>(2,000억 원)</td></tr>
<tr><td>농어촌 보건복지<br>공급기반 개선<br>(2007년)</td><td colspan="3">공공의료기관 확대<br>(4,000억 원)</td><td colspan="3">응급의료시설 확충<br>(3,000억 원)</td><td colspan="3">5대 암 조기검진<br>(2,000억 원)</td><td colspan="3">건강보험 개선<br>(1,000억 원)</td></tr>
<tr><td>주민의 복지참여<br>(2008년)</td><td colspan="4">가사간병<br>인력의 확대배치<br>(3,000억 원 )</td><td colspan="4">농어촌<br>재가복지센터 확충<br>(4,000억 원)</td><td colspan="4">농어촌 지역보건복지<br>네트워크 구축<br>(3,000억 원)</td></tr>
</table>

출처: 강종수(2019)

### (4) 영기준예산

영기준예산(Zero-Based Budget: ZBB)은 지금까지의 관행이나 전년도 예산과는 무관하게 처음부터 영(0)의 상태에서 새롭게 시작한다는 전제하에서 예산을 세우는 것을 말한다. 즉, 조직은 모든 프로그램을 매년 처음 시작한다는 전제하에 매년 프로그램의 필요성에 대한 정당성을 제시하고 다른 프로그램과의 경제적인 상태에서 우선순위에 입각하여 예산을 수립하는 것으로 점증주의적 특성을 갖지 않는다.

영기준예산의 장점으로는 예산의 절약과 프로그램 증진에 기여하고 예산배분에 합리성을 기하며 재정운영과 예산배정에 탄력성을 확보할 수 있다. 나아가서 프로그램의 효율성과 효과성을 높일 수 있으며 목표 달성능력에 대하여 토의와 논쟁을 유도함으로써 예산에 대한 책임성을 증가시킬 수 있다는 장점을 가지고 있다. 그러나 합리성만을 강조하고 정치적 및 심리적 요인을 무시하는 경향이 있으며, 특히 장기적 계획에 의한 프로그램 수행을 위한 예산으로는 부적합하다는 단점이 있다.

**표 8-6** 예산체계 모형

| 모형<br>특성 | 품목별예산(LIB) | 성과주의예산(PB) | 계획예산(PPBS) | 영기준예산(ZBB) |
|---|---|---|---|---|
| 정의 | •구입하고자 하는 물품 또는 서비스별로 편성하는 예산(투입 중심 예산) | •활동을 기능별 또는 프로그램별로 구분한 후에 이를 다시 세부 프로그램으로 나누고 각 프로그램의 단위원가와 업무량을 계산하여 편성하는 예산(과정 중심 예산) | •목표 달성을 위한 장기적 기본 계획을 수립하고 기본 계획을 연차적으로 실행하기 위하여 프로그램별로 편성하는 예산(산출 중심 예산) | •전년도 예산을 전혀 고려하지 않고 계속 프로그램 또는 신규 프로그램의 정당성을 매년 새로이 마련하고 다른 프로그램과의 경쟁적 기반 위에서 우선순위를 정하여 편성하는 예산 |
| 특징 | •전년도 예산이 주요 근거가 됨<br>•회계계정별로 구입 품목별로 편성<br>•통제적 기능이 강함<br>•회계자에 유리한 예산임 | •단위원가×업무량=예산으로 계산함<br>•장기적 계획을 고려하지 않음<br>•효율성을 중시함<br>•관리자에 유리한 예산임 | •장기적 계획과 단기적 예산편성을 구체적인 실행계획을 통하여 유기적으로 연결시킴<br>•장기적 계획을 전제로 함<br>•목표를 분명히 하고 달성을 강조함<br>•계획기능이 강함<br>•계획자에 유리한 예산임 | •매년 프로그램 목표와 수행능력을 새로 고려함<br>•목표 달성을 위한 다양한 프로그램을 고려함<br>•사업의 비교평가에 기초하여 우선순위를 정하여 프로그램을 선택함<br>•성과(결과)의 한계 증가량에 관심을 둠<br>•의사결정 기능이 강함<br>•소비자에게 유리한 예산임 |

| 모형<br>특성 | 품목별예산(LIB) | 성과주의예산(PB) | 계획예산(PPBS) | 영기준예산(ZBB) |
|---|---|---|---|---|
| 장점 | •지출 근거를 명확히 하므로 예산 통제에 효과적임<br>•회계에 용이함 | •목표와 프로그램을 분명히 이해할 수 있음<br>•자금분배를 합리적으로 할 수 있음<br>•프로그램의 효율성을 기할 수 있음 | •목표와 프로그램을 분명히 이해할 수 있음<br>•자금분배를 합리적으로 할 수 있음<br>•장기적 프로그램 계획을 신뢰할 수 있음<br>•프로그램 계획과 예산 수립의 괴리를 막을 수 있음<br>•프로그램의 효과성을 높일 수 있음 | •예산절약과 프로그램의 쇄신에 기여함<br>•재정운영과 자금배분의 탄력성을 기할 수 있음<br>•관리에의 참여를 확대할 수 있음<br>•자금의 배분을 합리화할 수 있음<br>•프로그램의 효율성과 효과성을 기할 수 있음 |
| 단점 | •예산의 신축성을 저해할 우려있음<br>•예산증대의 정당성 부여의 근거가 희박함<br>•결과나 목표 달성에 대한 고려부족<br>•프로그램 내용을 알기 어려움<br>•효율성을 무시함 | •예산 통제가 어려움<br>•비용산출의 단위 설정과 비용 책정이 어려움<br>•효과성이 무시됨 | •목표 설정이 어려움<br>•결과에만 치중하므로 과정을 상대적으로 무시함<br>•권력과 의사결정이 중앙집권화될 경향이 있음 | •효과적으로 의사소통, 의사결정, 프로그램평가에 대한 관리자의 훈련이 필요함<br>•정치적·심리적 요인을 무시함<br>•장기계획에 의한 프로그램 수행이 곤란함 |

출처: 최성재·남기민(2002)

## 5) 예산편성의 과정

예산편성은 조직목표를 달성하기 위해 소요되는 비용을 추정해 내는 과정으로서 사회복지조직의 예산편성은 정치적인 과정이며, 조직 활동의 기획 및 관리 과정이다.

사회복지조직에서 예산은 주로 하부단위에서 지출예산을 수립하여 상부단위로 제출하며 최고책임자에게 제출한다. 최고책임자는 예산편성지침을 하부단위에 하달하며 각 단위에서 이 지침에 의거하여 예산을 편성하는 절차를 밟고 있으며 구체적인 예산편성의 과정을 살펴보면 다음과 같다(최성재·남기민, 2002).

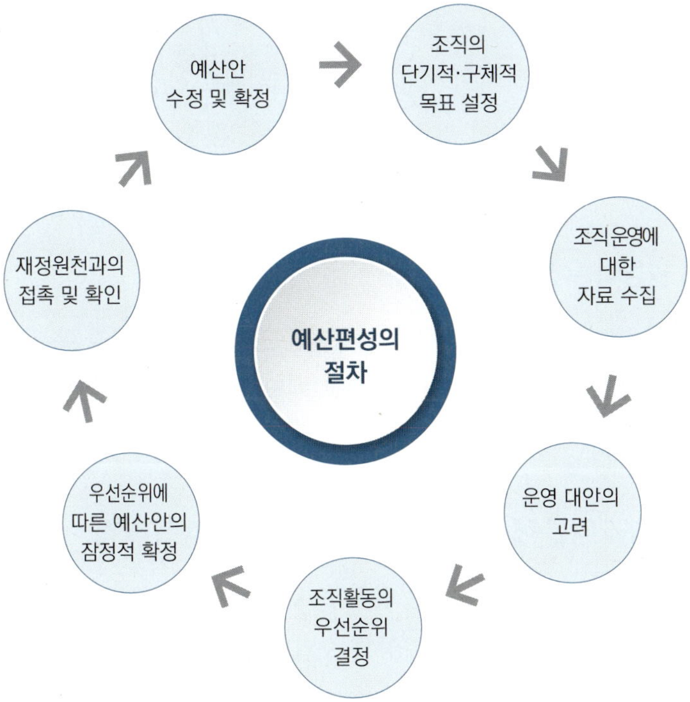


그림 8-3 예산편성의 과정

### (1) 조직의 단기적·구체적 목표 설정

조직의 단기적 목표는 장기적 일반목표와 부합되는지 또는 새로운 단기적 목표를 설정하는 경우 장기적 일반목표와 관계는 어떤지를 명시해야 한다. 조직의 단기적·구체적 목표는 그 달성의 정도를 정기적으로 평가할 수 있도록 관찰 가능하고 측정 가능하게 제시되어야 한다.

### (2) 조직 운영에 대한 자료 수집

조직의 과거 및 현재의 운영 전반에 관한 정보를 수집해야 한다. 여기에는 조직 전체, 부서별 및 개인별 업무와 프로그램 실적, 프로그램 평가, 조직 내·외의 가용자원, 재정 사항 등에 관한 정보가 포함해야 한다.

### (3) 운영 대안의 고려

수집된 정보를 기초로 하여 조직의 기존목표 및 새로 설정된 목표 달성을 위해 가능한 대안을 생각해 보는 것이 필요하다. 기존의 운영방법이나 프로그램의 효율성과 효과성뿐만 아니라 새로운 대안의 효율성과 효과성을 검토해 보아야 한다.

### (4) 조직 활동의 우선순위 결정

각각의 운영 대안들을 비교·검토하여 조직의 장기적 및 단기적 목표와의 관련성, 조직으로서의 필요성·시급성·효과성·효율성·재정가용성 등을 비교하여 우선순위를 정한다.

### (5) 우선순위에 따른 예산안(지출 및 수입 예산)의 잠정적 확정

우선순위에 따라 지출예산을 운영 단위, 프로그램 단위, 기능 단위에 배정하여 지출 예산안을 잠정적으로 확정하되 다양한 수입원에 대한 정보를 수집하여 재정자원의 동원 가능성을 검토, 지출예산을 잠정적으로 확정한다.

### (6) 재정원천과의 접촉 및 확인

잠정적으로 확정된 예산안을 가지고 가능하다고 생각되는 재정원천과 접촉하여 수입을 확인해야 한다. 이러한 일은 조직의 행정책임자 또는 관련 직원뿐만 아니라 임원도 참여해야 한다. 그러나 사회복지법인 운영에 있어 이사회 및 이사의 역할이 형식적이고 유명무실한 경우 문제가 된다. 이사의 주요 역할 중의 하나는 재정자원을 확보하는 일이라는 것에 유의해야 할 것이다.

### (7) 예산안 수정 및 확정

재정원천과 접촉하여 수입의 확인이 이루어지면 수입예산 및 지출예산을 수정(삭감 또는 증액)하여 최종적으로 예산안을 확정하고 이사회에 제출하여 승인을 얻도록 한다.

「사회복지법인 및 사회복지시설 재무·회계 규칙」을 따르는 사회복지법인의 경우

예산편성 및 결정 절차를 살펴보면 법인의 대표이사는 회계연도 개시 1개월 전까지 예산편성 요령을 정하고, 이를 바탕으로 예산을 편성하여 이사회의 의결을 거쳐 확정하고, 이를 매 회계연도 개시 5일 전까지 관할 시장·군수·구청장에게 제출해야 한다. 시장·군수·구청장은 예산을 제출받은 때에는 20일 이내에 법인과 시설의 회계별 세입·세출 예산을 시·군·구의 게시판에 20일 이상 공고하고, 법인의 대표이사로 하여금 해당 법인 및 시설의 게시판과 인터넷 홈페이지에 20일 이상 공고하도록 한다.

예산에 첨부되어야 할 서류는 다음과 같다. 단, 단식부기로 회계를 처리하는 경우에는 추정대차대조표와 추정수지계산서는 첨부하지 않는다.

① 예산 총칙
② 세입·세출명세서
③ 추정대차대조표
④ 추정수지계산서
⑤ 임직원 보수 일람표
⑥ 당해예산을 의결한 이사회 회의록 또는 해당 예산을 보고받은 시설운영위원회 회의록 사본 등

### 6) 예산의 내용

예산의 내용은 세입과 세출로 구성되며, 세입과 세출은 '예산총계주의 원칙'에 의거하여 모두 예산에 계상하여야 한다. 세입은 사업수입, 정부보조금, 후원금 등으로 구성되며, 세출은 사무비, 재산조성비, 사업비 등으로 구성된다. 세입·세출 명세서를 살펴보면 다음과 같다.

**표 8-7** 세입·세출 명세서 예시

| 과목 | | | 전년도 예산액 | 당해 연도 예산액 | 증감 | 산출근거 |
|---|---|---|---|---|---|---|
| 관 | 항 | 목 | | | | |
| | | | | | | |

예산은 「사회복지법인 및 사회복지시설 재무·회계 규칙」에 의거 세입·세출예산과목 구분에 의해 편성된다. 과목 구분은 법인회계, 시설회계, 복지관 등 시설회계, 어린이집 시설회계 등으로 나누어 세입예산과목과 세출예산과목으로 구분하여 운용되고 있으며, 참고로 시설회계의 세입예산과 세출예산의 예산과목을 살펴보면 다음과 같다.

**표 8-8** 시설회계 세입·세출예산과목 구분 예시

<table>
<tr><th colspan="3">세입예산과목 구분</th><th colspan="3">세출예산과목 구분</th></tr>
<tr><th>관</th><th>항</th><th>목</th><th>관</th><th>항</th><th>목</th></tr>
<tr><td rowspan="3">01 입소자 부담금 수입</td><td rowspan="3">11 입소비용 수입</td><td rowspan="3">111 OO수입</td><td rowspan="3">01 사무비</td><td>11 인건비</td><td>111 급여<br>112 상여금<br>113 일용잡급<br>115 퇴직금 및 퇴직적립금<br>116 사회보험 부담금<br>117 기타 후생경비</td></tr>
<tr><td>12 업무 추진비</td><td>121 기관운영비<br>122 직책보조비<br>123 회의비</td></tr>
<tr><td>13 운영비</td><td>131 여비<br>132 수용비및 수수료<br>133 공공요금<br>134 제세공과금<br>135 차량비<br>136 기타 운영비</td></tr>
<tr><td>02 사업수입</td><td>21 사업수입</td><td>211 OO수입</td><td>02 재산 조성비</td><td>21시설비</td><td>211 시설비<br>212 자산취득비<br>213 시설장비유지비</td></tr>
<tr><td>03 과년도 수입</td><td>21 과년도 수입</td><td>311 과년도 수입</td><td>03 사업비</td><td>31 운영비<br>32 교육비<br>33 ○○ 사업비</td><td>311 생계비<br>312 수용기관 경비<br>313 피복비<br>314 의료비<br>315 장의비<br>316 직업재활비<br>317 자활사업비<br>321 수업료<br>322 학용품비<br>323 도서구입비<br>324 교통비<br>325 급식비</td></tr>
</table>

| 세입예산과목 구분 | | | 세출예산과목 구분 | | |
|---|---|---|---|---|---|
| 관 | 항 | 목 | 관 | 항 | 목 |
| 03 과년도 수입 | 21 과년도 수입 | 311 과년도 수입 | 03 사업비 | 31 운영비<br>32 교육비<br>33 ○○ 사업비 | 326 학습지원비<br>327 수학여행비<br>328 교복비<br>329 이미용비<br>330 기타교육비<br>331 의료재활 사업비<br>332 사회심리 재활사업비<br>333 교육재활 사업비<br>334 직업재활 사업비<br>335 ○○ 사업비 |
| 04 보조금 수입 | 41 보조금 수입 | 411 국고보조금<br>412 시·도보조금<br>413 시·군·구 보조금<br>414 기타 보조금 | 04 전출금 | 41 전출금 | 411 법인회계전출금 |
| 05 후원금 수입 | 51 후원금 | 511 지정후원금<br>512 비지정후원금 | 05 과년도 지출 | 51 과년도 지출 | 511 과년도지출 |
| 06 요양급여 수입 | 61 요양급여 수입 | 611 장기요양 급여수입 | 06 상환금 | 61 부채 상환금 | 611 원금상환금<br>612 이자지불금 |
| 07 차입금 | 71 차입금 | 711금융기관 차입금<br>712 기타 차입금 | 07 잡지출 | 71 잡지출 | 711 잡지출 |
| 08 전입금 | 81 전입금 | 811 법인전입금<br>812 법인전입금(후원금) | 08 예비비 및 기타 | 81 예비비 및 기타 | 811 예비비<br>812 반환금 |
| 09 이월금 | 91 이월금 | 911 전년도이월금<br>912 전년도이월금(후원금)<br>913 이월사업비 | | | |
| 10 잡수입 | 101 잡수입 | 1011 불용품매각대<br>1012 기타예금이자수입<br>1013 기타 잡수입 | | | |

출처: 법제처

## 7) 예산의 집행

예산집행이란 세입·세출 예산안이 담고 있는 정책 목표와 프로그램을 성취하는 데 필요한 수입과 지출을 실행하는 일체의 행위를 말한다(강종수, 2011). 예산의 집행은 수입과 지출에 관한 단순한 관리나 통제로서의 의미뿐만 아니라 회계의 통제, 프로그램

관리 통제, 인사관리의 통제, 제공된 서비스의 통제, 관리행위의 통제라는 의미도 가지고 있다(최성재·남기민, 2000). 원활한 조직 활동을 위해서는 적절한 시기에 예산이 충분히 조달되어야 하나 그렇지 못한 경우가 발생함에 따라 인위적으로 예산을 통제할 필요가 있으며 예산집행을 통제하는 방법은 다음과 같다(Weiner, 1990).

① 분기별 할당: 예산의 수입과 지출을 분기별로 조정하여 수입과 지출의 균형을 유지할 필요가 있을 때 분기별 할당을 통하여 수지의 균형을 유지한다.

② 지출의 사전 승인: 사회복지조직에서 일정액 이상의 지출을 할 경우 사전승인을 받도록 하는 것이 일반적이다. 이와 같은 사전승인은 수입과 지출의 균형을 유지하는 데 도움이 되고 때때로 승인을 의도적으로 연기하여 지출을 억제할 수도 있다.

③ 자금지출의 취소: 예상된 재정원천으로부터 예상된 수입액이 입금되지 않을 경우는 자금지출을 잠정적으로 취소하거나 또는 최종적으로 취소할 수 있다.

④ 정기적 보고: 행정책임자는 월별, 분기별로 재정현황을 보고받아 검토하여야 한다. 보고서의 내용은 수입지출 현황, 변제비용, 인원당 비용, 기능별 비용, 서비스 단위당 비용 등이 포함된다.

⑤ 대체: 회계연도 말쯤에 재정현황이 사업별 또는 계정별로 과도지출이 되었거나 과소지출이 된 경우에는 과소지출분에서 과다지출분을 메우기 위하여 대체할 필요가 있다.

⑥ 지불연기: 이 방법은 조직의 내외로부터의 지출 요청에 대하여 의도적으로 적당한 방법을 통해 연기를 함으로써 수입예산이 입금되기까지 여유를 갖는 것이다. 특히 지불연기로 벌칙이나 벌금이 없는 경우는 요청자의 양해를 얻어 최대한으로 지불연기를 할 수 있다.

⑦ 차용: 차용은 은행 또는 특별단체로부터 자금을 빌리는 것을 말한다. 수입예산이 계획대로 확보되지 않을 경우 불가피한 지출을 위해서는 일반적으로 은행, 사회복지 관련 기관·단체 또는 정부기관으로부터 장기적 또는 단기적으로 자금을 대여할 필요가 있다.

위와 같이 예산을 통제할 필요가 있을 때 예산을 통제하는 원칙은 다음과 같다.

**표 8-9 예산통제의 원칙**

| 원칙 | 내용 |
|---|---|
| 개별화의 원칙 | 예산통제는 개별 기관 그 자체의 특성에 맞게 고안되어야 한다. |
| 강제성의 원칙 | 예산통제 체계는 강제성을 띠는 명시적인 규정이 있어야 한다. |
| 예외성의 원칙 | 규칙에는 반드시 예외 사항을 고려하여야 하고 그러한 상황에 적용되는 다른 규칙도 명시되어야 한다. |
| 보고의 원칙 | 예산통제체계는 재정 상황을 정기적으로 보고하여야 한다. |
| 개정의 원칙 | 일정한 기간이 지난 후에는 규칙을 새로 개정할 수 있어야 한다. |
| 효율성의 원칙 | 예산통제는 비용과 노력을 최소화하는 정도에서 이루어질 수 있어야 한다. |
| 의미의 원칙 | 효과적인 통제가 되기 위해서는 규칙, 기준, 의사소통 및 계약 등은 관계되는 모든 사람들에게 동일하게 전달되어야 한다. |
| 환류의 원칙 | 예산통제 체계에 관한 규칙, 기준, 의사소통, 계약 등을 적용할 때 발생할 수 있는 여러 가지의 부작용 및 장단점 등을 관련자들로부터 들어서 개정과 개선의 기초가 되어야 한다. |
| 생산성의 원칙 | 서비스 전달이라는 생산성에 장애와 갈등이 발생하지 않도록 서비스가 효과적이고 효율적으로 전달되어야 한다. |

## 8) 결산

결산이란 한 회계연도 내에 있어서의 모든 수입과 지출을 확정적인 계수로 표시하는 절차이다. 세입·세출 결산보고서는 법인은 대표이사, 시설은 시설장이 작성하므로 예산집행의 마무리 단계라고 볼 수 있다. 사회복지조직에서 결산이 필요한 것은 법인 이사회의 의도대로 법인 및 시설이 예산을 집행하였는가를 규명하고 결산의 결과를 다음 연도의 예산에 반영하기 위한 것이다.

결산서의 작성 제출은 법인의 대표이사 및 시설의 장은 법인회계와 시설회계의 세입·세출 결산보고서를 작성하여 각각 이사회의 의결 및 시설운영위원회에의 보고를 거친 후 다음 연도 3월 31일까지(「영유아보육법」 제2조에 따른 어린이집의 경우에는 5월 31일까지) 시장·군수·구청장에게 제출(「사회복지사업법」 제6조의2제2항에 따른 정보시스템을 활용한 제출을 포함)해야 한다. 다만, 법인이 설치·운영하는 시설인 경우에는 시설운영위원회에 보고한 후 법인 이사회의 의결을 거쳐 제출한다.

시장·군수·구청장은 「사회복지법인 및 사회복지시설 재무·회계 규칙」 19조제1항에 따라 결산보고서를 제출받은 때에는 20일 이내에 법인 및 시설의 세입·세출결산서를 시·군·구의 게시판과 인터넷 홈페이지에 20일 이상 공고하고, 법인의 대표이사 및 시설의 장으로 하여금 해당 법인 및 시설의 게시판과 인터넷 홈페이지에 20일 이상 공고하도록 한다. 「사회복지법인 및 사회복지시설 재무·회계 규칙」 19조제2항에 따른 공고는 「사회복지사업법」 제6조의2제2항에 따른 정보시스템에 게시하거나 「영유아보육법」 제49조의2제1항에 따라 공시하는 것으로 갈음할 수 있다.

결산서에 첨부하여야 할 서류를 살펴보면 다음과 같다.

① 세입·세출결산서
② 과목 전용조서
③ 예비비 사용조서
④ 대차대조표
⑤ 수지계산서
⑥ 현금 및 예금명세서
⑦ 유가증권명세서
⑧ 미수금명세서
⑨ 재고자산명세서
⑩ 기타 유동자산명세서(제6호 내지 제9호의 유동자산 외의 유동자산을 말한다)
⑪ 고정자산(토지·건물·차량운반구·비품·전화가입권)명세서
⑫ 부채명세서(차입금·미지급금을 포함한다)
⑬ 제충당금명세서
⑭ 기본재산수입명세서(법인만 해당한다)
⑮ 사업수입명세서
⑯ 정부보조금명세서
⑰ 후원금수입명세 및 사용결과보고서(전산파일을 포함한다)

⑱ 후원금 전용계좌의 입출금내역

⑲ 인건비명세서

⑳ 사업비명세서

㉑ 기타비용명세서(인건비 및 사업비를 제외한 비용을 말한다)

㉒ 감사보고서

㉓ 법인세 신고서(수익사업이 있는 경우에 한한다)

## 03 회계 및 회계감사

### 1) 회계의 개념

회계는 금전 거래 등 조직의 재정적 거래를 분류하여 기록하고, 그 결과를 해석하는 표준화되고 요약된 방법이다. 회계는 재정적 거래를 분류, 기록, 요약하고 그 결과를 해석한다. 회계는 목적에 따라 재무회계와 관리회계로 구분되는데 재무회계(financial accounting)란 내부 및 외부 정보 이용자의 경제적 의사결정에 필요한 재무상태, 경영 성과, 현금 흐름의 변동 등의 내용을 일정 기간 동안의 수입과 지출 사항을 기록하여 보고하는 것이다. 주요 내용으로는 거래자료 기록, 시간표 작성, 분개 작성, 결산 등이 있다. 관리회계(managerial accounting)란 행정책임자가 행정적인 의사결정을 하는데 필요한 모든 재정관계 자료를 정리하는 것으로 미래 상황에 대한 예측을 가능케 하는 예산단위의 비용을 계산하여 예산의 실행성과를 분석한다.

재무회계와 관리회계의 비교해 보면 다음과 같다.

**표 8-10 재무회계와 관리회계의 비교**

| 기준 | 재무회계 | 관리회계 |
|---|---|---|
| 정보 이용자 | 외부 이해관계자 | 내부 의사결정자 |
| 정보 내용 | 재무 상태, 경영 성과, 현금 흐름의 변동 | 관리적 의사결정과 통제에 유용한 정보 모두 |
| 거래의 성격 | 과거의 거래 | 미래 상황에 대한 예측 |
| 작성 기준 | 일반적으로 안정된 회계 원칙 | 의사결정에 필요한 합리성 |

출처: 강종수(2019)

## 2) 주요 회계활동

회계의 주요한 활동을 보면 크게 3단계로 진행된다. 기록 업무, 회계정리 업무, 재정보고서 작성 및 보고 업무 등이 있다. 구체적으로 살펴보면 다음과 같다.

① 기록 업무: 금전적인 수입과 지출에 관한 다양한 기록 장부를 마련하고 회계원칙에 따라 장부에 기록하는 일이다. 수입과 지출이 발생한 경우에 분개장과 보조부에 기록하고, 분개장의 기록을 총계정 원장에 옮겨 적어서 시산표 작성 및 정리분개를 하여 정산표를 작성하든가 혹은 대차대조표, 손익계산서, 이익잉여금 처분계산서, 재무상태 변동표 등 재무제표를 작성한다.

② 정리 업무: 장부에 기록된 회계사항을 월별, 분기별로 정리하는 업무인데 이는 주기적으로 재정 상태를 파악하기 위한 재정보고서 작성을 위해서도 반드시 필요한 절차이다.

③ 재정보고서 작성 및 발행: 사회복지조직의 재정 상태를 정기적으로 파악하기 위하여 월별, 분기별의 재정보고서를 작성하여 시설 내부 및 이사회에 보고한다. 회계연도 말에는 1년분의 수입지출 현황을 알 수 있는 적절한 양식의 보고서를 작성하여 정부기관 및 이사회에 보고한다. 재정지원 조직이나 개인에게도 보고하거나 공개하여 그들이 제공한 재정자원이 어떻게 사용되었는지를 알려주는 것이 바람직하다. 재정보고서와 병행하여 사업실적 보고서도 만들어 보고하는 것이 바람직하다(최성재·남기민, 2002).

### 3) 회계감사

회계감사란 조직의 수입·지출의 결과에 관련된 사실을 확인하고 검증하여 이를 보고하기 위하여 장부 및 기타 기록을 체계적으로 검사하는 것을 말한다. 사회적으로 할당된 자원들에 대한 청지기로서의 조직이나 프로그램이 그 역할을 적합하게 수행하고 있는지를 확인하는 작업이다(김영종, 2003). 회계감사는 결산과 더불어 예산 과정 중의 마지막 과정으로서, 예산을 정확하게 그리고 효율적으로 집행하기 위해서 필요하다. 즉, 회계감사란 회계제도(accounting system)가 정확하게 활용되고 있는가를 검증하는 것이다(Thomas, 1979).

사회복지기관의 경우 감사는 지출과 수입에 대한 회계관리의 전반적 검사를 통하여 오류 및 부정행위를 발견하고 그 정확성을 확보하고자 하는 행위를 뜻한다(McLaughlin, 1995). 이처럼 사회복지법인과 시설에 대한 회계감사는 「사회복지법인 및 사회복지시설 재무·회계 규칙」 42조 1항과 2항 규정에 의해 매년 1회 이상 감사를 실시하여야 한다. 법인의 대표이사는 시설의 장과 수입원 및 지출원이 사망하거나 경질되는 경우에는 그 관장에 속하는 수입, 지출, 재산, 물품 및 현금 등의 관리상황을 감사로 하여금 감사하게 하여야 한다. 규정에 의하여 감사를 한 때는 감사보고서를 작성하여 당해법인의 이사회에 보고하여야 하며, 재산상황 또는 업무집행에 관하여 부정 또는 불비한 점이 발견된 때에는 시장·군수·구청장에게 보고하여야 하며 감사보고서에는 감사가 서명 또는 날인해야 한다.

사회복지행정 관리자들은 재정관리에 대해 어느 정도의 지식을 갖추어야 회계감사에 적절히 대처할 수 있다. 이는 감사나 평가의 과정에서 사회복지조직 및 사회복지사들의 이익을 위해서가 아니라 사회복지 대상자들의 이익을 대변하여야 하기 때문이다. 아울러 회계감사는 사회복지조직의 재무·회계의 명확성과 공정성 확보 및 사회복지조직 내·외부로부터의 지지를 얻을 수 있는 좋은 기회가 되기도 한다(강용규 외, 2007).

## 4) 회계감사의 유형

회계감사의 유형은 감사를 실시하는 주체, 대상조직, 영역에 따라 구분할 수 있다. 구체적으로 살펴보면 다음과 같다.

**표 8-11 회계감사의 유형**

| 유형 | 구분 | 내용 |
|---|---|---|
| 주체 | 내부 감사 | 조직의 내부인 중 최고 행정책임자 또는 다른 중간 행정책임자가 행하는 감사 |
| | 외부 감사 | 조직 외부의 독립된 회계기관, 회계사, 정부의 업무감독 기관에서 행하는 감사 |
| 대상 조직 | 정부기관에 대한 감사 | 정부의 감독관청 및 감사원이 행하는 감사 |
| | 법인에 대한 감사 | 법인에서 지정한 외부의 회계기관 또는 정부의 감독관청이 행하는 감사 |
| | 사회복지조직에 대한 감사 | 당해법인, 외부 회계기관 및 감독관청이 행하는 감사 |
| 영역 | 규정순응감사 | 대부분 기관의 재정적 운영이 적절한 회계 절차에 따라 시행되었는지, 재정이나 다른 보고서들이 적절하게 준비되었는지, 기관에 적용된 각종 규칙과 규제들에 기관이 적절하게 따랐는지를 확인하는 것에 목적을 둠 |
| | 운영회계감사 | 바람직한 프로그램 결과가 성취되었는지의 여부, 목표들은 어느 정도의 경제성과 효율성으로 성취되었는지 등과 같은 문제들에 관심을 둠 |

### ① 내부 감사와 외부 감사

내부 감사는 조직 내부 구성원이 감사를 실시하는 것이다. 내부 상황을 잘 알고 있어 정확한 감사를 할 수 있다는 장점이 있지만, 감사하는 이가 조직 내부에 있기 때문에 조직구성원이나 이해관계의 입김에서 자유롭지 못하다는 한계가 있다. 또한 주관적인 감사가 진행될 확률이 높아 객관성이 많이 떨어진다.

외부 감사는 조직 외부 구성원이 감사를 실시하는 것이다. 감사하는 이가 조직 외부에 있기 때문에 공정하게 감사를 실시할 수 있지만 조직의 내부 상황을 잘 알지 못할 경우 감사가 피상적 수준에 그칠 수 있다는 한계가 있다.

### ② 규정순응감사와 운영회계감사

규정순응감사(compliance audit)는 다른 말로 재정감사(financial audit)라고도 한다.

이 감사는 기관의 재정 운영이 적절한 회계 절차에 따라 시행되었는지, 재정이나 다른 보고서가 적절하게 준비되었는지, 기관에 적용된 각종 규칙과 규제를 적절하게 따랐는지 등을 모니터링하는 데 목적이 있다. 이는 기관이나 프로그램이 규칙과 규제를 잘 따르면 경제적이고 효율적인 서비스 생산을 할 수 있을 것이라는 전제에서 출발한다. 이때 다양한 자금원천으로부터 현물·현금 지원을 받은 경우 자금을 제공하는 곳마다 요구하는 감사 자료가 다르기 때문에 자금원천 기관별로 따로 감사에 대비해야 한다.

하지만 규칙에 따라 잘 순응했다 하더라도 성과평가에서 효율성이 낮게 평가될 수 있다. 또한 규칙에만 충실하다 보면 오히려 탄력성을 잃어 생산의 효율성이 떨어질 수도 있다. 따라서 단순히 규정의 순응 여부만을 따지는 감사는 실제로 업무가 효과적 혹은 효율적으로 추진되었는지의 여부에 관심을 두지 않는다는 데 문제가 있다. 그러므로 이러한 감사 방법은 자칫 지나치게 형식적이고 딱딱한 사회복지행정을 만들어 내는 원인으로 작용할 수 있다.

운영회계감사(operational audit)는 예산과 관련하여 의도했던 프로그램 결과가 달성되었는지, 목표가 어느 정도의 경제성과 효율성으로 성취되었는지 등과 같은 문제에 관심을 가지고 규정순응감사의 약점을 보완하는 감사 방법이다. 운영회계감사를 위해서는 적어도 성과주의 예산이나 프로그램 예산과 같은 예산 형식을 갖추어야 한다. 그래야 목표 자체가 달성되었는지, 혹은 얼마만큼의 산출물이 예정했던 비용과 연계해서 발생했는지 등을 판단할 수 있기 때문이다.

운영회계감사는 규정순응감사보다 더 폭넓은 지식과 기술을 필요로 한다. 프로그램의 비효율성에 대한 원인을 파악하기 위해서는 사회복지 전문직이 감사 과정에 적극적으로 참여하는 것이 필요하다. 사회복지서비스의 규정과 목적, 그것을 실행하는 데 필요한 적절한 개입기술 등에 대한 판단은 단순히 회계전문가의 노력만으로는 불가능하기 때문이다. 따라서 사회복지행정가는 재정관리에 대해 전문적이지는 않더라도 기초 지식만큼은 갖추고 있어야 한다(생각의마을, 2017).

## 04 사회복지법인 및 사회복지시설 재무·회계 규칙

이 규칙은 「사회복지사업법」 제23조제4항, 제34조제3항, 제45조제2항 및 제51조제2항의 규정에 의하여 사회복지법인 및 사회복지시설의 재무·회계, 후원금관리 및 회계감사에 관한 사항을 규정하여 재무·회계, 후원금관리 및 회계감사의 명확성·공정성·투명성을 기함으로써 사회복지법인 및 사회복지시설의 합리적인 운영에 기여함을 목적으로 제정되었다.

사회복지법인 및 사회복지시설에서 재정관리의 기본이 되는 「사회복지법인 및 사회복지시설 재무·회계 규칙」의 주요 내용을 살펴보면 다음과 같다.

### 1) 총칙

① 회계연도: 법인 및 시설의 회계연도는 정부의 회계연도에 따른다. 다만, 「영유아보육법」 제2조에 따른 어린이집의 회계연도는 매년 3월 1일에 시작하여 다음 연도 2월 말일에 종료한다.

② 출납기한: 1회계연도에 속하는 법인 및 시설의 세입·세출의 출납은 회계 연도가 끝나는 날까지 완결하여야 한다.

③ 회계의 구분: 법인의 회계는 법인회계, 해당 법인이 설치·운영하는 시설의 시설회계 및 수익사업회계로 구분하여야 하며, 시설의 회계는 해당 시설의 시설회계로 한다.

④ 정보통신매체에 의한 재무·회계처리: 법인 및 시설의 재무·회계업무의 효율성 및 투명성을 높이기 위하여 「사회복지사업법」 제6조의2제2항에 따른 정보시스템으로서 법인 및 시설의 재무회계를 처리하기 위한 정보시스템을 구축·운영할 수 있다.

## 2) 예산과 결산

① 세입·세출의 정의: 1회계연도의 모든 수입을 세입으로 하고, 모든 지출을 세출로 한다.

② 예산총계주의원칙: 세입과 세출은 모두 예산에 계상하여야 한다.

③ 준예산: 회계연도 개시 전까지 법인 및 시설의 예산이 성립되지 못한 때에는 법인 및 시설의 대표가 시장·군수·구청장에게 그 이유를 보고하고 예산이 성립될 때까지 다음의 경비를 전년도 예산에 준하여 집행할 수 있다.

④ 추가경정예산: 법인 및 시설은 예산성립 후에 생긴 이유로 이미 성립된 예산에 변경을 해야 할 필요가 있을 때 규정에 의한 절차에 준하여 추가경정예산을 편성·확정할 수 있다. 이 경우 노인장기요양기관의 장은 「노인장기요양보험법」 제38조제4항에 따라 장기요양급여비용 중 그 일부를 보건복지부장관이 정하여 고시하는 비율에 따라 인건비로 편성할 수 있다.

⑤ 예산의 목적 외 사용금지: 법인회계 및 시설회계의 예산은 세출예산이 정한 목적 외에 사용하지 못한다.

⑥ 예산의 전용: 법인 및 시설은 관·항·목 간의 예산을 사용할 수 있다. 다만, 법인 및 시설(소규모 시설은 제외)의 관 간 전용 또는 동일 관 내의 항 간 전용을 하려면 이사회의 의결 또는 시설운영위원회에의 보고를 거쳐야 하되, 법인이 설치·운영하는 시설인 경우에는 시설운영위원회에 보고한 후 법인 이사회의 의결을 거쳐야 한다. 예산총칙에서 전용을 제한하고 있거나 이사회 및 시설 예산심의 과정에서 삭감한 관·항·목으로는 전용해서는 안 되며, 노인장기요양기관의 장은 예산을 전용할 때에는 「노인장기요양보험법」 제38조제4항에 따라 장기요양급여비용 중 그 일부를 보건복지부장관이 정하여 고시하는 비율에 따라 인건비로 편성해야 한다.

**표 8-12 과목전용조서**

| 과목전용조서 | | | | | | | | | | |
|---|---|---|---|---|---|---|---|---|---|---|
| 과목 | | | 전용 연월일 | 예산액 (1) | 전용액 (2) | 예산현액 (1+2=3) | 지출액 (4) | 불용액 (3-4) | 전용 사유 |
| 관 | 항 | 목 | | | | | | | |
| | | | | | | | | | |

⑦ 결산서의 작성 제출: 법인 및 시설은 법인회계와 시설회계의 세입·세출 결산보고서를 작성하여 각각 이사회의 의결 및 시설운영위원회에 보고를 거쳐 보고한다. 법인이 설치·운영하는 시설인 경우에는 시설운영위원회에 보고한 후 법인 이사회의 의결을 거쳐 제출하면 된다.

**표 8-13 세입·세출결산서**

| 세입·세출결산서(시설용) | | | | | | | |
|---|---|---|---|---|---|---|---|
| 과목 | | | 구분 | 정부 보조금 | 시설 부담금 | 후원금 | 계 |
| 관 | 항 | 목 | | | | | |
| | | | 예산 | | | | |
| | | | 결산 | | | | |
| | | | 증감 | | | | |
| | | 합계 | 예산 | | | | |
| | | | 결산 | | | | |
| | | | 증감 | | | | |
| | 합계 | | 예산 | | | | |
| | | | 결산 | | | | |
| | | | 증감 | | | | |
| 총계 | | | 예산 | | | | |
| | | | 결산 | | | | |
| | | | 증감 | | | | |

시장·군수·구청장은 제1항에 따라 결산보고서를 제출받은 때에는 20일 이내에 법인 및 시설의 세입·세출결산서를 시·군·구의 게시판과 인터넷 홈페이지에 20일 이상 공고하며, 법인 및 시설로 하여금 해당 법인 및 시설의 게시판과 인터넷 홈페이지에 20일 이상 공고하도록 한다.

### 3) 회계

① 수입 및 지출사무의 관리: 법인 및 시설은 법인과 시설의 수입 및 지출에 관한 사무를 관리하고, 수입 및 지출원인행위에 관한 사무를 각각 소속직원에게 위임할 수 있다.

② 수입과 지출의 집행기관: 법인과 시설에는 수입과 지출의 현금출납업무를 담당하게 하기 위하여 각각 수입을 담당하는 종사자와 지출을 담당하는 종사자를 둔다. 다만, 법인 또는 시설의 규모가 소규모인 경우에는 수입원과 지출원을 동일인으로 할 수 있다.

③ 회계의 방법: 회계는 단식부기를 사용한다. 다만, 법인회계와 수익사업회계에 있어서 복식부기의 필요가 있는 경우에는 복식부기를 사용한다.

④ 장부의 종류: 법인 및 시설에는 현금출납부, 총계정원장, 재산대장, 비품관리대장 등 회계장부를 둔다.

⑤ 수입금의 수납: 모든 수입금의 수납은 금융기관에 예입시키는 경우를 제외하고는 수입원이 아니면 수납하지 못한다. 수입원이 수납한 수입금은 반드시 그 다음날까지 금융기관에 예입해야 한다.

⑥ 지출의 원칙: 지출은 지출사무를 관리하는 자 및 그 위임을 받아 지출명령이 있는 것에 한하여 지출원이 행한다. 지출명령은 예산의 범위 안에서 진행해야 한다.

⑦ 지출의 방법: 지출은 상용의 경비 또는 소액의 경비지출을 제외하고는 예금통장에 의하거나 「전자문서 및 전자거래 기본법」 제2조제5호에 따른 전자거래로 진행해야 한다. 다만, 시설에 지원되는 국가 또는 지방자치단체의 보조금 지출은 보조금 결제 전용카드나 전용계좌를 이용해야 한다. 지출원은 상용의 경비

또는 소액의 경비를 지출할 수 있으며, 이를 위하여 100만 원 이하의 현금을 보관할 수 있다.

### 4) 후원금의 관리

① 후원금의 범위: 「사회복지사업법」 제45조에 따라 아무런 대가 없이 무상으로 받은 금품이나 그 밖의 자산을 후원금으로 하며, 수입·지출 내용과 관리에 명확성이 확보되도록 해야 한다. 시설거주자가 받은 개인결연후원금을 당사자의 정신질환, 기타 이에 준하는 사유로 관리능력이 없어 시설의 장이 이를 관리하게 되는 경우에도 동일하다.

② 후원금의 영수증 발급: 기부금영수증 서식에 따라 후원금 영수증을 발급하여야 하며, 영수증 발급목록을 별도의 장부로 작성·비치해야 한다. 금융기관 또는 체신관서(대표적으로 우체국)의 계좌입금을 통하여 후원금을 받은 때에는 법인 또는 시설명의의 후원금전용계좌로만 사용해야 한다. 이 경우 후원자가 영수증 발급을 원하는 경우를 제외하고는 영수증의 발급을 생략할 수 있다.

③ 후원금의 수입 및 사용내용통보: 법인 및 시설은 연 1회 이상 해당 후원금의 수입 및 사용내용을 후원금을 낸 법인·단체 또는 개인에게 통보해야 한다. 이 경우 법인 및 시설이 발행하는 정기간행물 또는 홍보지 등을 이용하여 일괄 통보할 수 있다.

④ 후원금의 수입·사용결과 보고 및 공개: 결산보고서를 제출할 때에 후원금수입 및 사용결과보고서(전산파일을 포함)를 관할 시장·군수·구청장에게 제출하여야 한다. 시장·군수·구청장은 제출받은 후원금수입 및 사용결과보고서를 제출받은 날부터 20일 이내에 인터넷 등을 통하여 3개월 동안 공개하며, 법인 및 시설은 법인 및 시설의 게시판과 인터넷 홈페이지에 같은 기간 동안 공개해야 한다. 다만, 후원자의 성명(법인 등의 경우는 그 명칭)은 공개하지 않는다.

**표 8-14** 후원금 수입 및 사용결과 보고서

## 후원금수입 및 사용결과보고서

기간: 년 월 일부터
년 월 일까지

### 1. 후원금 수입명세서

| 순번 | 발생 일자 | 후원금 종류 | 후원자 구분 | | | | | 후원자 | 내역 | 금액 | 비고 |
|---|---|---|---|---|---|---|---|---|---|---|---|
| | | | | 비영리법인 구분 | 기타 내용 | 모금자 기관 여부 | 기부금단체 여부 | | | | |
| | | | | | | | | | | | |

### 2. 후원품 수입명세서

| 순번 | 발생 일자 | 후원품 종류 | 후원자 구분 | | | | | 후원자 | 내역 | 품명 | 수량/ 단위 | 상당 금액 | 비고 |
|---|---|---|---|---|---|---|---|---|---|---|---|---|---|
| | | | | 비영리 법인 구분 | 기타 내용 | 모금자 기관 여부 | 기부금단체 여부 | | | | | | |
| | | | | | | | | | | | | | |

### 3. 후원금 사용명세서

| 순번 | 사용일자 | 사용내역 | 금액 | 결연후원 금품 여부 | 산출기준 | 비고 |
|---|---|---|---|---|---|---|
| | | | | | | |

### 4. 후원품 사용명세서

| 순번 | 사용일자 | 사용내역 | 사용처 | 결연후원 금품 여부 | 수량/ 단위 | 상당 금액 | 비고 |
|---|---|---|---|---|---|---|---|
| | | | | | | | |

### 5. 후원금 전용계좌

| 금융기관 등의 명칭 | 계좌번호 | 계좌명의 |
|---|---|---|
| | | |

⑤ 후원금의 용도 외 사용금지: 후원금을 후원자가 지정한 사용용도 외의 용도로 사용하지 못한다. 보건복지부장관은 후원자가 사용용도를 지정하지 않은 비지정 후원금에 대하여 사용기준을 정할 수 있게 했으며, 후원금의 수입 및 지출은 세입·세출 예산에 편성하여 사용한다.

### 5) 감사

법인의 감사는 당해법인과 시설에 대하여 매년 1회 이상 감사를 실시해야 한다. 감사를 한 때는 감사보고서를 작성하여 당해법인의 이사회에 보고해야 하며, 재산상황 또는 업무집행에 관하여 부정 또는 불비한 점이 발견된 때에는 시장·군수·구청장에게 보고한다.

**생각 나누기**

1. 사회복지기관의 재정관리의 중요성에 대해 정리하라.
2. 예산의 원칙 여덟 가지를 설명하라.
3. 예산체계 모형 품목별 예산(LIB), 성과주의 예산(PB), 계획예산(PPBS), 영기준예산(ZBB)에 대해 설명하라.

# CHAPTER 9

# 마케팅

사회복지 현장에서는 경영학 및 타 학문 분야로부터 다양한 기관관리 기법을 받아들여 필요한 내용을 기관 운영에 적절하게 활용하고 있다. 마케팅은 기업조직의 관리 기법을 받아들인 것이지만 다른 기법과는 달리 도입 초기에 사회복지 현장에서 많은 비판과 거부감을 불러왔다. 그 이유는 마케팅을 기업의 이익을 극대화시키기 위한 상업주의적 성향이 강한 개념으로 보았기 때문이다(김형식·이영철·신준섭, 2013: 259). 그러나 시장 방식으로 작동되는 사회서비스에 대한 계획을 세울 때 마케팅은 필요하다 볼 수 있다. 사회복지조직을 포함한 비영리조직이 조직의 목적을 달성하기 위해 클라이언트 관리, 서비스의 개발, 전달, 비용, 홍보, 자금 확보 등에 있어서 영리조직의 마케팅 기법을 도입하여 이용한다면 다변화하는 사회적 환경에 부응하여 경쟁력을 확보할 수 있을 것이다.

## 01 사회복지조직 마케팅의 배경 및 개념

Social Welfare Administration

### 1) 사회복지조직 마케팅의 배경

1970년대에 복지국가의 위기로 경제적 운영 원칙이 사회복지행정 영역에 필요함이 지적되고 비영리부문의 급속한 증가로 인해서 비영리기관 간의 경쟁이 촉진되고 그 결과 마케팅 기법의 도입이 대두되었다.

과거 사회복지기관을 포함한 비영리기관의 마케팅에 대한 중요성은 그리 크지 않았다. 그러나 최근 사회복지기관의 책임성 확보와 예산의 효과성 강조는 마케팅을 중요한 관리 활동의 하나로 부각시켰다(김형식·이영철·신준섭, 2013: 258). 미국의 경우에는 1960년대 이후 대학, 교회, YMCA 등과 같은 비영리조직이 비용증가와 수익감소로 인해 재정난에 당면하게 되었다. 그러면서 재원확보의 수단으로 마케팅 활동에 많은 노력을 집중하고 있는 추세이다(정무성, 1998: 6). 아울러 마케팅의 중요성은 사회복지조직의 자본화의 필요성으로 인해 더욱 부각되었다. 여기서 자본화란 사회복지조직과 같은 비영리기관이 기관의 목표 달성을 위해 프로그램과 서비스의 활성화를 위해 '충분한 양의 재정자원을 창출하고 보유하는 것'을 말한다(GRACE, 정무성 역, 2000: 194).

마케팅의 이러한 필요성들이 부각되면서 마케팅에 대한 사회복지기관의 인식 역시 변했다. 과거에는 기관의 재정적 어려움과 욕구를 강력하게 부각시키는 것이 기관 운영에 필요한 물질적·재정적 자원의 확보에 유리할 것으로 여겼지만, 지금은 이와 같은 개념은 더 이상 아니다. 기관이 각종 지원금과 후원금을 보다 많이 확보하기 위해서는 기관의 욕구를 부각시키는 '구걸이 아닌 기관의 장점을 부각시켜야 한다는 의식'으로 변화했다. 예를 들어, 사회복지기관에 대한 잠재적 후원자들은 후원 활동을 통해서 그들이 관심이 있는 사회문제가 완화되거나 해결되기를 바라는 이상이 있다. 이 이상이 잠재적 후원자들의 욕구이며, 이와 같은 욕구를 실현시킬 수 있는 능력을 기관이 갖고 있음을 확신할 때 그들은 기관에 대해 실질적 후원을 하게 되는 것이다(김형식·이영철·신준섭, 2013: 259).

## 2) 사회복지조직 마케팅의 개념

일반적으로 '마케팅(marketing)'이란 시장 활동을 한다는 뜻이며, 소비자에게 상품과 서비스를 제공하며 구입하도록 하는 행위를 의미한다. 서비스 생산자의 입장에서는 '서비스를 어디에서, 누구에게 얼마에 팔 것인가', '어떻게 하면 더 잘 팔릴 것인가'와 같은 관심들이며 이와 관련한 마케팅을 기획한다는 것은 이러한 관심에 대해서 답을 제시하는 과정과 같다고 볼 수 있다. 핵심은 고객이 어떤 것을 원하는지 파악하고, 그것을 만족시켜 주기 위해 무엇을 해야 할지를 결정한다는 것이다(John, & Venkatesan, 2001).

사회복지 현장을 포함한 비영리조직 또는 공공기관의 마케팅은 '사회마케팅'이라고 불리는데 이는 코틀러와 잘트만(Kotler & Zaltman, 1987)이 마케팅을 하나의 기술로 바라보고 이 기술이 기업조직이 아닌 비경제적 영역에서 활용되는 경우에 붙인 것이다. 따라서 사회마케팅은 일반적인 마케팅의 통상적 의미인 판매의 개념과는 다른 개념이라고 볼 수 있다. 사회마케팅의 하나인 사회복지기관의 마케팅을 '소비자인 클라이언트, 재원제공자, 자격부여기관 및 전체 사회가 사회복지기관에 대해 좀 더 관심과 요구를 갖도록 하기 위한 제반 활동'으로 정의(Barker, 1990: 19)한 것이 이것을 아주 잘 반영한다.

마케팅 전략계획은 기관의 사명과 목적을 분명히 규정해야 한다. 먼저 기관의 사명과 목적은 기관 전체 활동의 구심점이므로 분명히 규정해야 하고 이를 바탕으로 마케팅 목표를 설정해야 한다. 마케팅 목표는 기관의 사명과 목적에 부합되어야 하되 객관적으로 측정할 수 있도록 설정되어야 한다. 예컨대 시설확충으로 보다 많은 클라이언트에게 서비스를 제공해야 하는 사회복지기관에서는 시설확충 기금의 마련이 마케팅 목표로 설정될 것이다. 이런 목표는 다시 세부목표로 분화되기도 하는데, 만일 내년도 시설이용료 수입의 30% 증가와 후원금 수입의 40% 증가로 나누어질 수도 있다면 그 다음은 시장 세분화, 시장 차별화, 시장 포지셔닝 등을 통해 마케팅의 표적시장 또는 표적집단을 분명히 선정하는 일이다. 재원개발을 위한 마케팅의 표적집단은 이용료를 지불할 수 있는 클라이언트와 기부금을 내는 후원자로 압축된다. 마케팅 전략계획의 수립은 단기로는 1~2년, 중장기로는 3~5년의 기간을 두고 계획을 실행하는 것이 일반적이다(한국사회복지행정학회, 2014).

## 02 사회복지조직 마케팅의 필요성

사회복지조직의 기획에서 시장의 동향을 중시하는 마케팅 접근 방식에 대한 필요성은 근래에 등장하고 있다. 많은 나라에서 사회서비스 공급을 시장 기제에 의거해야 할 필요성이 늘어나면서부터라고 할 수 있다. 사회서비스의 시장화 정책이 기대하고 있는 바, 제한된 수의 고객 확보를 위해 서비스 제공 기관들이 서로 경쟁을 하다 보면 소비자에 대한 서비스 질이 향상되고 전달체계의 효율성도 점차 증가한다는 점이다. 이런 기대가 타당한지의 여부를 떠나서 사회서비스 생산 기관으로서의 사회복지조직들은 이에 대앙하는 마케팅의 역량을 갖춰야 할 필요성이 있다.

사회복지조직 마케팅의 필요성을 크게 네 가지로 나누어 보면 다음과 같다.

첫째, 책임성 부분이다. 정부의 보조금이나 기타 단체의 기부금으로 운영되고 있기 때문에 서비스 제공에 있어서 효율성과 효과성을 달성해야 할 책임이 있다. 이러한 책임성의 요구에 부응하려면 사회복지조직도 전략적인 마케팅 운영이 필요하다.

둘째, 대상자의 관리 부분이다. 클라이언트, 기관의 이용자, 기부자, 지역사회 등을 고객으로 인식하고 욕구를 세분화하여 관리에 있어 궁극적으로 고객 만족을 이끌어 내는 식의 마케팅 접근이 필요하다.

셋째, 서비스 개발 부분이다. 사회복지조직의 특성상 외부환경에 강한 영향을 받는다. 정치·사회·법·문화 등의 환경을 세분화하고 분석하여 서비스 개발에 상품의 가치를 높여야 한다.

마지막으로, 재정의 확보이다. 목표를 달성하기 위해서는 필요한 재정자원의 계획과 동원, 배분, 효율적인 사용과 책임 있는 관리가 필수적이기 때문이다.

**표 9-1 사회복지조직 마케팅의 필요성**

| 구분 | 내용 | 기능 |
|---|---|---|
| 책임성 | 정부의 보조금이나 기타 단체의 기부금으로 운영 | 효율성과 효과성을 달성 |
| 대상자의 관리 | 개인 및 지역사회 등을 고객으로 인식 | 욕구를 세분화 |
| 서비스 개발 | 환경을 세분화하고 분석하여 서비스 개발 | 외부환경에 강한 영향 |
| 재정의 확보 | 필요한 재정자원의 계획과 동원, 배분 | 효율적인 사용과 책임 |

## 03 사회복지조직 마케팅 구성요소

Social Welfare Administration

과거에는 마케팅에 있어 단순히 판매와 광고의 관리행위만을 강조했다. 그러나 현대에는 소비자의 욕구, 성격, 규모 등을 면밀히 파악하여 표적시장을 선정하고 이를 기반으로 '제품(product)', '가격(price)', '경로(place)', '촉진(promotion)'의 4P의 '마케팅 믹스(marketing mix)'를 활용한 마케팅을 강조하고 있다(Lauffer, 1978: 81-83). 마케팅 믹스란 서비스 기관이 고객과 경쟁자의 상황을 고려해서 시장 활동에 적합한 '제품·가격·경로·촉진'이라는 네 가지 수단을 가지고 어떻게 구성할지 결정을 내리는 것이다(Martin, 2009: 339-350). 마케팅 믹스를 사회복지조직에 적용한다면 다음과 같다.

### 1) 제품(Product)

클라이언트의 욕구를 충족시키기 위한 결과물로서, 서비스를 개발할 때 '클라이언트가 필요로 하는 것이 무엇인지를 이해하고 파악해야' 한다. 즉, 사회복지조직이 시장에서 반응을 유도할 수 있는 산출물을 의미하는 것이다. 사회복지조직에서는 주로 휴먼서비스 실행(사회복지 프로그램·서비스 등)이 제품이 될 것이다.

### 2) 가격(Price)

제품을 시장에서 얼마에 팔지 결정하는 것이다. 아무리 서비스가 좋다고 해도 고객들이 그 가격으로 이용하고 싶지 않다면 그 마케팅은 실패한 것이다. 그렇기 때문에 어느 정도의 서비스 질이 어느 가격에 책정을 해야 고객의 관점에서 최적일지, 그 서비스에 어떤 가치를 부여하고 있는지를 알고 결정해야 한다.

### 3) 경로(Place)

제품의 생산자로부터 소비자에게 전달되는 과정을 말하는 것인데 사회복지조직의 휴먼서비스의 경우에는 서비스 생산 과정 자체가 곧 상품이 되므로 상품의 보관, 유통 경로에 대한 고려와는 조금 다르다고 할 수 있다. 서비스의 접근성과 관계되기 때문에 서비스 지역의 배치나 프로그램 운영 시간대에 대한 결정뿐만 아니라 후원들이 사회복지조직을 쉽게 찾을 수 있고 후원이 원활하도록 여러 다양한 방안을 개발하는 것과도 관련이 있다고 할 수 있다.

### 4) 촉진(Promotion)

서비스를 구매하면 소비자는 어떤 혜택을 보게 될 것인지를 고객에게 확신시키기 위한 활동을 말한다. 서비스의 유용함을 전달하는 과정이기 때문에 여러 홍보와 의사소통을 통해서 클라이언트의 관심을 자극하기 위해서 활용하는 모든 홍보 및 촉진 기술이다. 경쟁자 상황을 고려한다면 다른 서비스 기관들이 제공하는 동종 혹은 유사 프로그램들과 어떻게 차별되는지가 강조되어야 한다.

사회복지조직에서 사회서비스의 마케팅 전략을 구성하는 데 있어 '4P'는 중요하다. 하지만 사회서비스의 제공 과정은 순수 시장과는 다르게 사회적 방식의 고객, 즉 서비스 비용의 상당 몫을 부담하는 정부나 후원자, 지역사회와 같은 고객이 존재하기 때문에 그에 따라서 고객 서비스나 가격 등이 4P 결정에 제한을 받는다(김영종, 2017: 278).

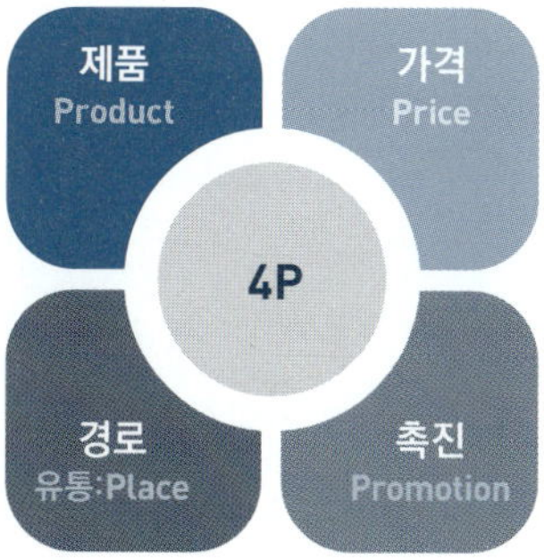


그림 9-1 마케팅 믹스

## 04 사회복지조직 마케팅의 과정 및 기법

Social Welfare Administration

### 1) 사회복지조직 마케팅의 과정

사회복지조직의 마케팅 과정은 기관 환경 분석, 마케팅 조사, 마케팅 목표 설정, 시장분석, 마케팅 도구 설정, 마케팅 계획, 마케팅 실행, 마케팅 평가 순이다.

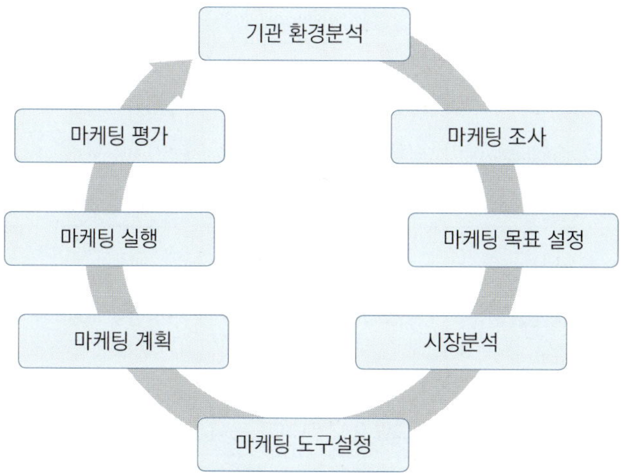


그림 9-2 마케팅 과정

### (1) 기관 환경 분석

마케팅의 출발은 기관 및 기관이 속한 환경에 대한 분석부터이다. 이 과정은 기관이 마케팅을 위해서 준비를 하는 과정으로 기관 활동의 초점이 되는 주요 사회문제 및 욕구가 무엇인지 파악하는 기관의 존재 이유, 기관의 주요 서비스 및 프로그램, 누가 기관에 지원을 하는지, 또 왜 기관을 지원을 하는지, 기관을 지원하는 사람들에게 어떤 혜택이 교환의 과정으로 제공되는지 등에 대한 분석이 필요하다(김형식·이영철·신준섭, 2013: 262). 이런 분석 단계에서 보통 'SWOT 분석'을 활용한다.

**SWOT 분석**

SWOT 분석이란 강점(strength)과 약점(weakness), 기회(opportunity), 위협(threat) 요인을 규정하고 이를 토대로 마케팅 전략을 세우는 기법이다. 강점은 경쟁자와 비교해서 고객에게 강점으로 인식되는 것이 무엇인지 보는 것이고 약점은 반대로 경쟁자와 비교해서 고객에게 약점으로 인식되는 것은 무엇인지이다. 기회는 외부환경에서 유리한 기회요인은 무엇인지, 위협은 외부환경에서 불리한 위협요인이 무엇인지를 찾는 것이다.

| | | 내부환경 | |
|---|---|---|---|
| | | 강점(Strength) | 약점(Weakness) |
| 외부환경 | 기회 (Opportunity) | SO 전략<br>•공격전략<br>•강점을 살림<br>•기회를 활용 | WO 전략<br>•약점을 보강<br>•기회를 활용 |
| | 위협 (Threat) | ST 전략<br>•강점을 살림<br>•위협요인을 극복 | WT 전략<br>•방어전략<br>•약점을 보강<br>•위협요인을 극복 |

**그림 9-3** SWOT 분석

### (2) 마케팅 조사

사회복지조직에서 시장조사는 잠재적 후원자와 그들이 원하는 바를 찾아내는 작업이라고 할 수 있다.

### (3) 마케팅 목표 설정

조직의 목적을 면밀히 살펴본 후에 마케팅 기획 초기 단계에 목표가 명확하게 수립되어야 한다. 세부 목표는 구체적(specific)이고, 측정 가능(measurable)하고, 달성 가능(attainable)하며, 결과 지향적(result-oriented)이고, 시간 제한적(time-bounded)인 'SMART' 원칙에 입각하여 수립해야 한다.

### (4) 시장분석

전체 시장을 일정한 기준에 의해 세분화된 시장으로 구분하는 과정이다. 이 과정에서는 기관이 관심을 갖고 있는 특정한 사회문제에 대한 분석과 함께 이 문제에 대해 지역사회의 인식과 태도를 분석하는 것이다. 사회문제에 대한 적절하고 정기적인 욕구분석은 기관의 존재 이유를 정당화하는 기능을 수행하고 이것이 바로 성공적인 마케팅의 토대가 된다. 또 기관이 관심을 갖는 사회문제에 대해 기관 이해관련자들이 중요하게 여기면 여길수록 마케팅의 성공 가능성도 높아진다. 여기서 시장욕구분석을 하고 그것을 토대로 욕구문서(need statement)를 작성하여 기관과 직·간접적인 이해관계를 가지는 후원자 및 자원봉사자 등의 이해관계자들에게 제공해야 한다. 욕구문서가 완성되면 잠재적 기부시장(gift market)에 대한 분석을 한다. 이 과정에서는 잠재적 기부출처를 개인, 복지재단, 기업 또는 정부기관으로 세분화하는 시장분할(market segment) 작업을 해야 한다. 또 분할된 시장에서 어느 정도의 기부를 기대할 수 있는지에 대한 예상 수치 분석도 필요하다(김형식·이영철·신준섭, 2013: 263-264).

### (5) 마케팅 도구 설정

마케팅을 위해 적절한 방법의 설정은 중요하다. 마케팅을 위한 방법으로 인터넷 모금, 연중 모금, 전화 및 자동응답시스템(ARS), 특별행사, 자본 모금, 정기 후원 회원 개발, 직접 우편(DM: direct mail), 대중매체 광고 등이 있다.

### (6) 마케팅 계획

마케팅을 어떻게 실행하고 또 마케팅의 결과를 어떻게 평가할 것인지에 대한 계획을 하는 과정이다. 이 과정에서는 잠재적 기부자들과의 의사소통을 어떻게 진행할지가 중요하다. 여기서의 의사소통은 기관의 존재 이유와 목적을 잠재적 기부자들에게 어떻게 전달하는가에 초점을 두는 것이다. 아울러 잠재적 기부자들이 기부를 함으로써 얻을 수 있는 보상에 대한 정보를 보다 명확하게 전달할 수 있는 방법들도 개발해야 한다(김형식·이영철·신준섭, 2013: 265).

### (7) 마케팅 실행

마케팅의 실행은 실제 기부를 요청하는 과정으로 마케팅의 전체 과정에 있어서 가장 핵심적인 단계라고 할 수 있다. 실행에 있어서 잠재적 기부자와의 직접적이며 동시에 개별적 접촉이 가장 효과적인 방법이다. 이 과정에서 생각해야 할 점은 잠재적 기부자의 실제 기부행위가 수행되는 시점이 마케팅의 종료 시점은 아니라는 것이다. 기관은 실제 기부행위가 이루어지고 난 후에도 기부자와의 지속적인 의사소통을 유지해야만 한다. 특히 기부금이 어떻게 사용되고 있는지에 대해서는 정기적인 피드백을 기부자에게 반드시 주어야 한다.

### (8) 마케팅 평가

마케팅 평가는 기부행위의 발생에 대한 종합적인 평가와 기관의 외부환경에 대한 분석으로 연계가 되는 과정이다. 기관 존재 이유가 되는 미션을 기초로 기관이 봉사하는 지역사회 및 클라이언트의 욕구를 새로이 분석한다. 즉, 마케팅 평가과정은 마케팅의 종료가 아니라 새로운 출발점이다.

## 2) 사회복지조직의 마케팅 기법

마케팅 수행을 위해서 사용할 수 있는 기법은 여러 가지이다. 그중 몇 가지만 살펴보도록 하자.

### (1) 다이렉트 마케팅(DM)

가장 전통적인 방법으로 우편으로 고객에게 상품과 기업의 정보를 전달하는 방법이다. 잠재적 후원자, 기부자 등에게 현재 기관의 운영현황이나 이용할 수 있는 서비스와 프로그램에 대해 다양한 정보를 전달하는 것이다. 다양한 모금 상품을 개발하여 정기적이고 지속적으로 발송하는 것이 자원 확보에 유리하다.

### (2) 데이터베이스 마케팅(Database marketing)

고객의 지리적·인구 통계적·심리적 특성, 생활양식, 행동 양식이나 구매기록 같은 개인적인 정보뿐만 아니라 경쟁사 정보 등 시장에 관한 여러 정보를 직접 수집하고 분석하여 데이터베이스화하여 전산 시스템을 구축함으로써 차별적인 전략을 펼치는 마케팅 기법이다.

### (3) 기업연계 마케팅(Cause related marketing)

기업이 사회복지조직에 기부함으로써 이윤을 사회에 환원한다는 철학을 달성하고 세제 혜택을 누린다는 개념보다 더 광범위한 의미로 사회복지조직에 기부함으로써 기업의 이미지는 좋아지고 그것이 바로 판매를 촉진시키는 하나의 홍보 전략으로서의 마케팅 전략이다. 사회복지조직에서 기업연계 마케팅 효과를 달성하기 위해서는 먼저 기업의 욕구를 정확하게 파악하고 기업의 생산성을 향상시킬 수 있는 측면을 강조하여 모금프로그램을 개발하고 접근해야 한다. 이를 통해 소위 '윈-윈(Win-Win)' 전략으로 활용할 수 있다.

### (4) ARS 및 인터넷 마케팅

최근에 가장 활성화되고 있는 모금기법이다. 자동응답시스템(ARS)을 활용한 ARS 모금기법은 TV 및 라디오와 같은 대중매체를 이용하는 광고 형태이다. TV에 전화번호를 명시해 그곳에 전화를 하면 후원금이 자동으로 전화요금에 부과되는 방식이다.

그렇기 때문에 후원자들에게 부담을 주지 않으면서 간편하게 후원에 참여할 수 있는 것이 장점이다.

인터넷 마케팅은 정보화 시대에 적합한 마케팅 기법으로 우리나라에서 점차 증가하는 추세이다. 기관 홈페이지에 가관을 홍보하고 이를 통해서 기부를 유도하는 것이다. 또한 메일링 서비스를 통해 개별적인 고객을 관리할 수 있다(김형식·이영철·신준섭, 2013: 273).

### (5) 특별행사

특별행사의 목적은 기관의 특정 프로그램에 대한 자원 확보이다. 이 밖에도 기관에 대한 지역사회의 이해와 협조를 높이기 위해서도 실행된다. 또 자원봉사자 확보를 위한 목적도 갖는다. 우리나라의 사회복지조직의 특별행사 형태는 주로 각종 바자회, 전시회, 자선음악회 등이다.

### (6) 교부금

교부금(Grants)은 정부기관이나 각종 재단, 기관, 단체 등이 사회복지기관의 특정한 프로그램이나 프로젝트의 수행을 위해서 지원하는 재원이다. 교부금 신청을 위해서는 교부금을 분배하는 기관이나 단체에 서류를 제출하는데, 그것이 바로 '프로포절(proposal)'이다.

우리나라에서는 공동모금제도의 활성화로 프로포절을 제출하고 심사 절차를 거쳐서 교부금을 확보하는 마케팅 활동의 중요성이 점차 커지고 있다.

최근에는 기관 활동의 활성화를 도모하기 위한 마케팅이 사회복지조직을 포함한 비영리조직의 자본화의 필요성과 함께 점차 중요해지고 있다. 마케팅은 이제 더 이상 기업조직만의 활동이 아닌 것이다. 만성적 자원 부족의 문제와 더불어 사회복지 현장의 급변하는 환경을 본다면 사회복지조직의 마케팅은 기업조직보다 더 중요하다고도 볼 수 있다.

이러한 점에서 사회복지행정가는 마케팅의 전반적 과정에 대해 명확하게 이해하고 기관에서 수행할 수 있는 여러 마케팅 전략을 개발하기 위해 노력해야 한다. 또한 사회복지조직은 사회적으로 생성되는 휴먼서비스라는 특성이 있기 때문에 일반적인 마케팅 방식을 단순하게 적용하는 것이 아니라 그 특성에 따른 제약 정도를 적절히 이해하고 마케팅 실행을 고려하는 것도 중요하다(Veeder, 1991: 73-80). 그 외에도 여러 모금기법을 통해서 외부로부터의 재원조달을 극대화하는 노력을 해야 한다. 이는 기관 활동을 활성화시키는 데에 중요한 기반이 되는 것뿐만 아니라 더 나아가 궁극적으로는 사회복지기관이 봉사하는 클라이언트에게 더 많은 혜택과 서비스의 공급을 가능하게 할 수 있다(김형식·이영철·신준섭, 2013: 284).

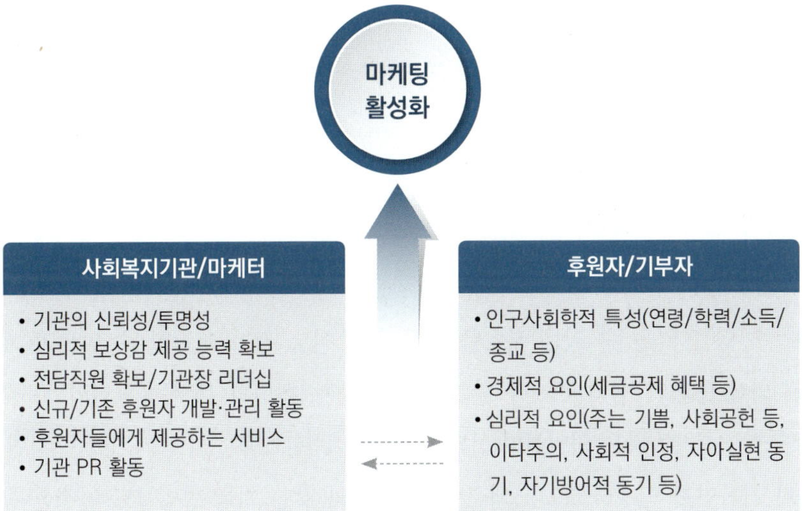


**그림 9-4** 사회복지기관 마케팅의 활성화 요인

출처: 한국사회복지행정학회(2014: 356)

### 생각 나누기

1. 마케팅 믹스에 대해 설명하라.
2. 사회복지조직이 추구하는 마케팅 전략 계획에 대해 이야기해 보자.
3. 진보된 사회복지조직의 마케팅 기법을 찾아보자.

# CHAPTER 10
# 정보와 문서

## 01 문서정보의 개념

Social Welfare Administration

### 1) 문서와 정보의 개념

문서의 개념은 광의와 협의로 구분할 수 있다. 첫째, 광의의 문서는 문자 또는 이에 대신할 수 있는 읽을 수 있는 부호를 사용하며, 어느 정도 영속할 수 있는 물체상에 기재된 의사 또는 관념의 표시라 할 수 있다. 둘째, 협의의 문서는 광의의 문서 가운데 발음 부호를 쓴 것을 의미한다(신복기·박경일·이명현, 2002: 344). 과거에는 지면에 의한 문자 기록만을 인정하였으나 최근에는 그 밖의 많은 기록 방법들도 인정한다.

정보란 그 시대를 살아감에 있어 만들어지는 소식이며 사실들이다. 이런 정보를 만드는 주체는 사람이고 사람을 주요 대상으로 상대하는 사회복지조직에서는 복지서비스를 제공함에 있어 수요자의 욕구를 조사하고 분석할 수 있는 매우 중요한 요소이기도 하다. 때문에 사회복지조직에서 지역·대상자·집단 등의 정보를 수집하고 관리하는 것은 필수가 되었다.

정보(information)란 단순하게는 무언가에 대해 알려 주는 것이다. 이것은 안다는 것을 의미하는 지식과 구분될 필요가 있다. 비록 일상적으로 유사하게 쓰이지만, 엄격하게는 정보와 지식은 서로 다른 개념이기 때문이다. 정보가 '알려주는 것(inform)'이라면, 지식은 '안다는 것(know)'이다. 일반적으로 정보란 '소통되는 지식'으로 정의된다. 정보는 지식이 소통될 목적으로 구성된 것을 말하며 누군가 자신만이 아는 것을 가지고 있으면, 그것은 정보가 될 수 없다. 정보는 소통하려는 것이므로, 이 점에서 메시지의 개념과 유사하다. 차이점은 메시지(message)가 전달자의 의도를 부각시킨다면, 정보는 상대적으로 객관적 실체로서의 의미를 강조한다는 것에 있다.

정보의 개념은 흔히 위계적 구조로 설명된다. 정보는 데이터(data)를 기반으로 구성되는 것인데, 데이터는 정보를 구성하는 요소로서, 상징(symbol)이나 신호(signal)의 형태로 수록하고 검색될 수 있는 대상이다. 정보는 그런 데이터에 가공의 성격을 더한 것이다. 지식은 그러한 정보를 인간 주체가 이해하고 해석해서 소유하는 것이다. 지식의 최종 목적은 지혜(wisdom)를 갖추기 위한 것이다. 사회복지사가 전문적 지식을 구하는 목적은 실천에 필요한 지혜를 얻기 위해서다.

지식과 정보는 불가분의 관계를 가지는데 이는 보통 정보화와 지식화로 나타낼 수 있다.

**그림 10-1** 정보와 유관 개념들의 구조

출처: 김영종(2017: 237)

정보화란 '지식이 소통의 목적을 통해 데이터를 기반으로 하는 정보로 치환되는 것'을 말한다. 정보화의 과정을 통해 사람의 생각(지식)을 나타내는 음성이나 텍스트, 영상 등이 문서나 테이프, 전자매체 등의 자료 형태로 갖춰진다.

지식화란 '정보가 지식으로 환원되는 과정'을 말한다. 정보화가 지식의 소통력 증진을 위해 정보통신기술(Information and Communications Technologies: ICT)의 적용에 강조를 두는 것이라면, 지식화는 이해와 해석의 주체로서의 인간 역량을 강조하는 것이다.

20세기 중반 이후 정보화는 혁명적인 ICT 발달에 따라, 전자매체로 데이터를 디지털화해서 그 소통력을 막대하게 증진시켜 왔다. 현재 '정보와 사회'라고 할 때는 디지털정보가 지배하는 사회라는 뜻과도 마찬가지가 되었다. 정보화의 장점은 지식의 수용성을 대거 확장시킨 것에 있다. 전통적인 지식은 논리적으로 통합된 하나의 덩어리로 읽히고, 수용되어야 했다. 그러므로 그런 능력과 훈련을 갖춘 소수 지식인들을 제외하고는 지식은 쉽게 얻기가 힘들다는 특성을 가진다. 그러나 지식이 정보로 변형되게 되면 정보 전달의 내용과 양, 속도에서 폭발적인 증가가 초래된다. 전자정보화된 지식은 막대한 수용성과 소통력을 가지게 되는 것이다.

비록 정보화로 인한 유용성은 막대하지만, 그에 따른 단점도 무시하기는 힘들다. 정보화 과정에서 초래되는 지식의 단편화와 왜곡 가능성이 대표적이다. 지식의 소통력을 강조하기 위한 목적으로 정보는 대개 지식을 '단절적' 형태의 단위들로 바꾼다. 그러면 각 단위들은 지식 차원에서 붙어 있던 맥락적 의미를 함께 가져가기 어렵고, 단위별로 저장·가공·편집되는 과정에서 원래의 의미가 상실되기도 한다.

현재 사회는 이미 정보화가 진행된 상황으로, 단절되고 탈맥락화된 정보 단위들이 광범위하게 소통되고 있기 때문이다. 정보 관리 본연의 목적을 위해서는 정보화와 지식화에 대한 통합적인 이해와 기술이 요구된다(김영종, 2017: 235-238).

## 2) 문서의 필요성

조직의 행정 관리에서 문서의 필요성은 업무 내용이 복잡하여 문서 없이 처리가 곤란할 때와 사무 처리 내용을 명확히 해야 할 때로서, 사무 처리 형식 또는 체제상 문서가 필요할 때이다. 또한, 사무 처리 결과를 보존하여 활용할 필요가 있을 때와 사무 처리 결과의 증빙 자료로 남겨야 할 때 등을 들 수 있다. 문서는 이렇게 필요에 따라 작성되고, 작성된 일자를 기준으로 정해진 기간 동안 보존하다 폐기하게 된다. 문서 보존이란 생산기관·보존기간·생산년도 및 분류번호별로 구분하여 관리하는 것을 뜻하기도 한다. 보존하고 있는 문서의 현황을 파악하기 위하여 문서과 또는 처리과 및 기록보관소는 기록대장을 작성하여 비치하고, 보관이 끝난 문서는 1년간 담당 부처에서 보존한 다음 보존기간이 3년 이상인 문서부터 인계·이관의 절차를 거쳐 보존기간에 따라 폐기하게 된다(신복기·박경일·이명현, 2002: 397-398).

문서는 보존기간에 따라 영구, 준영구, 10년, 5년, 3년, 1년 등 여섯 가지로 구분하고, 문서의 보존기간 기산일은 당해 문서를 처리·완결한 날이 속하는 해의 다음해 1월 1일로 정해진다. 또한, 행정기관의 장은 매년 1회 당해 기관에서 보존하고 있는 문서의 보존기간 변경 필요성 여부를 검토하여, 행정여건의 변화 등에 따라 그 보존기간의 연장 또는 단축할 필요가 있다고 인정되는 경우에만 국무총리령이 정하는 바에 따라 그 보존기간을 연장 또는 단축할 수 있다. 보존기간이 종료된 문서는 폐기·처분 조치한다(김형수·이명호·허정철, 2014: 239).

### 3) 문서의 작성 규칙

문서 작성의 규칙은 어문규범에 맞게 한글로 작성하되, 쉽고 간명하게 표현한다. 뜻을 정확하게 전달하기 위하여 필요한 경우에는 괄호 안에 한자 그 밖의 외국어를 넣어 쓸 수 있으며, 특별한 사유가 있는 경우를 제외하고는 가로로 쓴다. 문서에 쓰는 숫자는 특별한 사유가 있을 경우를 제외하고는 아라비아 숫자로 하며, 문서에 쓰는 날짜의 표기는 숫자로 하되, 연·월·일의 글자는 생략하고 그 자리에 온점(.)을 찍어 표시하며, 시·분의 표기는 24시간제에 따라 숫자로 하되, 시·분의 글자는 생략하고 그 사이에 쌍점(:)을 찍어 구분한다.

#### (1) 문서관리의 원칙

문서관리의 원칙은 일반 원칙으로 표준화, 간소화, 전문화, 기계화 등을 들 수 있다.

**① 표준화**

표준화는 사무처리의 여러 가지 수단 방법 중에서 가장 합리적이고 정확한 방법을 선별하여 선정된 최선의 원칙에 따라 문서처리에 적용할 수 있는 것을 의미한다. 따라서 문서 수발 및 배부, 작성과 처리, 발송, 정리, 보관, 보존, 폐기 그리고 사무행정에 이르기까지 사무에 관계되는 모든 분야가 모두 표준화되어야 한다.

**② 간소화**

간소화는 사무를 처리하는 과정에서 가장 타당성이 있는 간편한 것을 찾아 꼭 필요한 절차나 방법만을 남겨 문서처리에 따르는 소요시간을 단축시키고 간편한 방법으로 사무처리를 하고자 하는 것이다.

**③ 전문화**

전문성을 높이려고 하는 것으로 최근에는 사무의 종류 및 성격, 그리고 사무량 등을 바탕으로 사무작업에도 전문적 지식을 요구하는 방향으로 나아가고 있는 추세이다. 문서사무를 세분해서 전문적으로 분담하고 각 부분의 전담자가 그 사무에 대한 전문적 지식과 기술로 사무의 능률을 높일 필요성이 생긴 것이다.

**④ 기계화**

기계화란 사람에게 필연적으로 따르게 되는 한계를 기계가 보충하도록 하는 것으로 사무기계화, 자동화, 정보화를 통하여 문서사무의 신속·정확한 업무처리를 기대할 수 있다. 다량의 문서내용도 일일이 수작업에 의하지 않으므로 소요시간을 절약할 수 있다.

### (2) 문서처리의 원칙

공문서를 접수하고 처리하는 것은 행정업무를 처리하는 중요한 사항이므로 다음과 같은 다섯 가지 원칙에 입각하여 엄중하게 처리해야 한다.

**① 즉일처리의 원칙**

문서의 내용 또는 성질에 따라 그 처리 기간이나 방법이 다를 수 있으나, 효율적인 업무 수행을 위하여 그날로 처리하는 것을 말한다.

**② 책임처리의 원칙**

문서를 정해진 사무분장에 따라 각자가 직무의 범위 내에서 책임을 가지고 관계규정에 따라 신속정확하게 처리하는 것이다.

**③ 적법처리의 원칙**

문서를 규정에 따라 일정한 형식 및 요건을 갖추어야 함은 물론 권한 있는 자에 의하여 작성처리하는 것이다.

**④ 표준화의 원칙**

문서를 기안, 시행, 접수, 회람, 편철, 보관함에 있어 표준화된 방법과 절차에 따라 관리한다는 것이다.

**⑤ 간소화의 원칙**

가능한 한 사무처리의 절차나 방법 등을 간결하게 요약하고 합리적으로 만드는 것이다.

## 4) 정보화와 복지행정

21세기에 들어서면서 사회복지기관이나 시설 등 다양한 사회복지조직들은 대대적인 전환기를 맞이하고 있다. 변화하는 경제상황과 사회환경은 근본적으로 새로워진 현실에 대한 새로운 패러다임의 필요성을 요구받고 있는데, 현대사회는 컴퓨터나 전자매체와 같은 고도의 정보기술에 의해 지배받는 사회이기 때문에 기존의 산업사회와는 확연히 구별되는 특성을 가진 '정보사회'인 것이다. 이러한 정보화의 영향은 이미 현실적으로 사회 각각의 제반 분야를 급속히 변화시키고 있으며, 기업뿐만 아니라 정부의 여러 공공기관들도 이러한 정보화를 활용하기 위하여 구체적이고 현실적으로 부단히 노력하고 있다.

이와 같은 상황은 사회복지조직들이 직면하고 있는 운영 현실이 다양한 경쟁구도로 근본적 전환을 의미한다. 즉, 조직 운영 전략에 대한 전통적 개념뿐만 아니라 사회복지조직들이 내부 혹은 환경으로부터 접하는 새로운 기회들을 어떻게 활용하는지에 대한 이해에 근본적 수정을 가하게 하였다. 사회복지조직은 일반적으로 인간의 욕구를 충족시키거나 문제를 완화시켜 주는 것을 중요 목표로 삼는다는 특성을 가지고 있으며, 이를 위해 필요한 자원과 인력 등을 관리해 나간다. 그러나 이에 못지않게 사회복지조직이 관리해야 하는 중요한 대상으로서 정보가 있다(문선화, 1992: 31-54). 물론 최근 들어 사회복지와 관련된 많은 전자게시판, 온라인 상담, 홈페이지 전산망 등이 개설되어 부분적으로나마 컴퓨터를 활용한 사회복지서비스 업무가 활성화되어 가고 있다. 게다가 전산화는 사회복지서비스 업무처리의 효율화, 정보교류의 활성화, 기관의 책임성 제고 등 관련된 체계적 연구는 매우 미미한 형편이라고 할 수 있다(윤영민·박영란, 1996: 77-78).

급격한 사회변화에 대한 사회복지조직의 대응은 여러 각도에서 논의될 수 있겠지만, 여기에서는 사회복지행정과 보다 밀접한 관계가 있는 정보관리의 차원에 국한시키기로 한다. 사회복지행정을 발전시키기 위해서는 보통의 전문직이 가지고 있는 일반적 특성 가운데에서 가장 중요한 특징인 특정한 가치 지향과 모든 전문직의 기본인, 그 전문직을 사회에서 전문직으로 자리매김하게 하는 초석으로서의 특별한 기술과 지식이 필요하다. 특히 기술적인 차원에서 지난 40여 년간 기업에서 경험한 자료처리(data process-ing)기술의 발달과 확산은 향후 사회복지가 수용해야 될 변화의 방향을 제시하고 있다(김형식·이영철·신준섭, 2013: 287-288).

### 5) 사회복지조직의 요구정보

일반적으로 사회복지조직에서는 두 가지 독립된 정보 흐름의 교차점에 있는 것으로 볼 수 있다. 첫 번째는 욕구에 관한 정보로서 개인, 가족 및 소집단이나 지역사회에게서 나오는 정보 흐름으로, 여기에는 면접, 의뢰, 조사 및 사례기록 등이 이러한 흐름의 일부를 구성하게 된다. 두 번째는 자원에 관한 정보로서 자조 집단, 서비스, 장비 및 여타 문제해결과 관련된 자원이다. 따라서 사회복지시설에서 정보는 욕구 흐름의 정보인 욕구정보와 자원 흐름의 정보인 자원정보 간의 적절한 결합 과정에서 이루어진다. 사회복지시설의 목표 달성을 위해 요구하는 정보, 즉 요구정보는 전술한 정보의 정의와 요소들에서 언급한 바와 같이 설정된 목표(하위목표), 구체적인 사업이나 프로그램, 지위나 계층, 대상 클라이언트에 따라 달라진다.

사회복지조직을 포함한 어떤 조직이든지 간에 조직을 운영한다는 것은 어떤 의미에서는 계속 의사결정을 하고 그것을 시행해 나가는 과정이라 할 수 있다. 더욱이 의사결정이란 조직의 표명된 목표의 최적 달성을 위해 여러 가지 대안들 가운데 선택하는 것이기 때문에 사회복지조직의 운영에 있어서 관리자 혹은 사회복지사가 어떠한 의사결정을 하느냐는 조직의 목표 달성 활동에 많은 영향을 미치게 된다(신복기·박경일·이명현, 2002).

**표 10-1** 사회복지조직의 요구정보 분류

| 구분 | 내용 |
|---|---|
| 클라이언트 정보 | 클라이언트의 인구학적 특성, 기관 이용 현황 등 |
| 욕구정보 | 지역사회주민과 클라이언트의 복지욕구 내용 등 |
| 서비스와 자원정보 | 제공하는 서비스의 종류와 내용, 서비스의 질에 관한 것, 서비스의 이용 방법과 이용시간, 담당자 등 |
| 처우정보 | 처우 계획, 실시 내용 등 |
| 기술정보 | 사회복지사의 전문적 지식, 활용 가능한 기술 등 |
| 참가정보 | 후원자, 자원봉사활동, 이벤트와 강좌 등 |
| 규범정보 | 조직 내 규칙과 지침서 등 |
| 환경정보 | 정부시책, 행동지침, 관련 정책과 제도의 변화 추이 등 |
| 관리정보 | 조직의 재무, 인사, 문헌과 신문기사, 타 조직에 관한 사항 등 |

출처: 신복기·박경일·이명현(2002: 348)

클라이언트 정보에는 지역사회와 주민, 사회복지조직 이용자에 관한 기본적인 인구학적 특성과 이용 현황에 관한 정보가 포함된다. 욕구정보에는 클라이언트, 가족, 지역주민 등의 복지욕구에 관한 정보가 포함되며 단순히 욕구의 종류와 내용뿐 아니라 욕구가 발생하는 배경, 클라이언트의 현 상황 및 지역주민의 생활실태와 욕구가 포함된다. 서비스와 자원정보는 복지서비스와 사회자원에 관한 정보이지만, 서비스의 내용과 이용 방법에 국한하지 않고 그 서비스를 제공하는 시설, 기관, 단체, 담당자에 관한 정보 등이다. 처우정보는 처우 계획, 처우 방침, 처우 내용 등에 관한 정보로서, 개개인의 구체적인 욕구에 대응하여 어떠한 서비스가 도입되는 경우에 '어떠한 서비스를 어떠한 방법으로 제공하였는가', '그 결과는 어떠하였는가', '어떠한 처우목표를 설정하고 있는가' 등에 관한 정보이다. 참가정보는 주민으로 하여금 복지활동에 참가하도록 이끌어 내기 위한 정보이다. 구체적으로 자원봉사자 활동에 관한 정보, 후원자에 관한 정보, 행사와 강좌 등에 관한 정보이다. 규범정보는 해당 복지기관의 내부 규칙이나 업무지침서 같은 정보이며, 환경정보는 사회복지와 관련된 정부시책이나 행정방침 나아가 관련 정책과 제도의 변화 추이 등에 관한 정보가 포함된다. 관리정보는 전체적으로 업무처리정보와 기획지원정보로 크게 나뉘며, 업무처리정보에는 복지기관 내 사회복지사를 포함하는 직원들의 상황, 즉 급여·노동조건·근무상황 등에 관한 것과 복지기관 운영정보 중 물품, 재무관리 등이 해당된다. 기획지원정보에는 다른 지역이나 다른 복지기관과 관련된 정보와 관련 문헌과 신문기사, 통계자료에 관한 정보 등이 포함된다(최덕경 외, 2015: 238-239).

## 02 정보체계의 종류와 유형

### 1) 국가복지 정보시스템

우리나라 정부민원포털 민원24(www.gov.go.kr)는 전자민원사업(Government for Citizen: G4C)의 일환으로 운영되고 있다. 여기서 일반 행정뿐만 아니라 복지서비스 분야의 민원처리가 시행되고 있는데 사회복지 분야는 '주민생활' 항목과 '사회복지' 항목에서 제공된다. 전자정부에 포함되어 있는 사회복지의 내용은 그림 10-2와 같다. 이 시스템은 국민 누구나 사용할 수 있으며 정부를 상대로 보편적인 복지서비스에 대한 정보를 얻을 수 있다.

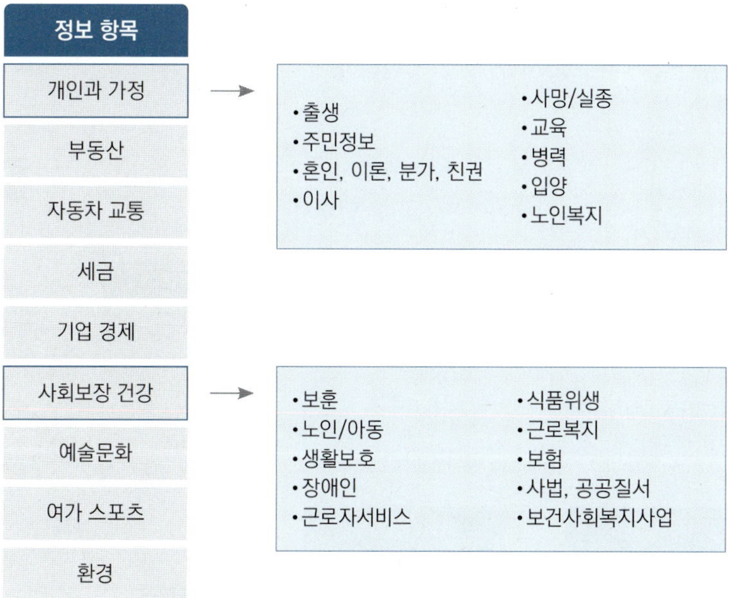


**그림 10-2** 전자정부의 시스템

출처: 최덕경·강도명·김준환 외(2015: 251)

## 2) 사회복지시설정보시스템

사회복지시설정보시스템(http://w4c.go.kr)은 사회복지 현장에서 대부분 사용하고 있는 웹사이트로, 보건복지부에서 크게 세 가지의 목적을 놓고 도입한 프로세서다.

사회복지시설정보시스템은 2004년부터 2007년까지 국가복지정보시스템 구축에 따라 2008년에 시·군·구 온라인보고 서비스를 개시한 이래, 현재 사회복지시설의 행정업무를 전산화한 통합관리시스템이다. 사회복지시설 업무의 표준화를 도모하고 사회복지서비스의 질적 제고와 함께 회계의 투명성, 복지정보화 기반 조성을 목적으로 둔 시스템이기도 하다.

사회복지조직에서 사용하고 있는 문서의 형식, 양식, 규격 등이 모두 각기 다르기 때문에 서류에 대한 통일성이 없고 측정을 함에 상당히 어려움이 있다는 사실에 표준화를 제공하고 있다. 시스템 내부에 정해진 문서를 사용함으로써 좀 더 효율적이고 표준화된 양식을 활용할 수 있다는 장점이 있다. 또한 업무처리 간소화로 업무의 효율을 올릴 수 있고, 외부로 서류 제출이 편리하다.

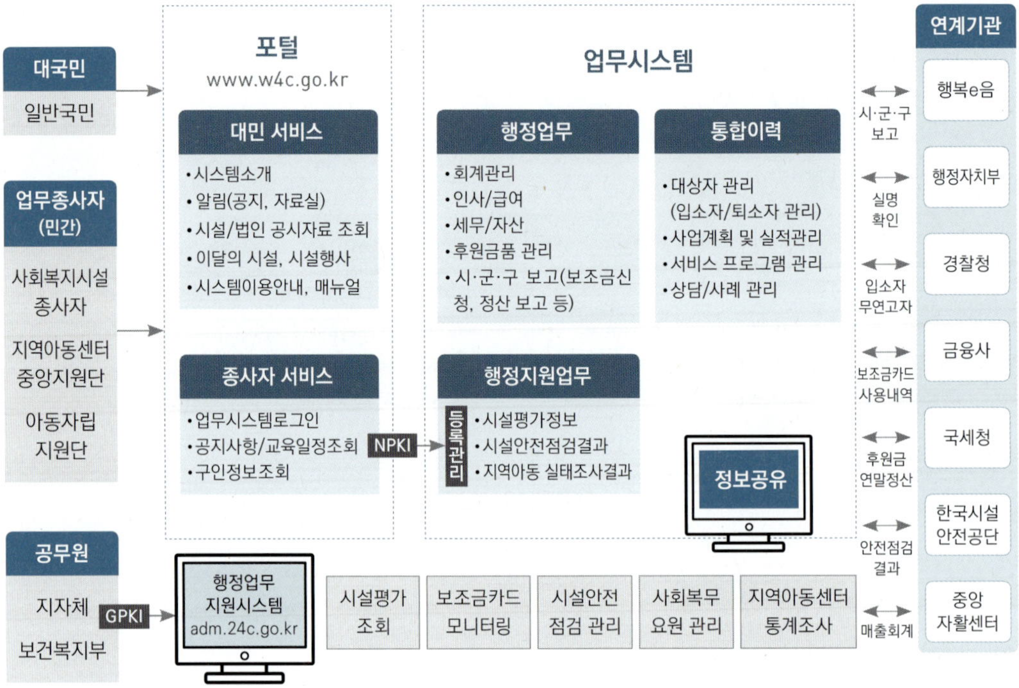


**그림 10-3** 사회복지시설정보시스템 주요 기능

출처: http://w4c.go.kr

사회복지시설정보시스템을 활용할 수 있는 사회복지시설은 2010년에 개발된 중앙정부 차원의 '사회복지통합관리망 행복e음'에 등록되어 있는 사회복지시설 및 사회복지법인이며, 시스템은 다음과 같이 구성되어 있다.

### ① 회계

- 전표의 입·출력, 검색, 보고서 출력
- 거래내역 관리(지출결의서, 수입보고서 등)
- 예산 관리 및 예산실적/잔액 관리

### ② 관리

- 임직원의 급여작업/급여이체 관리
- 교육/자격증/상벌/경력 관리
- 인사발령/인사카드 관리
- 근태 관리, 일용직 관리, 퇴직적립금 관리, 추경예산 관리 등
- 비품·소모품 관리

### ③ 세무

- 과세 수입에 대한 부가세신고, 임·직원 급여의 원천세 신고
- 세무신고/퇴직정산
- 기타 원천세 관리(사업소득, 기타소득 등)
- 매출/매입 세금계산서 관리, 신고서류 관리 등

### ④ 이력

- 서비스종별 서비스 이력관리 기능
- 생활자(이용자)등록, 검색, 입·퇴소의 이력 관리 등
- 기본사항, 건강상태 및 가족사항 관리
- 상담관리, 일지관리 등의 정보관리

### ⑤ 후원관리

- 후원자 등록, 후원금 입력, 영수증 발행 등
- 후원자 및 결연자 정보 관리
- 후원금 입금/지급 관리 및 CMS/OCR 관리 등
- 후원단체 관리/결연자 통장관리

### ⑥ 시·군·구 보고

- 사회복지시설 소관 시·군·구로의 보고문서 자동 생성
- 사회복지시설 보조금 교부금 신청 및 정산보고, 정기/수시 보고
- 예산서, 추경예산서 작성 및 세입세출 결산 보고 등

### ⑦ 평가관리

- 연도별 평가일정 조회
- 자체평가 등록 및 연도별 이력 조회 가능
- 연도별 평가결과 조회
- 평가위원 만족도 조사 등록
- 기관별, 유형별 등 통계로 조회 가능

행복e음은 복지전담 공무원(사회복지공무원)이 사회복지시설 및 사회복지법인에 국가보조금 신청과 각종 행정적 제출·보고를 통해 공행정과 사행정을 연결하는 관리체계로 활용하고 있다.

그림 10-4 사회복지시설정보시스템 접속화면

출처: http://w4c.go.kr

## 03 사회복지 문서의 개념

Social Welfare Administration

문서(Document)는 의사소통을 하기 위해 고안된 정보를 물리적으로 묶어 놓은 것을 의미하며, 서류 또는 문건이라고도 불린다. 현대에 있어서는 인터넷 혁명에 의해서 전자문서도 문서라 불리며 각광을 받고 있는 것이 사실이다.

사회복지시설 및 사회복지법인(운영법인의 경우)은 다양하고 많은 양의 행정문서를 사용한다. 각 분류단체별(노인, 장애인, 아동·청소년, 다문화 등) 중앙회(협회)가 구성되어 있는 분류단체에서는 통일된 행정문서를 마련하고 사용을 권장하지만, 중앙회가 없거나 중앙회가 있어도 공통양식이 없는 분류단체의 시설들은 문서를 직접 제작하여 사용하는 경우가 대부분이다. 이런 경우, 평가나 외부감사 시 시설의 문서를 쉽게 알아보기가 어렵다는 단점과 문서 표기의 오류들이 발견되어 지적 사항으로 남는 경우가 많다. 보건복지부에서는 이런 문제를 해결하기 위해 사회복지시설정보시스템을 통한 통일된 행정문서의 활용을 장려하고 있다. 하지만 보조금을 받지 않거나 받지 못하는 시설은 시스템 사용을 꺼려 하고 있는 실태다.

문서의 작성과 올바른 보관 방법은 각 시설별 공통된 사업관리이며, 외부에 시설의 사업을 정당하게 알릴 수 있는 증거자료이기도 하다. 우리나라는 IMF경제위기 이후 비영리 목적의 사회복지 문서가 영리 목적의 일반사업 문서와 비슷한 형태로 관리되기 시작했는데, 비영리사업의 부기방식인 '단식부기'에서 영리사업의 '복식부기'로 전환되기도 했으며, 대표적으로 비영리사업의 총예산 관리를 기록하는 '가계부 내역서'는 경제위기 이후 영리사업의 총예산 관리를 기록하는 '총계정원장'으로 바뀌었고 지출에 대한 기록을 하는 결의서는 반드시 품의 후 집행될 수 있도록 결제시스템도 바뀌었다.

## 04 문서의 종류

문서의 종류는 다양하게 구분될 수 있으나 사회복지조직에서 사용하는 문서(서류)의 목적에 따라 종류를 구분하여 살펴보자. 사회복지조직의 문서 목적을 예산 부분, 예산 부분, 운영 부분으로 나열하여 설명하겠다.

### 1) 예산 부분 문서

#### ① 예산서

예산서는 사회복지시설 또는 사회복지법인의 일정 기간(회계연도)의 재정적 지출이 재정적 수입과 함께 계획되는 문서를 말한다. 「사회복지법인 및 사회복지시설 재무·회계 규칙」에 의거하여 작성되는 게 일반적이다.

#### ② 품의서

품의서란 어떠한 일의 예산집행을 시행하기 전 사회복지시설 또는 사회복지법인의 결재권자에게 예산집행을 승인(재가)해 줄 것을 요청하는 문서를 말한다. 이런 과정을 사전결재라고도 한다.

#### ③ 세입·세출 결의서

결의서란 사회복지시설 또는 사회복지법인에 발생된 세입·세출에 관한 내용을 기록하고 보관하는 문서를 말한다. 반드시 품의가 이루어진 다음 예산의 변화가 이루어져야 한다.

#### ④ 총계정원장

보통 총계정원장을 말하는데, 이것은 사회복지시설 또는 사회복지법인의 경영상 필요한 자산·부채·자본 및 손익에 관계되는 모든 계정이 포함된다. 즉, 사회복지시설 또는 사회복지법인 경영상 재산의 증감되는 변화가 총계정원장의 모든 계정에 총괄적으로 기입되어서, 각 계정에 기록된 것을 관찰함으로써, 경영성과와 재무상태를 파악할 수 있다. 따라서 총계정원장은 복식부기(bookkeeping by double entry)의 중심이 되는 가장 중요한 장부이다(고성삼, 2006).

#### ⑤ 결산서

결산서는 사회복지시설 또는 사회복지법인의 일정 기간 동안 발생한 세입과 세출을 기록하여 분야별 수입, 지출을 확인하고 월말 또는 분기, 연간 결산을 위해 결산내역을 작성할 때 사용하는 문서를 말한다.

### 2) 사업 부분 문서

#### ① 계획서(사업·프로그램)

계획서는 크게 두 가지로 구분할 수 있다. 사업 계획서와 프로그램 계획서이다. 사회복지시설 또는 사회복지법인에서 어떠한 일을 실행하기 전에 미리 계획한 내용을 기록한 문서를 말한다. 계획서는 일간, 주간, 월간, 분기별, 연간 계획서로 구분된다.

**I. 개 요**

**1 목 적**

겨울철 내복이 필요한 저소득 독거노인 및 장애노인을 찾아 내복을 전달하고 체온유지 및 난방효과를 극대화 시켜 건강을 유지하고 지역사회와 소통할 수 있는 기회를 마련함에 그 목적을 둔다.

**2 목 표**

① 저소득 독거노인 및 장애노인 이용시설 선정
② 내복전달 및 홍보대사와의 담소 진행

**3 기대효과**

① 독거노인 및 장애노인이 거주 또는 이용하는 시설을 선정하여 대상자들의 겨울철 건강관리에 효과
② 내복을 전달하고 문화예술 분야에서 활동하는 홍보대사들과 담소를 나누며 사회와 단절된 삶을 위로

**4 세부내용**

**1. 개요**

1) 사업명 : 2019년 저소득 독거노인 및 장애노인 내복나눔사업
2) 일자 : 2018년 1월 26일 토요일 오전 10시
3) 장소 : 본 시설 내
4) 대상 : 시설이용 장애인
5) 내용 : 일상생활지도, 점심 먹기, 소통하기 등을 통해 주간보호서비스 제공

**2. 프로그램 세부내용**

| 프로그램명 | 세 부 내 용 | |
|---|---|---|
| 내복구입 | 내용 | 견적서에 입각한 내복 50벌 구입 |
| 수혜기관선정 | 내용 | 시설인근 시설 선정 |
| 활동 | 내용 | 내복 전달 및 기념사진 촬영 |

**3. 진행계획**

| 프로그램명 | 1월 1주 | 1월 2주 | 1월 3주 | 1월 4주 |
|---|---|---|---|---|
| 내복구입 | | | | |
| 수혜기관선정 | | | | |
| 활동 | | | | |
| 평가 | | | | |

**4. 담당자**

| 직책 | 자격사항 | 투입시간 | 투입인원 | 비고 |
|---|---|---|---|---|
| 사회재활교사 | 사회복지사 외 | 2시간 | 2명 | |
| 자원봉사자 | 홍보대사 | 2시간 | 5명 | |

**5. 홍보방법**

○ 홈페이지 및 블로그를 통해 공개
○ 지역 언론홍보
○ 네이버 해피빈과 다음 같이가치에 결과보고
○ 기타 필요방법 활용

**5 예산계획(₩1,088,400원)**

(단위 : 원)

| 세 부 예 산 내 역 | | | |
|---|---|---|---|
| 세 목 | 계 | 산출 근거 | 자금원천 |
| 내복 | 1,000,000 | 20,000×50벌×1회 | 후원금 |
| 간식비 | 38,400 | 38,400×1종×1회 | 후원금 |
| 잡비 | 50,000 | 50,000×1식×1회 | 자부담 |

■ 직접비

| 세목 | 계 | 비율 | 비고 |
|---|---|---|---|
| 내복 | 1,000,000 | 91% | 해피빈, 같이가치 모금액 |
| 간식비 | 38,400 | 4% | 해피빈, 같이가치 모금액 |

■ 간접비

| 세목 | 계 | 비율 | 비고 |
|---|---|---|---|
| 잡비 | 50,000 | 5% | 기관 운영비 |

**그림 10-5** 사회복지 프로그램 계획서 양식

출처: 사회복지법인 누리봄

#### ② 외부사업 프로포절 신청서

외부사업 프로포절 신청서의 경우 사회복지시설 또는 사회복지법인이 외부 지원사업에 공모하기 위해 필요한 문서로서, 사회복지공동모금회, 삼성복지재단 등의 공모사업 절차에 따라 작성하는 문서를 말한다(이민훈·오영훈, 2018). 프로포절 신청서에 대해서는 'Chapter 12. 사회복지 프로그램 개발과 평가'에서 다시 한번 상세히 알아보도록 하자.

#### ③ 관찰기록지

관찰기록지는 시설 또는 기관을 이용하는 이용대상자(client)의 생활관에 대해 자세히 기록하는 문서를 말한다. 이 관찰기록지는 사업 담당자와 결재자 외에 공개를 하지 않는다는 외부비공개 원칙을 두고 사용된다.

### 3) 운영 부분 문서

#### ① 접수·시행문서

접수·시행문서는 외부에서 접수되거나 외부로 발송되는 문서로서 문서 주관 부서(담당자)에서 일정한 절차에 의하여 접수·시행되는 문서를 말한다. 접수·시행문서에는 공문, 협조문 등이 있다.

#### ② 기안문서

기안문서는 결재문서라고도 하며, 사전에 결재권자의 결재를 얻기 위하여 기안서식에 따라 사무처리 초안을 기록한 문서를 말한다. 사회복지 현장에서는 내부기안 또는 내부문서라고도 불린다.

#### ③ 합의문서

합의문서는 기안문서 중 그 내용과 관계되는 다른 단체·기관과의 협조를 얻기 위하여 합의하는 문서를 말한다. 합의문, 보험약관서류 등이 여기에 포함된다.

#### ④ 점검문서

점검문서는 사회복지시설 또는 사회복지법인이 운영하는 시설의 위생·안전 등을 정기적으로 점검하고 기록하는 문서를 말한다.

#### ⑤ 보고서

보고서란 사회복지사업 담당자가 상위 부서 및 상급자에게 특정 업무 현황을 보고하기 위해 작성하는 문서를 말한다. 특정사업보고서, 예·결산보고서 등이 있다.

### 생각 나누기

1. 사회복지정보를 취득할 수 있는 방법에 대해 논하여 보자.
2. 사회복지시설정보시스템에 대해 조사하라.
3. 단식부기와 복식부기의 차이에 대해 설명해 보자.

# CHAPTER 11

# 욕구와 욕구조사

성공적인 사회복지사업수행을 위해서는 현실성 있는 프로그램 기획이 전제되어야 한다. 불충분한 기획으로는 사업수행의 성공을 유도하기 어렵기 때문이다. 여기서 기획은 정확한 욕구측정을 기반으로 해야 하는데, 제품을 생산하여 판매하는 기업이 정확한 수요분석을 통해 사업의 성공 가능성을 높이는 것처럼, 사회복지기관도 클라이언트의 욕구에 대해 정확한 분석을 시도하고, 이를 바탕으로 사업을 기획해야 실패 가능성을 줄일 수 있다. 욕구에 기반을 둔 프로그램 기획은 효과적인 사회복지서비스의 설계와 실현을 위해 필수적이다(Kettner, Moroney, & Martin, 2018).

욕구(need)란 무엇이 원하는 기준에 미달되어 그 부족분을 필요로 하는 상태를 의미한다. 욕구조사는 단순히 기획 과정의 한 단계로 보는 의미보다는 사회복지실천 현장의 새로운 프로그램을 개발하는 과정의 일부를 넘어, 기존의 운영 중인 프로그램의 개선을 시도하거나 사회복지기관의 중장기 전략을 수립하기 위한 수단으로서 활용되기도 하는 것이며, 사회복지기관 운영의 효과성 및 효율성을 제고하는 데 필요한 정보를 제공하는 수단적 성격도 동시에 지닌다.

# 01 욕구의 개념

Social Welfare Administration

## 1) 욕구

케트너, 모로니, 마틴(Kettner, Moroney, & Martin, 2008)은 욕구에 관해 "어떤 사람들이 다른 사람들과는 달리, 필수적으로 요구되는 재화 혹은 서비스에 접근할 수 없을 때 사회적 욕구(social need)가 존재하게 된다. 이러한 의미에서 욕구는 상대적이며, 결국 기획이라는 것은 분배와 재분배에 관한 사항이 되는 것"이라고 설명한다.

미국의회가 정의한 '욕구(need)'는 "어떤 개인이 자신이 지닌 역량을 발휘하는 것을 제한받는 상황"이며, 일반적으로 사회적·경제적·건강상의 문제와 관련된 질적 측면을 갖는다. 여기서의 욕구측정은 유사한 개인들의 욕구가 총체적으로 합산되어 수치화된 개념이라고 보고 있다(Kettner, Moroney, & Martin, 2008 : 36).

**욕구의 상태**

욕구란 인간의 생존과 성장발전을 위해 필요하여 구하는 것으로 적절한 음식, 주택, 소득, 지식, 사회참여, 개인의 자유 등이다.

욕구는 '결정에 책임이 있는 사람들이 필요하다고 보는 것과 현재에 존재하는 것 사이의 차이'이다.

→ 이러한 것들이 특정 개인, 소수의 개인에 국한될 때는 개인적 욕구가 되고 사회의 다수에게로 확대되면 사회적 욕구가 된다. 특히 사회적 욕구는 문제로 보는 경향이 있다.

| 욕구(need) = 바라는 상태(What should be) - 현재의 상태(What is) |
|---|

출처: 한국청소년 개발원(1997)

이러한 욕구의 개념은 학자들 간의 상이성이 존재하나, 몇 가지 속성을 갖는다. 케트너, 모로니, 마틴(Kettner, Moroney & Martin, 2008)은 욕구는 가치관에 따라 달라지며, 생활수준, 사회정치적 환경, 그리고 가용자원과 기술에 따라 변화되는 탄력성을 지닌다고 설명한다.

구체적으로는 다음과 같다.

첫째, 욕구는 정적이며 절대적이라기보다는 탄력적이며 상대적이라 할 수 있다. 비슷한 상황에 놓여 있다고 하더라도 개인마다 욕구 수준이 다르며, 욕구를 느끼지 않을 수도 있기 때문이다. 또한, 욕구는 시간이 지나면서 변화하기도 한다.

둘째, 사회정치적 환경에 따라 욕구의 개념이 달라질 수 있다. 과거에는 보육서비스의 필요성에 대해 공감대가 높지 않았으나 사회 변화 및 여성의 사회활동 증가, 정치력 신장과 더불어 사회적 공감대가 확산되면서 보육서비스에 대한 욕구도 증가하고 있다.

셋째, 자원의 유용성과 기술수준은 욕구의 개념에 영향을 주는 또 하나의 요인이다. 인공심장, 장기이식은 기술개발이 전제되며, 기술개발이 수요를 창출하고 욕구로 나타나게 하는 것이다.

## 2) 욕구의 종류

### (1) 폰시오엔의 욕구이론

폰시오엔(Ponsioen, 1962)은 지역사회의 우선적인 책임은 구성원의 생물학적·사회적·정서적·정신적 요소를 포함한 기본적인 생존의 욕구를 충족시키는 것이라고 주장했다. 각 사회 또는 지역사회는 더 이상 내려갈 수 없는 최소한의 욕구 수준을 규정하게 된다. 이러한 준거틀에서, 어떤 집단은 필수재화 또는 서비스를 소유하는 데 반하여 다른 집단은 이러한 것들에 접근하지 못하게 되는데, 이때 사회적 욕구가 발생하게 된다. 이런 면에서 욕구는 상대적이며, 기획의 쟁점은 분배 및 재분배에 관한 것이 된다.

영국은 폰시오엔의 주장을 바탕으로 국민보건서비스(National Health Service)를 발달시켰다.

### (2) 매슬로의 욕구계층이론

매슬로(Maslow, 1954)에 의하면 인간의 욕구는 신체적, 안전, 소속과 사랑, 자존감,

자아실현의 욕구 등 다섯 가지 위계 수준(hierachy)으로 나눌 수 있으며, 일반적으로 생존을 위한 생물학적 욕구부터 자기성장과 발전을 위한 욕구순으로 상향적으로 만족시키기를 원한다고 한다. 인간의 욕구를 위계적(hierarchical)으로 구분하여 설명하고 있는 것이다. 하위 단계의 욕구가 충족된 후에만 상위 단계의 욕구가 발생한다고 본다.

이에 대한 비판으로는 인간의 욕구가 특수한 위계상태로 조직화되었다는 증거가 없다. 그러나 인간의 욕구를 체계화하고 수준을 구분했다는 점에서 가치와 유용성을 인정받는다. 욕구조사에 시사를 하는 바는 대상집단의 어떤 욕구를 먼저 다루어야 할지를 알려준다. 예를 들어 기본적인 물질적·안전적 욕구가 해결되지 못한 주민들에게 자기실현 등의 서비스를 제공할 것이 아니라 기본적인 욕구를 해결할 프로그램을 제공해야 한다.

매슬로의 욕구계층론은 사회복지 프로그램을 기획할 때, 욕구의 유형을 식별하여 사회복지적 개입의 우선순위를 설정해야 하는 경우 대단히 유용한 이론이다.

**표 11-1** 매슬로의 욕구 5단계

| 단계 | 욕구 | 내용 |
|---|---|---|
| 1단계 | 신체적 욕구 | •인간이 기본적으로 생존하기 위해 필수적으로 충족되어야 하는 욕구(의식주)<br>•최하위 단계의 욕구 |
| 2단계 | 안전 욕구 | •물리적 환경으로부터의 보호, 박탈과 같은 심리적 측면 포함<br>•주거환경권 내 치안에 대한 안전: 직업 및 소득에 대한 경제적 안정성 등<br>•안전에 대한 욕구는 현재를 포함한 미래의 개념이 내포 |
| 3단계 | 소속과 사랑 욕구 | •친구, 이성, 동료 등과 친밀한 관계 유지<br>•집단 속에서 자신의 존재를 인정과 사랑받는 정서적 소속감을 얻기 위함<br>•가족, 동료, 집단 형성(형성된 집단 규범에 소속되기 원함) |
| 4단계 | 자존감 욕구 | •소속단체의 구성원으로 명예나 권력을 누리려는 욕구<br>•욕구가 충족되면 자신감과 활력을 주지만 충족되지 못하면 열등감에 빠짐 |
| 5단계 | 자아실현 욕구 | •자신의 재능과 잠재력을 충분히 발휘해서 자기가 이룰 수 있는 모든 것을 성취하려는 욕구<br>•최고 수준의 욕구 |

**표 11-2 욕구 유형에 따른 프로그램과 서비스의 종류**

| 욕구의 유형 | 전형적인 프로그램과 서비스 | A 장애인거주시설의 프로그램과 서비스 |
|---|---|---|
| 신체적 욕구 | • 식사지원 서비스<br>• 생필품지원 서비스<br>• 가사서비스<br>• 의료서비스<br>• 주거환경개선 서비스<br>• 의복지원 서비스 | • 정기건강검진<br>• 영양지원 서비스<br>• 의료지원 서비스<br>• 개인 욕구에 맞춘 의복, 이미용, 외식 활동<br>• 자립생활지원 서비스 |
| 안전 욕구 | • 체험홈<br>• 그룹홈<br>• 거주, 이용시설<br>• 장애인 학대 예방 서비스<br>• 안부전화 서비스<br>• 위험요소 분리 지원 | • 체험홈 입주<br>• 그룹홈 서비스<br>• 직원 학대예방 서약서<br>• 인권지킴이단 활동<br>• 고충처리 지원 |
| 소속과 사랑 욕구 | • 학교<br>• 여가선용 프로그램<br>• 동아리 활동<br>• 자원봉사 연계 서비스<br>• 직업 연계 | • 직업재활을 통한 취업 연계<br>• 동아리 활동 프로그램<br>• 무연고자에게 가족 연계 서비스<br>• 학교 등하교 지원<br>• 여가활동 지원 |
| 자존감 욕구 | • 심리상담 서비스<br>• 정신건강 프로그램<br>• 취업알선을 통한 능력 인정 | • 인권지킴이단 단원 활동<br>• 운영위원회 활동<br>• 자치회의를 통한 시설운영 참여<br>• 직원 채용 면접관 참여<br>• 인권교육 수료 및 강사 활동 |
| 자아실현 욕구 | • 서예, 미술 등 교육 프로그램<br>• 자원봉사활동 참여 | • 자원봉사활동 프로그램 참여(장애인 인식개선 캠페인, 환경정화활동, 독거노인 방문, 저소득계층에 생필품 지원 서비스 지원을 통해 서비스 제공자 역할을 함) |

### (3) 브래드쇼의 욕구 구분

브래드쇼(Bradshaw, 1972)는 욕구인식의 기준에 따라 욕구를 다음과 같이 구분하였다. 이러한 욕구 구분은 욕구측정을 위한 접근 방향의 다양성을 보여주기도 한다.

표 11-3 브래드쇼의 욕구 구분

| 구분 | 내용 | 비고 |
|---|---|---|
| 규범적 욕구 | •전문가가 규정(판단)하는 욕구<br>•전문적인 관점에서 일정한 기준을 정하여, 이에 미치지 못한 상황이 규범적 욕구가 됨 | •어린이 영양기준<br>•정부가 정한 절대빈곤 수준이나 최저임금 수준 |
| 인지적 욕구 | •개인(클라이언트)의 욕구 | •개인에 따라 기준이 다름 |
| 표현적 욕구 | •특정 서비스에 대한 개인의 수요욕구<br>•따라서 개인은 서비스에 대해 대기자 위치 | •사회복지서비스 분야 활용 |
| 상대적 욕구 | •다른 사람이나 지역과 비교하여 확인된 욕구<br>•따라서 서비스에 해당되지 않은 사람(지역)의 욕구 | •사람, 지역에 대한 서비스 수준 차이 비교에 활용 |

출처: 한국청소년개발원(1997)

### ① 규범적 욕구(normative need)

실무에서 전문가에 의해 규정된 욕구를 말한다. 전문적으로 관습, 권위, 일반적 합의에 의해 확립된 일정한 기준을 정하고 이에 미치지 못한 상태를 욕구가 있는 상태로 규정한다. 클라이언트의 지향이 아닌 서비스의 효과적인 전달을 위해 기관 혹은 정부당국이 정한 최소한의 규범적 욕구 정의라고 할 수 있다. 장점은 계량화가 쉽고 구체적인 변화의 표적을 제공한다는 것이다. 반면, 단점은 기준이 사람마다, 시간에 따라, 지식의 발전과 사회적 가치에 따라 달라질 수 있어 논란의 소지가 있다는 점이다.

### ② 인지적(느껴진) 욕구(perceived need-felt need)

욕구를 가진 사람들이 인지하는 욕구를 말한다. 인지적 욕구는 사람들이 어떤 욕구의 상태에 있는지 또는 어떤 서비스를 필요로 하는지를 알아내어 파악하는 욕구이다. 이러한 욕구의 파악은 주로 서베이(survey) 등을 통해 가능하다. 브래드쇼는 이 욕구가 개인마다 다르기 때문에 주민 전체의 진짜 욕구로 추정하는 것은 적절치 못하다고 했다.

### ③ 표현적 욕구(expressed need)

무엇인가에 대한 수요(demand)에 의해 느껴진 욕구가 행동으로 표출된 것이다. 욕구는 사람들이 필요로 하는 것이며 그 정도는 얼마나 많은 사람들이 서비스를 실제 필요로 하느냐에 달려 있다. 사회복지 현장에서는 대기자 명단(waiting list)을 보고 욕구의 정도를 파악할 수 있다. 사회복지 현장에서 표현적 욕구에 근거하여 프로그램을 기획하면 실제 수요에 근접하기 때문에 인지적 욕구에 근거하여 사업을 기획하는 것보다 실패 가능성이 더 낮다. 그러나 표현적 욕구는 욕구의 강도가 높을 경우에만 반응한다는 한계가 있어 전반적인 지역사회 욕구에 대해서는 둔감할 수 있으며, 클라이언트로 하여금 리스트에 적혀진 욕구만을 선택하도록 하고 있어 그들의 근본적인 욕구를 측정하는 데에는 한계가 있다.

**④ 상대적(비교적) 욕구**

각기 다른 인구집단에 존재하는 서비스 수준상의 차이를 설명하기 위해 도입된 개념이다. 비슷한 다른 집단의 사람들이 서비스를 받았는데 해당 집단에게는 아직 서비스가 전달되지 못했을 때 그 욕구를 파악하는 데 도움이 된다. 어떤 서비스를 받고 있는 사람들과 비슷한 특성을 갖고 있으면서도 서비스를 받지 않고 있는 사람들이 있을 때, 이들이 서비스를 받는 사람들과 비슷한 욕구가 있다고 규정한다.

**사회복지 현장에서는?** (장애인 거주시설의 사례를 중심으로)

**매슬로 욕구계층론의 사회복지 현장 적용**

사회복지 현장에서는 매슬로의 욕구계층론이 다음과 같은 이유에서 자주 인용되고 있다.

첫째, 사회적 자원은 한정되어 있으므로 프로그램의 효율성 재고를 위해 낮은 수준의 욕구 충족으로부터 높은 수준의 욕구 해결을 위해 노력하고 있다.

둘째, 사회복지 프로그램을 비교 연구하는 데 기준이 된다.

셋째, 인간의 욕구는 현실 사회에서 완전히 충족될 수 없다. 그렇기 때문에 끊임없이 높은 수준의 욕구를 충족하기 위해 누구나 일생 동안 노력하는 것이다.

앞서 본 것과 같이 매슬로는 인간이 가지고 있는 욕구를 계층으로 나누어 정리하였으며 사회복지 현장에서는 이를 바탕으로 클라이언트에게 제공할 서비스의 우선순위를 정할 수 있게 된다.

예를 들어, 사회복지사가 '장애인학대' 사례에 개입하는 경우, 매슬로의 이론을 적용하여 서비스 계획 수립이 가능하다. 사회복지사는 학대 피해 장애인을 위해 가장 먼저 쉼터와 음식 등 생존과 관련된 욕구를 충족시켜 주고자 노력하게 되며, 필요하다면 의료서비스도 제공하여 신체적·생물학적 욕구를 최우선적으로 충족할 수 있도록 노력한다.

신체적 욕구가 충족된 후에는, 보호자 상담 및 상황에 따라 장애인이 보다 안전하고 보호받을 수 있도록 주택 혹은 보호시설을 연결할 수 있으며, 동시에 위험요인으로부터 분리시키기 위한 법률서비스 등을 통해 장애인의 안전욕구를 충족시키고자 노력한다.
그리고 안전의 욕구까지 충족되었다는 진제 아래, 피해장애인의 정서안정이나 자존감 회복 등의 상위의 욕구를 충족시키는 방향으로 프로그램을 기획하고 있다.
다음 페이지에서는 매슬로의 욕구 유형에 따른 장애인거주시설의 프로그램과 서비스의 종류를 예를 들어 보았다. 욕구에 따른 프로그램과 서비스의 종류가 절대적인 것은 아니지만 다음의 표를 통해 욕구 유형에 따른 사회복지 현장에서의 프로그램 및 서비스에 대한 이해를 돕고자 한다.

## 02 욕구조사

Social Welfare Administration

### 1) 욕구조사의 개념

욕구조사는 일반적인 기준에 따라, 부족한 지역사회의 재화와 서비스를 발견하고 규명하기 위한 관점을 가지고 자원 분배에 투입할 자료 수집의 체계적인 과정과 분석이다(미국공동모금회, 1982).

욕구조사란 해당 지역 안에 있는 사람들의 욕구 수준을 확인하고 이를 수량화하는 것을 말하며, 욕구 확인(need identification)과 욕구 추산(need enumeration)을 포함한다. 즉, 프로그램 개발을 위한 전(前) 단계의 과정이다.

### 2) 욕구조사의 목적

욕구조사의 목적은 다음의 네 가지 목적 중에서 한 가지 이상의 목적 달성을 위하여 행해진다(Gates, 1980: 100-111; 최성재·남기민, 2000: 350-351).

① 클라이언트의 잠재적인 수요 파악(주민들이 필요로 하는 각종 서비스 또는 프로그램을 파악해 우선순위 결정)

② 프로그램 운영자원의 할당 기준 수립(예산할당기준 등)

③ 현재 진행 중인 프로그램(사업)의 운영 상태 평가

④ 프로그램을 수행하는 지역사회 내의 기관들 간의 상호 의존 및 협동 상황 파악

## 3) 욕구조사의 내용과 용도

### (1) 기초 자료

#### ① 지역사회와 조사대상 집단의 특성

| 조사 내용 | 연령 분포, 학력, 가족 수, 거주 기간, 직업, 소득 수준 및 분포, 빈곤인구율, 주택보급률, 범죄율, 결혼상태 분포 등 |
|---|---|
| 용도 | •지역 및 집단의 특성에 대한 정보 제공<br>•지역 및 집단 사회인구학적 구조 파악<br>•자료 분석 시 통제변수로 활용 및 복지수혜대상 집단 파악<br>•잠재적 서비스 수혜자 비율이 높은 지역 및 집단 특성 파악 |

### (2) 기존 서비스에 대한 평가 및 새로운 서비스 개발에 필요한 자료

#### ① 삶의 영역에 관한 현재 상태 파악을 위해 필요한 내용

삶의 영역에 대한 실태와 문제점을 파악할 수 있는 내용을 포함해야 한다.

| 조사 내용 | •경제: 소득 수준, 소비 형태, 신용 상태, 자금 관리<br>•고용: 직업 종류, 직업 경력, 직업교육의 필요성, 실업 상태<br>•가정: 부모-자녀관계, 아동의 적응성 문제, 부부문제, 이혼율<br>•교육: 성인들의 교육 수준 및 교육 욕구, 아동들의 학교 적응, 학교 성적<br>•주거환경: 밀집도, 주택 상태, 인구과잉 상태<br>•건강: 만성적 신체장애, 사망 원인, 질병 발생률<br>•가정관리: 살림에 따른 문제, 영양, 주택관리, 아동양육 및 보호<br>•여가: 여가활용, 운동, 문화적 활동<br>•생활만족도: 지역사회 결속력, 자아평가 정도<br>•사법: 성인범죄율, 청소년 비행률 등 |
|---|---|
| 용도 | •여러 가지 생활 영역에서의 현재 상태를 파악하고 욕구측정(바람직한 상태-현재 상태)을 위한 기준으로 사용한다.<br>•새로운 서비스 개발 및 기존 서비스 보완을 위한 기초 자료로 활용<br>•서비스, 프로그램 실행 전후를 분석 비교함으로써 개선된 상태나 격차 해소에 관한 계량적 정보를 얻을 수 있다. |

### ② 기존 서비스에 대한 평가

| | |
|---|---|
| 조사 내용 | • 공식 평가: 비용을 들여 평가단을 구성하고 체계적 기준에 의해 평가<br>• 비공식 평가: 두 사람 이상의 클라이언트 또는 사회복지사가 모여 서비스에 대한 경험담을 나눈다.<br>• 자료 수집은 서비스 적용에 영향을 미치는 요인 간 관계를 실증적인 방법으로 파악하고 규명한다.<br>• 기존 서비스 평가를 위한 조사 내용<br>- 서비스 인지 및 활용 정도<br>- 서비스를 찾거나 이용하는 데 장애요인 존재 여부<br>- 서비스 확대의 필요 여부<br>- 비용 부담<br>- 자격조건 |
| 용도 | • 기존 서비스의 문제점 파악<br>• 기존 서비스 보완에 필요한 정보 제공<br>• 욕구가 있는 사람이 이용할 수 있는 서비스 개발<br>• 서비스 제공자에 대한 재훈련의 필요성 파악<br>• 지역사회 교육 및 프로그램 지지 교육의 필요성에 대한 정보 제공 |

### ③ 새로운 서비스 개발에 필요한 자료

지역주민의 욕구가 기존 서비스로 해결이 안 될 경우 새로운 서비스를 개발해야 하며 개발해야 되는 서비스가 무엇인지 지역주민 대상으로 아래와 같은 조사 내용을 통해 조사해야 한다.

| | |
|---|---|
| 조사 내용 | • 지역주민이 심각하다고 생각되는 문제<br>• 현재 필요한 서비스의 종류 및 우선순위<br>• 서비스 제공 기간<br>• 지역의 하위 집단, 즉 아동, 청소년, 노인, 장애인, 여성 등을 위한 서비스 |
| 용도 | • 욕구식별 및 욕구들의 상대적 중요성 파악<br>• 새로운 서비스 개발을 위한 정보를 수혜자의 입장에서 파악<br>• 하위집단을 위한 서비스 개발에 필요한 정보 파악 |

### (3) 지역사회의 활용자원에 관한 자료

#### ① 지역사회 정보체제

| 조사 내용 | •공식적·비공식적 의사소통매체<br>•표적집단에 가장 잘 정보를 제공해 줄 수 있는 의사소통 매체 또는 조직 |
|---|---|
| 용도 | •수혜자들에게 서비스의 존재 및 서비스 내용을 더 잘 파악하도록 하는 능률적인 의사소통 채널 개발에 필요한 정보 확보 |

#### ② 서비스 자원조사

| 조사 내용 | •동원될 수 있는 공·사적 기금<br>•직원들의 전문성 제고에 필요한 인적·물적 자원<br>•새로운 프로그램을 실행할 수 있는 시설물 |
|---|---|
| 용도 | •프로그램의 실행에 필요한 가용자원 파악 |

#### ③ 정치적 자원

| 조사 내용 | •다양한 프로그램에 대한 주민의 찬반 의견<br>•정치지도자와 사회지도자 지지도 |
|---|---|
| 용도 | •계획을 성공적으로 추진하기 위한 정보 파악 |

## 4) 욕구조사의 접근 방법

욕구조사의 접근 방법은 그것을 행하는 사회복지 조적의 형태나 프로그램의 성격에 따라 클라이언트 중심 욕구조사, 서비스 중심 욕구조사, 지역사회 중심 욕구조사 등으로 구분될 수 있다(남세진·최성재, 1996).

### (1) 클라이언트 중심 욕구조사

특정 서비스나 프로그램의 수혜자가 될 특정 인구집단(아동·노인·장애인 등)의 욕구를 조사하는 방법을 말한다.

### (2) 서비스 중심 욕구조사

특수한 서비스를 제공하는 조직에 의해서 서비스에 대한 욕구를 조사하는 방법이다. 특정한 문제를 해결할 수 있는 서비스 기술이 있는 것을 전제로 하여 그러한 문제가 빈번히 발생할 가능성이 있는 표적인구집단을 설정하고 이들에게 필요한 서비스를 정한다. 이러한 클라이언트 중심 욕구조사와 서비스 중심 욕구조사는 기존 사회복지조직이나 프로그램의 기획이나 평가를 위해서는 매우 유용하지만, 서비스에 다양한 인구집단을 통합시키지 못하거나, 지역사회 내의 다른 서비스조직과 연계하여 종합적인 서비스의 실행에 대한 전략을 수립하는 경우에는 도움을 주지 못하기 때문에 기관 간 및 서비스 간의 중복과 결여현상 등을 개선하고자 하는 측면에서는 한계가 있다.

### (3) 지역사회 중심 욕구조사

클라이언트 중심의 욕구조사와 서비스 중심의 욕구조사의 한계점을 개선하기 위한 방법으로서, 지역사회 전반의 문제를 확인하여 문제해결의 우선순위, 적절한 개입대상 인구 및 적절한 서비스 수준 등을 파악한다.

## 5) 욕구조사의 자료수집 방법

욕구조사는 욕구에 대한 정보 파악의 대상에 따라 클라이언트 중심(client orient)의 욕구조사, 서비스 중심(service oriented)의 욕구조사, 지역사회 중심(community based)의 욕구조사로 나눌 수 있다(Gates, 1980: 112-113).

#### ① 클라이언트 중심의 욕구조사

특정 인구집단을 위해 서비스나 프로그램을 제공하는 기관이 행하는 조사다(최성재·남기민, 2006: 461). 이 조사에서는 먼저 특정 인구집단을 규정하고, 그 집단 내에서 흔히 나타나고 있는 문제를 확인한 후 이러한 문제를 해결하기 위하여 필요한 서비스의 수준을 산정(算定)하게 된다. 예로, 지역아동센터에서 저소득 취약계층 아동을 대상으로, 노인복지관에서 노인인구를 대상으로 그들의 문제와 서비스의 수준을 포괄적으로 조사하는 것 등이다.

**② 서비스 중심의 욕구조사**

특수한 서비스를 제공하고 있는 기관이 행하는 조사다(최성재·남기민, 2006: 461). 이 조사에서는 먼저 특정한 문제를 해결할 수 있는 서비스 기술이 있는 것을 전제로 하여 그러한 문제가 빈번히 발생할 가능성이 있는 표적인구 집단을 설정하고 이들로부터 필요한 서비스의 수준을 산정한다. 서비스 중심의 욕구조사의 예로는 직업훈련기관에서 실직자들을 대상으로 교육훈련 욕구를 조사하는 것이 있다.

**③ 지역사회 중심의 욕구조사**

지역사회 중심의 욕구조사는 클라이언트 중심의 욕구조사와 서비스 중심의 욕구조사를 통합한 것으로 지역사회 전반의 문제를 확인하여 문제해결의 우선순위, 적절한 개입대상 인구 및 적절한 서비스 수준 등을 파악하는 것이다(최성재·남기민, 2006: 462). 이와 같은 조사는 주민 전체를 대상으로 하여 포괄적이고 많은 정보를 얻을 수 있으나 실행하는 데 어려움이 있다. 2005년부터 정기적으로 시행하는 지역사회보장계획 수립의 기초 작업이 지역사회를 중심으로 욕구조사가 실시되고 있다(이준영, 2017: 288-289).

욕구조사의 자료수집 방법으로는 크게 세 가지 측면으로 나누어 볼 수 있으며, 세부적인 방법은 다음과 같다.

**표 11-4 욕구사정의 자료수집 방법**

| 세 가지 측면 | 개념과 실천 방법 | 대상욕구 |
|---|---|---|
| 1. 직접관찰법 | 특정 집단을 대상으로 그들의 욕구를 직접 조사하거나 검증하는 방법<br>• 서베이 조사(일반인구 조사 방법과 표적인구 조사 방법)<br>• 델파이(Delphi) 방법<br>• 관찰법<br>• 직접 경험 방법<br>• 지역사회 공개토론회(community forum: 공청회)<br>• 대화와 집단토의<br>• 체크리스트<br>• 테스트 등 | 인지된 욕구를 파악함 |
| 2. 사례조사법 | 대상집단을 직접 상대하거나 관계를 맺고 있는 제3자들을 접촉하여 그들의 욕구를 조사하는 방법<br>• 프로그램 운영자 및 서비스 제공자 조사 방법<br>• 주요 정보제공자 조사 방법<br>• 서비스 이용 통계치 활용 방법<br>• 결정적 사건 분석 방법<br>• 직무분석 등 | 표현된 욕구를 파악함 |
| 3. 간접자료 조사법 | 기존의 기록이나 지표 또는 자료를 활용하거나 대상집단을 정확히 알지 못하지만 그와 관련이 있는 증거들을 이용하여 그 대상 집단의 욕구를 조사하는 방법<br>• 사회지표 분석 방법<br>• 행정자료 조사 방법<br>• 이차적 자료 분석(개인 기록자료 조사 방법)<br>• 비활동 자료 분석 방법 등 | 규범적 욕구를 파악함 |

### (1) 서베이(survey) 조사

표본을 선정하고 질문지(설문지) 또는 면접을 통하여 자료를 얻어, 이를 기초로 욕구를 조사하는 방법이다.

- 장점: 사용된 질문지를 수정·보완해서 사용할 수 있고 융통성이 있다. 적절하게 사용된다면 다른 방법보다 더 타당성 있는 결과를 얻을 수 있다.
- 단점: 많은 비용 소요, 전문적인 조사기술 필요, 상당한 기간과 인원을 필요로 한다.

### (2) 델파이 방법

전문가들을 대상으로 체계적으로 작성된 몇 단계의 질문지를 통하여, 그들로부터 주민들의 욕구 또는 사회문제나 이슈들을 조사하는 방법으로, 전문가들의 합의점을 찾을 수 있는 이점이 있다.

- 장점: 전문가들의 의견교환 가능, 시간이나 경제적으로 효과적이다.
- 단점: 반복적인 질문지조사 과정으로 인한 많은 시간이 소요되고, 진술문이 각 전문가에게 달리 해석될 수 있으며, 전문가 선정에 있어서의 대표성 문제가 발생한다.

### (3) 관찰법

실제 상황에서 행동에 대하여 관찰하는 것이다. 개인이나 집단 또는 지역사회 등을 대상으로 그들의 행동이나 사회현상을 현장에서 직접 보거나 들음으로써 관련 정보나 욕구를 확인하는 방법이다.

- 장점: 관찰대상자의 행동을 즉시 관찰·기록이 가능하고, 관찰대상자의 방해나 연령·교육 정도에 영향을 받지 않는다.
- 단점: 행동이 나타날 때까지 기다려야 하고, 관찰자의 편견이 개입될 수 있으므로 신뢰성 문제가 있다.

### (4) 지역사회 공개토론회(공청회)

조사자가 지역사회의 모든 사람들이 참여할 수 있는 공개적 모임을 주선하여 이 모임에서 논의되는 지역사회의 욕구나 문제들을 파악하는 것이다.

- 장점: 적은 비용으로 광범위한 지역 계층 집단들의 의견을 들을 수 있고, 문제에 대한 인식과 관심을 개인·집단·기관에 따라 식별 가능하며, 지역사회의 문제에 대해 생각할 기회를 마련하고, 자료 수집이 용이하다. 또한 서베이 조사를 위한 사전준비 기회를 제공한다.
- 단점: 관심 있는 사람들만 참석하므로 자기선택으로 인한 표본의 편파성과 참석자의 소수 의견만 발표될 가능성이 있다.

### (5) 주요 정보제공자 조사 방법(공식적 인터뷰)

기관의 서비스 제공자, 인접직종의 전문직 종사자, 지역 내의 사회복지단체의 대표자, 공직자 등을 포함하는 지역사회 전반의 문제에 대하여 비교적 잘 알고 있는 것으로 인정되는 주요 정보 제공자들을 통해 정보를 얻어 욕구측정을 시도하는 방법이다.

- 장점: 적은 비용이 소요되고, 비교적 단시간 내에 조사할 수 있으며, 표본 정하기가 용이하고, 지역의 전반적인 문제를 쉽게 파악할 수 있다.
- 단점: 의도적 표집으로 표본의 편의현상이 나타날 수 있고, 주요 정보 제공자 입장에서만 본 문제를 반영하고, 정치적 의식이나 감정적으로 결정될 가능성이 많다는 점이다.

### (6) 사회지표 분석 방법

사회지표는 전체 국민이나 지역주민들의 특성이나 조건에 대한 계량적인 측정치를 말한다. 예를 들어, 평균수명, 평균소득, 모자가정비율, 정신건강지표, 보육대상아동비율 등이 여기에 포함된다. 지역별 혹은 집단별로 비교하여 욕구측정을 시도하는 것이 사회지표 분석 방법으로 신뢰성과 타당성을 확보하고 있는 지표를 사용하는 것이 중요하다.

- 장점: 직접 수집한 자료가 아니라 이미 공공 목적을 가지고 수집된 자료이기 때문에 관련 비용이 적고 쉽고 빠르다.
- 단점: 공식적 통계자료가 아닐 경우 통계자료의 신뢰성 문제가 따르며, 특수한 문제에 접근하는 경우에는 일치하는 지표를 찾아내기에 어려움이 있다.

### (7) 이차적 자료 분석 방법(기존 자료의 활용)

복지조직에서 서비스 수혜자에 관련된 기록을 검토하여 욕구를 파악하는 방법이다. 보통 인테이크(intake) 자료, 면접상황 기록표, 업무일지 등이 있다.

- 장점: 비용이 적게 들고, 신축성 있는 조사를 할 수 있다.
- 단점: 비밀보장이 어렵고, 기관 외부의 접근이 어렵다. 또한 조직 간의 자료기준이 달라 공통적으로 사용할 수 있는 자료를 얻기 힘들다.

## 6) 욕구조사의 과정

**표 11-5 욕구조사의 과정**

| 단계 | 과정 |
|---|---|
| 1단계 | 욕구조사의 목적과 배정된 예산을 비롯해 이용 가능한 자원과 주어진 시간을 명확하게 이해하며, 누구를 위한 욕구조사인지를 분명하게 인식함 |
| 2단계 | 욕구조사를 수행하는 데 필요한 구체적인 정보를 찾아냄(기존의 욕구조사와 관련된 자료가 있는지, 쉽게 자료를 찾을 수 있는지를 확인하면 중복되고 불필요한 과업을 줄일 수 있음) |
| 3단계 | 욕구조사를 수행하는 방법과 절차, 조사 도구 등 욕구조사에 대한 전반적인 실행계획을 수립함 |
| 4단계 | 욕구조사에 필요한 자료를 수집하고 분석함(기존 자료 수집, 지역사회 포럼 개최, 주민 서베이 등) |
| 5단계 | 욕구조사의 결과 보고서를 작성함. 욕구조사의 모든 과정을 상세히 기록하며, 그 결과를 널리 알려 여론을 환기시킴 |

### 프로그램 개발 과정 속의 욕구조사

욕구조사는 프로그램 개발 과정에서 서비스 대상자, 기준, 종류, 형태 등을 정하는 것에 기준이 된다.

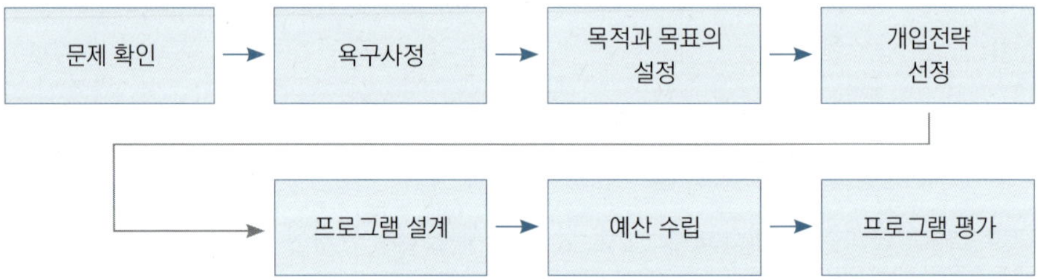


**그림 11-1 프로그램 설계 과정**

서비스를 제공하기 위한 프로그램을 구성하기 전에 욕구사정을 통해 현재의 서비스를 진단하고 서비스 대상의 현 상태 및 문제/욕구를 파악하여 적절한 서비스를 제공할 수 있도록 프로그램과 예산을 계획한다. 프로그램 종료 후에는 평가계획을 통해 결과 및 개선 방향 등을 점검하여 지속적으로 욕구 해결을 위한 서비스가 제공될 수 있도록 한다.

**문제 확인과 욕구사정**

프로그램 개발의 필요성과 타당성이 객관적으로 이해될 수 있는 문제/욕구의 규모와 심각성, 필요성을 제기하고 현존 서비스들의 중복이나 결함을 파악한다.

↓

**목적과 목표의 설정**

파악된 문제를 해결하기 위한 실현 가능하고 구체적인 목표를 설정한다.

↓

**개입전략 선정**

설정된 구체적인 목표들을 단계별로 달성하기 위해 적절한 대안을 선정하여 해당 과업과 책임 여부를 결정한다.

↓

**프로그램 구성**

목표를 달성할 프로그램을 구체적으로 설계하는 작업으로 세부목표별로 어떤 단위 프로그램을 제공할 것인가가 정해지면 서비스 대안들의 전달 방법을 정하는 것이다.

↓

**예산편성**

프로그램을 구성하였다면 프로그램을 운영하는 데 필요한 예산의 편성 작업이 수행된다.

↓

**평가계획**

목표 달성의 여부에 대한 평가계획으로 수적으로 평가할 수 있는 목표의 식별, 월별, 연도별 업무 수행 상황 점검, 부족함의 분석, 평가결과의 지속적인 피드백

그림 11-2 프로그램 개입 절차

### 사회복지 현장에서는? (장애인 거주시설의 사례를 중심으로)

장애인시설에서는 사례관리로 이용자의 욕구사정을 비롯해 기본정보, 의료, 일상생활능력, 종합사정 등을 통해 이용자에게 지원할 서비스를 계획한다. 여기서 욕구사정은 개별 서비스 지원계획을 수립하는 데 있어 기준이 되며 서비스 목표 설정의 방향을 제시하게 된다.

**표 11-6 이용자의 욕구사정 양식**

<table>
<tr><th colspan="7">이용자의 욕구사정(이용자의 꿈, 생활방식, 거주욕구)</th></tr>
<tr><td colspan="2">일시</td><td></td><td>장소</td><td></td><td>작성자</td><td>(인)</td></tr>
<tr><td colspan="2" rowspan="2">이용자의 꿈<br>(장기적이고<br>거시적임)</td><td colspan="2">이용자 의견</td><td colspan="3">보호자 의견</td></tr>
<tr><td colspan="2"></td><td colspan="3"></td></tr>
<tr><td rowspan="4">이용자의<br>욕구</td><td>룸메이트</td><td colspan="5"></td></tr>
<tr><td>담당직원</td><td colspan="5"></td></tr>
<tr><td>프로그램</td><td colspan="5"></td></tr>
<tr><td>기타 욕구</td><td colspan="5"></td></tr>
<tr><td colspan="2">취미 및 특기</td><td colspan="5"></td></tr>
<tr><td colspan="2">생활방식</td><td colspan="5"></td></tr>
<tr><td rowspan="7">거주<br>욕구</td><td rowspan="4">이용자</td><td>구분</td><td colspan="3">선택</td><td>비고</td></tr>
<tr><td>거주 희망 정도</td><td colspan="3">□희망함 □모호함 □원하지 않음</td><td></td></tr>
<tr><td>거주 희망 기간</td><td colspan="3">□일시 (　　　)년 □영구</td><td></td></tr>
<tr><td>거주 후<br>향후 계획</td><td colspan="3">□지속적 거주 □체험홈 및 그룹홈 □독립생활<br>□기타</td><td></td></tr>
<tr><td rowspan="3">보호자</td><td>거주 희망 정도</td><td colspan="3">□희망함 □모호함 □원하지 않음</td><td></td></tr>
<tr><td>거주 희망 기간</td><td colspan="3">□일시 　　년 □영구</td><td></td></tr>
<tr><td>거주 후<br>향후 계획</td><td colspan="3">□지속적 거주 □체험홈 및 그룹홈<br>□독립생활 □기타</td><td></td></tr>
<tr><td rowspan="2">서비스<br>욕구</td><td>이용자</td><td colspan="5"></td></tr>
<tr><td>보호자</td><td colspan="5"></td></tr>
</table>

출처: 사회복지법인 한마음 한뜻마을

위 욕구사정을 토대로 아래 개별 서비스 지원계획서를 수립하고 욕구에 맞는 서비스를 제공한다.

**표 11-7 개별 서비스 지원 계획서 서식**

<table>
<tr><th colspan="10">개별 서비스 지원 계획서</th></tr>
<tr><td>이용자</td><td colspan="2"></td><td colspan="2">성별</td><td colspan="2"></td><td>연령</td><td colspan="2"></td></tr>
<tr><td>담당자</td><td colspan="2"></td><td colspan="2">해당부서</td><td colspan="2"></td><td>작성일</td><td colspan="2"></td></tr>
<tr><td>적용기간</td><td colspan="9"></td></tr>
<tr><td>구분</td><td colspan="9">내용</td></tr>
<tr><td>장기 목표</td><td colspan="9"></td></tr>
<tr><td rowspan="2">문제점 및 욕구</td><td rowspan="2">서비스 목표</td><td rowspan="2">서비스 내용</td><td colspan="2">C't 승낙</td><td rowspan="2">서비스 지원자</td><td rowspan="2">횟수/ 간격</td><td rowspan="2">시간/일</td><td rowspan="2">비용 부담</td><td rowspan="2">목표량</td></tr>
<tr><td>Yes</td><td>No</td></tr>
<tr><td rowspan="2">욕구 1</td><td></td><td></td><td></td><td></td><td></td><td></td><td></td><td></td><td></td></tr>
<tr><td></td><td></td><td></td><td></td><td></td><td></td><td></td><td></td><td></td></tr>
<tr><td rowspan="2">욕구 2</td><td></td><td></td><td></td><td></td><td></td><td></td><td></td><td></td><td></td></tr>
<tr><td></td><td></td><td></td><td></td><td></td><td></td><td></td><td></td><td></td></tr>
<tr><td>시설에서의 행위 제한 계획</td><td colspan="9">□ 자해 □ 타해 □ 폭력행동(언어적) □ 폭력행동(비언어적)<br>□ 재물손괴 □ 위협 □ 공공연한 성적 행동 □ 성희롱 □ 기타</td></tr>
<tr><td>체크리스트 (기관장 체크)</td><td colspan="9">□ 이용자가 원하는 선택이 최대한 반영되었다.<br>□ 이용자의 능력이 개발될 수 있도록 하였다.<br>□ 이용자의 지역사회 참여 관련 목표를 생성하였다.<br>□ 목표와 활동이 구체적이고, 측정(확인) 가능하고, 달성 가능하며, 결과 지향적이다.<br>□ 이용자의 위험행동에 대한 제한범위와 계획이 타당하며, 인권 지향적이다.</td></tr>
<tr><td colspan="10">이상과 같은 서비스 제공 계획에 동의하며, 목표 달성을 위해 적극 참여하고 협력할 것을 상호 약속합니다.</td></tr>
</table>

<table>
<tr><td rowspan="2">서 명</td><td>이용자</td><td>보호자</td><td>담당자</td><td>간호사</td><td>영양사</td><td>생활 재활</td><td>외부 전문가</td><td>외부 전문가</td><td>사회 재활</td><td>사무 국장</td><td>원장</td></tr>
<tr><td></td><td></td><td></td><td></td><td></td><td></td><td></td><td></td><td></td><td></td><td></td></tr>
</table>

출처: 사회복지법인 한마음 한뜻마을

만약 욕구사정 단계에서 이용자가 일을 통해 돈을 벌고 싶다는 욕구가 조사되면 개별 서비스 지원 계획서에 서비스 목표로 직장생활을 통한 경제력 성취를 계획할 수 있을 것이며 이에 대한 서비스 내용으로 직업재활훈련, 취업알선을 통한 직장생활 등을 서비스 할 수 있게 될 것이다. 이와 같이 사회복지 현장에서는 이용자에게 서비스를 계획하고 전달하는 과정에서 욕구 조사가 항상 선행되어 필요로 하는 서비스를 파악한다. 현장에서는 욕구조사 방법 중 델파이 방법을 아래와 같은 질문지로 조사한다.

**델파이 제1차 질문**

향후 10년간(2019~2029) 장애인거주시설 전반(운영, 기능, 이용자, 재정, 정원 등)에 걸쳐 가장 많은 변화가 일어날 것으로 예상되는 점을 다섯 가지만, 희망하는 변화가 아니고 예상되는 변화를 적어 주시기 바랍니다.

1. ______________________________
2. ______________________________
3. ______________________________
4. ______________________________
5. ______________________________

**델파이 제2차 질문**

| | 변화 가능성 척도 | | | | | 희망 척도 | | | |
|---|---|---|---|---|---|---|---|---|---|
| | 본 응답척도에는 변화가 가능한 정도를 추정 표시하여 주시기 바랍니다. | | | | | 본 응답척도에는 변화에 대한 주관적인 희망을 표시하여 주시기 바랍니다. | | | |
| 장애인거주시설의 변화를 예상하는 항목 | 거의 확실하다 | 대단히 가능하다 | 가능성이 있다 | 가능성이 희박하다 | 거의 불가능하다 | 꼭 필요하다 | 바람직하다 | 바람직하지 않다 | 유해하다 |
| 1. 장애인거주시설의 입소자를 결정하는 데 외부 전문가의 평가제도가 도입될 것이다. | 96% 이상<br>1 | 66~95%<br>2 | 36~65%<br>3 | 6~35%<br>4 | 5%이하<br>5 | 1 | 2 | 3 | 4 |

**TIP 욕구조사 수행 시 알아두어야 할 사항**

욕구조사를 수행하는 사람은 다양한 유형의 욕구에 민감해야 한다. 민감성은 클라이언트 집단에 대한 욕구조사를 할 때 그 과정에 클라이언트를 포함시킴으로써 반영할 수 있다.

욕구조사를 수행하는 조사자는 프로그램에 대한 이해당사자가 많다는 것을 항상 염두에 두어야 하며, 이해당사자에는 재정지원자, 행정가, 정치가, 지역사회 주민, 직원, 클라이언트, 다른 복지기관 등이 포함된다. 각 이해 당사자는 프로그램에 대한 나름대로의 견해를 가지고 있으므로 자신들의 관점에서 욕구조사 결과를 해석하려 한다. 따라서 욕구조사에는 다양한 이해 당사자가 얽혀 있어 어느 정도 정치경제학적 성향이 포함되어 있음을 인지해야 할 것이다. 욕구규정 시 욕구 유형들 간에 불일치가 나타나는 경우 누가 얼마만한 정치적 파워와 경제적 자원을 소유하고 있는지가 중요한 결정요인이 되기도 한다.

## 03 욕구분석

Social Welfare Administration

욕구조사를 마친 후 이를 기초로 조사된 욕구에 맞추어 구체적인 서비스와 프로그램이 필요하다고 인정된다면 그 후속조치로 조사자는 지역사회가 이 욕구를 위해 새로운 서비스와 프로그램을 도입하는 데 대해 어떤 반응을 보이는지 확인이 필요하다. 이는 서비스와 프로그램을 도입하는 것에 대한 지역사회의 준비성을 파악하는 것이다.

지역사회의 준비성에 대한 평가가 낮게 나타나면 서비스와 프로그램을 계획하고 도입하기에 앞서 이에 대해 지역주민을 대상으로 교육활동을 하여 준비성을 높이는 것이 필요하며, 매스미디어를 활용하는 것도 바람직하다. 지역사회에 변화를 도모하기 위해서는 욕구조사 과정에 여론주도층이라고 할 수 있는 지역의 주요 인사 및 지도자를 포함시키는 것이 필요하다. 이 과정을 통해 욕구조사 결과를 여론주도층이 자신들의 것으로 받아들이게 되며 새로운 서비스와 프로그램을 도입하는 데 옹호자로서의 역할을 수행할 수 있게 되어 욕구에 개입이 용이하게 된다.

### 생각 나누기

1. 욕구의 가치관 세 가지에 대해 설명하라.
2. 브래드쇼의 욕구 네 가지에 대해 설명하라.
3. 욕구조사 접근 방법에 대해 설명하라.

CHAPTER 12

# 사회복지 프로그램 개발과 평가

## 01 프로그램 개발의 개념

Social Welfare Administration

프로그램의 정의를 종합해 본다면 사회복지에서 프로그램의 개념은 조직의 목적 달성을 위해 이루어지는 체계적 활동이라고 할 수 있다. 따라서 프로그램(program)이란 '한 조직에서 목적을 달성하기 위하여 모든 과정을 마칠 때까지 요구되는 내용의 선정과 조직, 지도활동 체계, 자원, 지원체계, 기간 등에 관한 전체적 계획', 즉 '특정 목표를 성취하기 위한 활동의 집합, 일련의 상호의존적인 활동'이라고 정의할 수 있다(고재욱 외, 2016). 사회복지 현장에서 사용되는 사회복지 프로그램의 개념을 알기 위해서는 우선 '사회복지(social welfare)'와 '프로그램'이라는 단어의 뜻을 알아야 할 것이다.

사회복지란 '국민의 생활 안정 및 교육·직업·의료 등의 보장을 포함하는 복지를 추구하기 위한 사회적 노력, 즉 넓은 의미의 사회적 방책의 총칭이며 다시 말하면 국민의 생활안정과 복지향상을 추구하는 사회적 시책의 총체'라고 할 수 있다. 프리들랜더와 압테(Friedlander & Apte, 1980: 4)는 '사회복지란 국민의 복지를 도모하고, 사회질서를 원활히 유지하는 데 반드시 필요하다고 생각되는 사회적 욕구를 충족시키기 위한 제반 시책으로서의 입법, 프로그램, 급여와 서비스를 포함시키는 제도'라고 말하고 있다. 사회복지는 인간의 삶의 질에 관련된 광범위한 영역을 포괄하기 때문에 아주 넓게 추상적으로 정의할 수도 있고 혹은 아주 좁게 구체적으로 정의할 수도 있다.

두 정의를 통해서 우리는 사회복지의 개념에 다음과 같은 속성이 있음을 엿볼 수 있다.

첫째, 사회복지는 인간이 만들어 낸 사회제도의 하나로서 다른 사회제도와 구별될 수 있는 특유의 사회적 기능을 갖는다는 점이다.

둘째, 사회복지는 특수 대상층의 복지뿐만 아니라 사회 전체 성원의 복리를 추구한다는 점이다.

셋째, 사회구성원의 복리는 그들의 사회적 욕구를 충족시킴으로써 증진된다는 점이다.

넷째, 사회복지는 인간생활을 향상시키려는 개발 시책과 노력을 포함한다는 점이다.

따라서 사회복지는 정부에 의한 시책뿐만 아니라 민간부문에 의한 노력도 포함하는 것이며, 어느 특정 전문 분야의 노력뿐만 아니라 관련 전문 분야와 자원봉사의 영역까지도 포함할 수 있다는 것을 의미한다(김상균 외, 2004).

여러 학자들의 프로그램에 대한 정의를 살펴보면, '해야 할 일에 관한 계획과 지침'이라고 바커(Barker, 1995: 297)는 정의하였으며, 랩과 포트너(Rap & Poertner, 1992)는 프로그램을 '하나의 목적 달성을 위한 여러 활동의 집합체'로 정의하고 사회복지 프로그램은 사람을 돕는 방법과 관련된다고 보았다. 로이즈와 동료 학자들(Royse et al., 2001: 5)은 프로그램을 '특정한 목표 달성을 위한 조직화된 활동의 체계'로 정의하고 프로그램은 궁극적으로 프로그램의 대상이나 참여자에게 영향을 주기 위한 개입이나 서비스를 의미한다고 주장하였다.

이상의 정의를 종합해 본다면 사회복지 프로그램의 개념은 조직의 목적 달성을 위해 이루어지는 활동의 체계로 이해한다는 점에서 학자 간에도 견해가 일치하고 있다는 것이다(황성철, 2015).

### 1) 사회복지 프로그램의 의의

사회복지 프로그램은 '특정 문제와 대상을 상대로 사회복지 향상의 목적을 달성하기 위하여 구체적인 목표를 가지고 전문 인력과 예산을 투입하여 다양한 서비스를 제공하는 사회복지기관과 사회복지 관련 전문인력의 활동'이라고 정의할 수 있다(김은수, 2006: 16). 이러한 정의에는 프로그램의 기획과 설계, 프로그램 실행, 프로그램 평가 그리고 환류 등과 같은 과정이 망라되어 있다. 이러한 일련의 과정을 소위 '프로그램의 개발'이라고 한다. 따라서 프로그램과 프로그램의 개발을 동일한 것으로 간주하고, 사회복지 프로그램의 의의를 사회복지조직의 관점에서 살펴보기로 하면 다음 세 가지와 같다(황성철, 2009: 38-40).

첫째, 사회복지 프로그램은 사회복지조직의 책무성(accountability) 확보와 혁신(innovation)을 위한 전략이다.

사회복지조직은 정부 또는 자원제공자와 이해관계 당사자들에 대해서 양질의 서비스나 프로그램을 제공하려는 노력의 일환으로 프로그램을 개발하여 시행한다. 따라서 사회복지조직의 이러한 노력이 바로 책무성을 보여주는 방법이 된다. 오늘날 사회복지조직은 클라이언트 체계 변화에 어느 정도 효율적으로 성과가 있었는지에 관한 문제뿐만 아니라 서비스 전달과 적용 범위에서도 정당성을 갖추어야 한다. 또한 프로그램 개발과 끊임없이 변화하는 복지환경과 지역주민의 욕구에 적절히 대응하는 방법으로 새로운 프로그램을 모색하거나 기존의 프로그램을 체계적으로 평가하는 작업을 수반하므로 사회복지조직을 혁신하는 하나의 방안으로 간주되기도 한다. 새로운 프로그램이 설립되면 기존 인력과 자원의 재분배가 요구되기 때문에 조직의 관점에서는 변화가 불가피하다. 이와 같이 사회복지 프로그램은 사회복지조직의 책무성을 확보하거나 혁신하는 전략이라는 점에서 그 의의가 있다.

둘째, 사회복지 프로그램은 조직 내 집단적 협력과 의사결정 과정을 포함하고 있다.

사회복지 프로그램은 조직의 안팎에 걸쳐 관련되는 참여자들의 협력적인 활동을 통해 개발된다. 그리고 그것은 연속적이고 집단적인 의사결정 과정과 관련된다. 사회복지 프로그램은 사회복지조직 내의 집단적 협력과 의사결정을 조장·제고한다는 점에서 의의가 있다.

셋째, 사회복지 프로그램은 과학성에 기초한 창조적인 활동이다.

사회복지 프로그램은 과학적인 문제분석과 측정, 각종 자료와 정보의 체계적인 수집·비교·검토, 대안모색 활동, 실행 그리고 평가 등이 망라되는 과학성에 기초한 활동이다. 그렇다고 한다면 사회복지 프로그램은 과학성을 담보로 하는 창조적인 활동이라는 점에서 의의가 있다.

## 2) 프로그램의 유형

사회복지 프로그램의 종류나 유형은 분류기준에 따라 다양하게 나누어지는데, 일반적으로 프로그램의 성격 및 정책별 유형, 표적집단 또는 실천대상별 유형, 기능별 유형, 기타 프로그램으로 분류할 수 있다.

### (1) 프로그램의 성격 및 정책별 유형

사회복지서비스의 성격 및 정책별 유형으로 개인의 사회화와 발달적 욕구충족을 위한 서비스 및 프로그램, 문제를 지닌 개인 또는 가족에 대한 치료, 보호, 구체적 지원서비스, 제반 서비스의 접근을 위한 안내 및 조언서비스로 분류한다.

#### ① 개인의 사회화와 발달적 욕구충족을 위한 서비스 및 프로그램

개인의 사회화와 발달적 욕구충족을 위한 서비스 및 프로그램은 개인이 인간으로 성장하고 발전하는 전 생애에 걸쳐 제기되는 욕구충족을 목적으로 한다. 아동양육 및 보육 프로그램, 청소년 성장 프로그램, 노인의 사회참여 강화 프로그램 등이 있다.

#### ② 문제를 지닌 개인 또는 가족에 대한 치료, 보호, 구체적 지원서비스

문제를 지닌 개인 또는 가족에 대한 치료, 보호, 구체적 지원서비스는 문제 중심의 프로그램으로 이러한 대상들이 당면한 사회적 관계와 적응상의 문제를 해결하기 위한 것이다. 입양 및 위탁가정보호 프로그램, 가출청소년 선도 프로그램, 정신장애인의 음악치료 프로그램 등이 있다.

**③ 제반 서비스의 접근을 위한 안내 및 조언서비스**

제반 서비스의 접근을 위한 안내 및 조언서비스 프로그램은 일반적으로 홍보, 정보 제공, 의뢰, 연계 서비스를 의미하며 하나의 독립된 프로그램 형태로 구성되는 것이 거의 없고 다른 주된 프로그램에 부수적으로 수반되는 하위 서비스 형태로 나타난다. 예를 들면, 홍보 및 정보 제공 또는 접근성 향상을 목적으로 시행되는 활동, 클라이언트의 의뢰나 신규 대상자 접수와 관련된 활동 등이 있다.

### (2) 표적집단 또는 실천대상별 유형

표적집단이란 실천이나 프로그램에서 변화의 대상이 되는 체계를 말한다. 주로 개인, 가족, 집단을 대상으로 클라이언트와 대면관계를 이루어 직접적 서비스 제공의 형태로 진행되는 프로그램을 임상적 프로그램이라고 하며, 상담, 치료, 재활, 정보 제공 등의 사회서비스로 구분한다. 실천적 대상으로는 조직과 지역사회, 전체 사회를 대상으로 하는 프로그램으로 예를 들면 건강을 위한 금연활동 캠페인 등이 있다.

### (3) 기능별 유형

사회복지기관의 프로그램을 기능별로 분류하는 방법으로 기관에서 가장 많이 사용되고 있는 분류체계이다. 아동복지기관의 입양 프로그램과 상담 프로그램, 사회복지공동모금회의 모금과 배분 프로그램 등이 있다.

### (4) 기타 프로그램의 분류

사회복지 프로그램의 분류 방법은 그 밖에도 연령층에 따라 아동·청소년·노인 프로그램, 클라이언트 집단의 유형에 따라 장애인 복지 프로그램, 다문화 가족 프로그램, 탈북 청소년 프로그램 등이 있다. 프로그램의 실시 장소에 따라 내방 또는 방문 프로그램으로 분류되고, 기관과 지역사회의 협력과 연계 유무에 따라 단독과 공동 프로그램으로 나누어진다. 또한 문제 유형별 프로그램으로 분류할 수 있다.

### 3) 사회복지 프로그램의 중요성

양질의 프로그램에는 그것의 개발, 실행 및 평가 등의 활동이 필수적이다. 그러한 활동을 통하여 지역사회 문제를 해결하고, 클라이언트의 욕구에 부응하는 프로그램이 개발되며, 기존의 프로그램이 보완될 수 있다. 이와 같이 사회복지 프로그램은 사회복지 기관을 포함한 대부분의 조직에 있어서 주된 관심 분야이다. 지역사회 문제해결과 클라이언트의 욕구충족에는 사회복지 프로그램이 관계된다.

사회복지 프로그램은 사회복지조직의 목적을 달성하고, 사회복지 환경의 변화에 대처하기 위해서도 중요하다. 우선 사회복지 프로그램은 사회복지조직의 목표를 달성하는 데에 직접적으로 관여하고 있다. 사회복지조직에서 프로그램의 유지와 관리가 중요한 과제인 것이다. 여기서는 사회복지 프로그램의 중요성을 사회복지조직의 책임성의 입장에서 살펴보기로 한다.

사회복지조직에서 프로그램의 중요성이 강조됨에도 불구하고, 이것에 대해 관심을 갖게 된 것은 최근의 일이다. 프로그램 개발에 소홀한 상황은 다음과 같이 정리해 볼 수 있다(정무성, 1999). 먼저 사회복지기관의 전문 인력 부족을 들 수 있다. 그리고 클라이언트보다는 다른 영향력 있는 사람들에게 신경을 써야 하는 경우가 많아 상대적으로 클라이언트를 위한 프로그램 개발을 소홀히 하였다. 마지막으로 기술적인 측면으로 효과적인 프로그램의 기획이나 평가에 관한 기술이 발달하지 못하였다.

서구 복지국가에서는 1970년대, 1980년대의 복지국가 위기를 거치면서 거의 대부분의 조직에서 소위 책임성의 문제가 제기되었다. 그 내용은 대개 비효율성, 약한 경쟁력, 도덕적 해이, 공금유용 혹은 착복 등에 과한 것이었다. 이로 인해 비효과성, 질적 저하, 팀워크의 해체, 근시안적 기획, 낭비, 노동불균형 등이 초래되었다(정무성, 2008: 31). 이러한 현상은 사회복지에 대한 투자가 괄목할 만큼 증대되고, 사회복지서비스의 공급주체가 다원화되어 경쟁이 일어나고 있음에도 불구하고 사회복지조직들은 효과성을 제시할 수 있는 객관적인 증거를 성공적으로 확보하고 있지 못한 데서 기인하고 있다. 책임성의 문제를 해결하기 위해서는 행정적인 운영 차원에서 수행성과 법규의 준수성, 직원의 자질 등에 대한 정확한 통제와 관리가 요구된다. 이러한 관리를 통해 행정

효과성을 높이는 경우 책임성에 관한 논란의 소지는 줄어들고 조직의 성과도 높아지게 된다. 이는 자연적으로 사회복지조직에 대한 사회적 신뢰를 높이게 되고, 그 조직에 소속되어 있는 사회복지사들의 전문직에 대한 위신을 높여 주며, 사회적 후원이나 지지도를 향상시키게 될 것이다(정무성, 2008: 32). 이러한 사실을 감안한다면 사회복지조직의 프로그램에 대한 중요성도 강조될 수밖에 없다.

우리나라의 경우 사회복지기관의 책무성을 강조하게 된 최근 배경은 다음과 같은 법적·제도적·경제사회적 환경 변화가 있다(정무성, 2008: 34-35).

첫째, 사회복지 공급주체의 다원화로 기존 사회복지기관 및 시설의 비효과적인 형태를 문제 삼는 세력들이 등장한 것이다.

둘째, 사회복지서비스의 민영화 경향이다.

셋째, 「사회복지사업법」의 개정에 따라 사회복지기관, 시설들이 최소한 3년에 1회 이상 평가를 통해 책임성을 입증하도록 제도화한 것이다.

이와 같이 사회복지를 둘러싼 외부환경의 변화가 사회복지조직의 책임성 인지에 영향을 미치고 있는 것이다. 사회복지 분야에 대한 국민들의 인식이 높아지고, 복지에 대한 권리의식이 증진되어 가며, 사회적으로 귀중한 인적자원과 물적자원이 정부나 민간으로부터 사회복지 프로그램에 많이 유입되면서 사회복지기관의 책임성 문제가 대두된 것이다(양정하 외, 2006: 281).

책임성의 강조는 프로그램의 효과성을 개선하고 효율성을 증대하는 데 긍정적인 역할을 담당하였다. 이는 프로그램에 대한 설계와 평가에 대한 중요성이 강조됨으로써 좀 더 체계적인 프로그램의 설계가 가능하도록 하여, 욕구에 맞는 그리고 적절한 문제해결을 위한 프로그램의 설계가 가능하도록 하는 데 크게 기여하였으며, 프로그램의 평가를 통한 프로그램의 질적 수준의 향상을 가져다주었다(지은구, 2005: 19). 최근 사회복지 현장에서 개입의 효과를 측정하는 활동이 평가연구라는 이름으로 관심의 대상이 되고 있으며, 그 평가 방법이 많이 개발되고 있다.

## 02 프로그램 개발 과정 및 평가 방법

Social Welfare Administration

프로그램 개발은 새로운 프로그램을 창출하거나 기존의 프로그램을 수정·보완하여 효과적 프로그램으로 개선시키는 노력과 과정인 것이다. 따라서 새로운 프로그램의 기획과 설계 그리고 기존 프로그램의 수정·보완뿐만 아니라 실행·평가 등의 전 과정을 프로그램 개발이라 할 수 있다(황성철, 2008: 30-38).

개발 측면에서 박경일(1998)은 '문제와 욕구사정 → 자원체계의 확인 → 목적 및 세부 목표 설정 → 자료 수집과 대안 설정 → 실천계획의 표현 → 실천활동과 실행 → 측정과 평가'로 모두 일곱 단계로 분류하고 있는데, 이를 살펴보기로 한다.

### 1) 문제와 욕구사정

사회복지기관에서 프로그램을 개발하는 것은 문제를 발견하고 욕구분석을 통해 원인규명을 하며 문제를 진단하기 위함이다. 문제분석은 무엇이 문제인지를 규정하는 것이다. 문제분석의 내용으로 그들의 바람직하지 않은 것으로 간주되는 상황이나 조건들은 무엇인지, 누가 그 문제로 고통받고 있는지를 규정하고, 누가 그것을 사회문제로 규정하며, 또 누가 그것을 사회문제로 규정하지 않는지, 무엇이 문제의 이유인지, 어떤 프로그램들이 현재 그 문제를 다루고 있는지를 우선적으로 분석해야 한다.

욕구사정은 한정된 지역 안에서 사람들의 욕구 수준을 확인해 내고 이를 수량화하는 방법으로 사람들의 서비스 욕구를 체계적으로 분석해야 한다. 따라서 욕구의 주체, 객체와 욕구의 유형 등을 파악해 기존 자료를 활용하거나 주요 관련 정보를 이요하거나 지역사회 서베이 등을 통해 욕구사정을 진행해야 한다(김영종, 2006: 291-299).

### 2) 프로그램 수혜자 및 자원체계 확인

프로그램의 수혜자는 ① 일반 인구집단(프로그램 대상지역 내에서 문제의 속성과 관련이 있는 모든 사람들), ② 위협(위기) 인구집단(일반인구의 하위집단으로, 해당 문제에 노출될 위협이 있거나 욕구가 있는 사람들), ③ 표적 인구집단(위협인구의 하위 집단으로, 해당 문제에 노출되거나 경험이 있는 사람들), ④ 클라이언트 인구집단(표적인구의 하위집단으로 프로그램 실제 대상자가 되는 사람들)로 구성된다.

**표 12-1 프로그램 수혜자 분류**

| 인구집단 | 내용 | 인원 수 |
|---|---|---|
| 일반 인구집단 | 문제의 속성과 관련이 있는 모든 사람들 | ○○명 |
| 위기 인구집단 | 해당 문제에 노출될 위협이 있거나 욕구가 있는 사람들 | ○○명 |
| 표적 인구집단 | 해당 문제에 노출되거나 경험이 있는 사람들 | ○○명 |
| 클라이언트 | 프로그램 실제 대상자가 되는 사람들 | ○○명 |

출처: 이민훈·오영훈(2018: 186) 수정 인용

사회복지기관은 물적자원, 즉 프로그램 실행을 위한 재원 확보가 중요하다. 사회복지조직들은 일반기업과 달리 상품판매에 의해 재원이 마련되지 않고, 서비스 공급자와 수급자가 분리되어 있기 때문에 사회복지기관의 재원 확보가 쉽지 않다. 기관의 한정된 재원으로는 개인이나 지역사회 주민들의 욕구를 충족하기 위한 프로그램을 실행할 수 없으므로, 재원을 어떻게 동원하느냐가 중요하다. 인적자원으로는 내부자원과 외부자원을 어떻게 확보하고 연계하여야 할 것인가를 고려하여야 하며, 프로그램 개발에 있어서의 전문적 지식과 기술, 시설, 장비 등을 어떻게 조합할 것인가에 대한 구체적 점검이 있어야 한다. 또는 클라이언트 집단의 매핑(mapping)과 클라이언트 집단 파악이 중요하다.

## 3) 목적 및 세부목표 설정

사회복지 프로그램은 목표를 달성하기 위한 활동들로 구성되기 때문에 목표를 어떻게 설정하는가 하는 일은 프로그램의 방향을 결정하는 매우 중요한 과제이다. 목표는 프로그램이 변화시키려고 하는 상황이나 문제에 대한 기준을 설정하는 것이며, 프로그램 활동의 결과로써 기대되는 변화의 정도 등을 포함한다. 프로그램과 관련된 목표라는 용어는 목적, 목표, 세부목표 등이 있으며, 프로그램의 목적은 구체적 '표적집단, 현재 문제 영역, 바람직한 미래 상태, 즉 누구의 어떤 문제를 어떻게 변화시킬 것인지'이다.

프로그램 목표는 프로그램 목적으로부터 분화되어 구체적으로 측정 가능한 형태이기도 한데, 이를 좀 더 쉽게 설명하면 프로그램 목표는 프로그램 목적의 측정지표라 할 수 있다. 즉, 프로그램의 목적은 굉장히 이상적이고, 광의적이라는 의미를 담고 있으나 목표는 굉장히 현실적이고, 협의적이라는 의미를 담고 있다.

이러한 사회복지 프로그램의 목표 설정의 기준은 다음과 같다.

첫째, 프로그램 참여자에 해당하는 클라이언트를 중심에 두고 목표를 설정해야 한다.

둘째, 프로그램의 목표는 기관의 목적과 논리적으로 연관성을 유지해야 한다.

셋째, 클라이언트 집단이 달성할 수 있는 성취 가능한 형태로 설정되어야 한다.

넷째, 가능한 한 측정할 수 있도록 설정해야 한다(황성철, 2008: 145-163).

### 4) 자료 수집과 대안 설정

프로그램에 관한 목적과 목표가 설정되면 프로그램에 관한 유사한 프로그램이 있는지 여부와 과거에 유사한 프로그램이 있는지, 그리고 외국의 사례 등을 조사하여 자료 수집을 한다. 관련 프로그램을 진행하고 있다면, 현장을 방문하여 진행 상황과 관련된 전문가의 조언 등을 토대로 자료 수집을 한다.

프로그램을 실행하기 위해서 프로그램의 목적과 목표 달성에 적합한 대안을 결정하는 것은 쉽지 않다. 따라서 프로그램을 실행하기 위해 어떠한 대안이 최적인지를 선택해야 되는데, 기관의 사명과의 적합성, 자원동원 등의 환경요인에 따라 우선순위가 결정되고 적합성과 실행 가능성 여부에 의해서 비교·결정하여 최종대안을 선택해야 한다. 기관의 내부 특성을 고려하고 외부환경에 적합성 여부를 판단해 대상자들에게 제공할 최적의 프로그램을 선택하는 것이 중요하다.

대안들의 비교·검토에 사용되는 기준은 크게 타당성과 실행 가능성으로 나눌 수 있다. 타당성은 채택된 대안(프로그램)이 수행될 경우 그 결과가 사회적으로 얼마나 바람직한가를 판단하는 기준으로 효과성, 효율성, 비용과 적합성 또는 민감성, 형평성 또는 공정성 등이 있다. 실행 가능성은 대안이 채택되어 집행될 수 있는 가능성을 나타내는 기준으로 기술적(조직, 인력수급, 담당자의 자질 등), 경제적(비용, 부담자 등), 이용자 확보 여부, 사회윤리(건전성, 수용성 등), 정치적 실행 가능성을 의미한다.

### 5) 실천계획의 표현

관련 자료가 수집되고 우선순위에 의해 대안서비스들이 결정되고 나면, 이를 달성하기 위한 구체적 실천계획이 수립되어야 한다. 실천계획의 수립은 최종적으로 목표를 달성할 수 있는 체계를 창출하는 과정이며, 선택된 대안에 대한 구체적 실천과정을 작성하는 과정이라 할 수 있다. 프로그램의 실천계획에는 구체적 실행계획을 수립해야 하는데, 구체적으로 서비스 방법, 시간, 예산, 교육 등을 구체적으로 명시화하는 것이다.

### 6) 실천활동과 실행

프로그램 실행이란, 전 단계에서 제시한 사항들을 정해진 계획에 의해 서비스를 실시하는 것을 의미한다. 프로그램 실행에 있어서 유의할 점으로는 프로그램 계획에 지나치게 얽매여서 목표전치가 발생하지 않도록 하는 것이다. 프로그램은 효율적이고 효과적 서비스를 제공하기 위한 도구이지 그 자체가 목적은 아니다.

프로그램 실행은 탄력적으로 운영될 수 있도록 융통성이 필요하며, 때로는 목적 달성을 위해 수정될 수도 있다. 프로그램 실행을 효과적으로 진행하기 위해서는 프로그램의 모니터링과 관련 담당자나 슈퍼바이저와 토의하거나 조언을 듣는다(신복기·박경일·이명헌, 2008: 454-463).

### 7) 측정과 평가

사회복지 프로그램에서 측정과 평가는 계획된 목표가 달성되었는가를 알아보기 위한 과정이다. 즉, 시행한 프로그램의 가치와 의의를 판단하는 사회적 과정이라고 할 수 있다. 그러므로 평가는 프로그램 계획이나 운영과정에 필요한 정보를 확보하여 이 과정이 바람직하게 추진되도록 노력하는 것으로서 프로그램 과정상의 환류과정이라고 볼 수 있다.

또한 평가는 프로그램 담당자가 프로그램 계획과정에서 행하는 활동에 대해 사회적 책임을 지도록 하는 것으로서 책임성 이행과정이라고도 할 수 있으며, 보조적 목적으로서 프로그램 속에 내재된 변수들 간의 인과관계를 검증하여 이론 형성에 기여하기도 한다. 평가는 사회복지관, 전문가의 의무이고 윤리이다(고재욱 외, 2016: 33-339 수정).

## 03 프로포절 작성의 실제

Social Welfare Administration

본 책에서는 사회복지 프로포절에 대해 설명하기 위해 사회복지 현장에서 가장 많이 제안되고 있는 사회복지공동모금회의 양식을 표본으로 설명하려 한다. 모금회는 배분기준을 정하고 회차에 따라 지정된 사업의 프로포절을 받아 전국의 사회복지기관 및 유관단체의 선정사업에 대해 지원을 진행하고 있다. 배분을 위한 사업 참여자는 ① 아동/청소년, ② 노인, ③ 장애인, ④ 여성/다문화, ⑤ 위기가정, ⑥ 지역사회, ⑦ 북한/해외/기타의 7개 영역으로 구분하고 있으며 기준은 다음과 같다.

**표 12-2 사회복지공동모금회 사업 참여자 기준**

| 배분대상 | 기준 |
|---|---|
| 아동/청소년 | • 19세 미만의 자(민법상의 연령 적용) |
| 노인 | • 65세 이상의 자 |
| 장애인 | • 장애인복지법에 의해 장애 등록이 된 자 |
| 여성·다문화 | • 청장년 여성(19세~64세 이하) |
| | • 재한외국인, 결혼이민자(자녀 포함) |
| 위기가정 | • 가족단위 대상, 청장년 남성(19세~64세 이하) |

| 배분대상 | 기준 |
|---|---|
| 지역사회 | •지역주민이나 지역공동이익에 초점을 맞춘 사업(지역사회 네트워크 및 마을 공동체와 관련된 사업)<br>•지역주민 및 사회복지 관련 종사자를 대상으로 하는 사업 |
| 북한/해외/기타 | •북한지원사업<br>•해외지원사업<br>•기타사업 |

출처: 한국사회복지공동모금회(2019)

지원사업은 ① 기초생계 지원, ② 교육·자립 지원, ③ 주거·환경 개선, ④ 보건·의료 지원, ⑤ 심리·정서 지원, ⑥ 사회적 돌봄 강화, ⑦ 소통과 참여 확대, ⑧ 문화 격차 해소의 8개 분야로 구분되며, 항목별 내용은 아래와 같다.

**표 12-3 사회복지공동모금회 사업 구분 세부 내용**

| 사업 구분(분야) | 사업 목적 | 세부사업 설명 |
|---|---|---|
| 기초생계 지원 | •기본적 욕구 충족, 절대적 빈곤 위험 완화 및 예방 | •생계지원(현금·현물지원)<br>- 예) 명절 물품 지원, 이재민 긴급구호, 식사(급식, 반찬, 도시락 등) 관련 지원사업, 건강보험료지원, 장제비, 전기요금지원, 부식비·피복비 지원, 생필품지원 등 |
| 교육/자립지원 | •취약계층의 자립역량 강화 지원과 빈곤의 대물림 방지 | •취약계층 대상의 교육(학습, 진로, 교양 등) 및 직업훈련 등 지원<br>- 예) 장학금 및 교육비 지원, 기초학습 및 특기적성 교육 지원, 직업훈련 교육 및 전문자격 취득 지원, 취업 및 진로컨설팅 지원, 진로교육 프로그램, 사회적경제조직(사회적기업 및 협동조합)의 인큐베이팅 등 지원, 부모교육, 저소득층 자활사업 및 인문학 교육 등 |
| | | •교육장비 및 교육환경 조성 등 지원<br>- 예) 교육 기자재 및 장비 지원, 지역아동센터(공부방) 시설 개보수, 컴퓨터 및 IT기기 지원 등 |
| 주거/환경 개선 | •안전한 주거환경 조성<br>•환경보호, 지역사회 환경 개선 | •주거 관련 지원(냉난방 관련)<br>- 생활 및 이용시설 개보수 등 시설 개보수, 주거환경 개선, 냉난방시설 및 비용(연료)지원, 안전장비 및 시설 보강, 재난피해지역 복구 등 |
| | | •국내외환경보호 관련 사업<br>- 예) 녹색환경 조성, 옥상녹화, 하천정화, 벽화, 나무심기 등 |

| 사업 구분(분야) | 사업 목적 | 세부사업 설명 |
|---|---|---|
| 보건/의료 지원 | •신체적으로 건강한 삶을 위협하는 요인의 완화 및 사전예방<br>•의료서비스 기회제공 및 과부담 의료비 경감 | •질병예방을 위한 공중위생 및 보건활동 지원<br>•의료서비스 및 의료비 제공<br>– 예) 검사(진단)비, 입원 및 수술비, 보건교육 및 건강교실, 고액의료비지원, 희귀난치성 질환지원, 중독치료(약물, 음주, 흡연), 만성질환관리지원, 건강식품지원, 재활치료 및 운동프로그램, 의료장비 및 기자재 구입지원, 보조공학 재활기구 지원, 병의원 및 무료진료소 건립 등 |
| 심리·정서 지원 | •건강한 삶을 위한 정신적·심리적 지지 및 회복 | •상담, 심리검사 및 치료<br>•심리정서회복 프로그램 지원과 관계증진 활동 등<br>– 예) 상담치료, 심리검사(진단), 언어치료, 미술·음악 등 표현예술 치료, 운동치료, 관계회복 프로그램, 중독치료(도박, 게임, 인터넷), 우울증 및 스트레스(불안) 개선 활동, 멘토링, 나들이 활동 등 |
| 사회적 돌봄 강화 | •보호가 필요한 취약계층의 안전한 삶 지원 | •아동보호·양육과 여성/노인/장애인 등 취약계층의 안전, 편의 증진, 돌봄 지원<br>– 예) 방과 후 및 주/야간보호 지원사업, 소규모시설 및 영유아시설 운영지원, 가정위탁 및 입양대상 아동지원, 한부모 및 조손가정아동의 보호지원, 재가노인 및 장애인 돌봄(사례관리 등) 관련 사업, 장애인활동보조지원, 학대예방 및 피해지원, 가정폭력예방 및 피해지원, 성교육 및 성폭력 예방/피해지원, 성매매피해지원, 쉼터지원, 이동편의(차량 등) 지원, 기타 편의증진 및 안전 관련 지원 등 |
| 소통과 참여 확대 | •민간전달체계 강화를 통한 양질의 복지서비스 제공 및 주민참여를 통한 민간 복지자원 확대 | •서비스제공 기관과 종사자 지원<br>– 예) 사회복지사 및 시설종사자 등 교육지원, 쉼과 회복 지원, 복지시설 기타 사업비 및 운영비 지원 |
| | | •주민조직화 및 지역사회 통합 활동<br>– 예) 주민리더 양성사업, 주민(시민)교육 사업, 재능기부 및 지원활동, 지역간담회, 포럼 및 세미나, 전문인력양성, 취약계층 보호 또는 지역사회통합을 위한 인식개선 교육 및 캠페인 등 활동, 마을 만들기 및 지역사회 공동체 지원 관련 사업, 김장나눔행사, 결혼 및 칠순잔치 행사, 지역 및 주민대상 행사·축제 등 |
| | | •자원봉사 및 네트워크 구축 등 민간복지 자원 확대<br>– 예) 지역사회 자원연계활동, 재능기부 및 지원활동, (전문)자원봉사단 조직 및 운영, 영구임대아파트 공동체 형성지원 등 |
| 문화 격차 해소 | •여가·문화·예술의 다양한 경험 및 활동에 대한 기회 확대로 삶의 질 개선과 역량강화 | •여가·문화·예술 경험 및 활동 관련 지원<br>– 예) 여가를 목적으로 한 나들이 및 외부 문화·예술·체육행사 참여, 방과후·주말·방학 등 문화예술 및 체육활동 지원사업, 동아리 및 공연 활동 지원사업, 특별체험활동, 역사·전통문화체험 및 예절교육, 여행 및 캠프, 독서교실, 악기·체육장비·도서 등 구입지원 |

출처: 한국사회복지공동모금회(2019)

배분사업 신청 유형은 프로그램, 기능보강 두 가지로 구분되며, 프로그램은 성과중심형, 성과확산형, 산출중심형 세 가지 유형으로 분류된다. 배분사업 신청 유형별 세부 내용은 아래와 같다.

**표 12-4 배분사업 신청 유형**

| 사업 유형 | | 내용 | 표준 신청 양식 |
|---|---|---|---|
| 프로그램 사업 | 성과 중심형 | • 성과 목표 달성을 통해 사업 참여자의 의미 있는 변화를 꾀하고, 나아가 지역사회 변화의 기초를 다지는 사업<br>• 주로 단년도 형태를 띠며, 사업 참여자의 역량강화 또는 소규모의 지역사회 네트워크 구축 등의 사업을 포함 | • 배분신청서<br>• 신청기관 현황<br>• 사업계획서 |
| | 성과 확산형 | • 2년 이상 계획하는 다년도 사업으로 사업 참여자의 의미 있는 변화뿐만 아니라 지역사회, 나아가 우리 사회에 파급력(Impact)을 미치는 것을 지향하는 사업 | • 배분신청서<br>• 신청기관 현황<br>• 3개년 사업계획서<br>• 1차년도 사업계획서 |
| | 산출 중심형 | • 현재 당면한 지역사회 이슈 및 개인(또는 가족)의 문제 해결을 위한 지원 사업으로 성과목표 달성보다는 사업 수행 과정에 중점을 두는 사업 | • 배분신청서<br>• 신청기관 현황<br>• 사업계획서 |
| 기능보강 사업 | | • 기능보강을 통해 현재의 문제를 해소하거나 보다 의미 있는 사업을 향후 수행하고자 하는 사업<br>• 장비보강, 개보수, 자동차 구입 등이 해당 | • 배분신청서<br>• 신청기관 현황<br>• 사업계획서 |

출처: 한국사회복지공동모금회(2019)

프로포절 작성의 실제는 먼저 과정중심형 사업계획서의 실례를 살펴보고 나서 성과중심형 사업계획서에 대해 설명하고자 한다.

## 1) 과정중심형 사업계획서

### 사업 개요

<table>
<tr><th colspan="7">사업 개요</th></tr>
<tr><td>기관명(신청기관명)</td><td colspan="6">○○자활센터</td></tr>
<tr><td>사업명</td><td colspan="6">주거취약계층을 위한 One-Stop 홈 케어 서비스</td></tr>
<tr><td>사업기간</td><td colspan="3">3년</td><td>서비스 지역</td><td colspan="2">대전광역시</td></tr>
<tr><td>서비스대상</td><td colspan="3">수급자 및 중위소득 80% 이하<br>(최저생계비 200%범위 내) 저소득가구</td><td>실인원수</td><td colspan="2">50명/300명<br>(가족구성원)</td></tr>
<tr><td>서비스 단가</td><td colspan="3">1,520,000원<br>(산출식 = 총사업비 ÷ 실인원)</td><td>투입인력</td><td colspan="2">4명</td></tr>
<tr><td>사업목적</td><td colspan="6">1. 주거취약계층에 대한 사례관리를 통해 새로운 주거복지모델을 창출한다.<br>2. 주거취약계층 대상으로 한 One-Stop 홈 케어(저소득 가정의 청소, 방역(해충방제), 살균소독, 냄새제거, 수선, 보수, 수납정리 등)를 통해 가구환경의 변화를 도모한다.<br>3. One-Stop 홈 케어 서비스 통해 저소득취약계층인 자활사업 참여자의 역량을 강화하고, 공공영역의 일자리를 창출한다.</td></tr>
<tr><td rowspan="6">목표</td><td colspan="3">목표</td><td colspan="3">측정 지표</td></tr>
<tr><td colspan="3">주거 환경 개선 및 가족 기능 향상</td><td colspan="3">홈 케어 횟수</td></tr>
<tr><td colspan="3">주거환경 및 서비스 만족도 향상</td><td colspan="3">이용자 만족도</td></tr>
<tr><td colspan="3">서비스 수행 업체 서비스 질 향상</td><td colspan="3">서비스 지원 달성도</td></tr>
<tr><td colspan="3" rowspan="2">자활사업단/자활기업 매출 및<br>일자리 증가</td><td colspan="3">매출증가율</td></tr>
<tr><td colspan="3">일자리 증가 수</td></tr>
<tr><td rowspan="4">주요 사업<br>내용 요약<br>(프로그램명 및<br>주요 시행내용,<br>핵심 아이디어를<br>서술형으로 작성)</td><td>세부 프로그램명</td><td colspan="5">주요 내용</td></tr>
<tr><td>사례관리</td><td colspan="5">• 주거취약계층 대상자 선정 및 추천(지자체와의 협력 구축)<br>• 대상자 가구의 전문적인 사례관리 지원<br>• 자원연계망 지원<br>• '앱(App)'시스템을 활용한 대상자 관리 및 즉각적인 서비스 지원</td></tr>
<tr><td>One-Stop<br>홈 케어 서비스</td><td colspan="5">• 주거취약계층의 즉각적이고 전문적인 홈 케어 서비스 지원<br>• 주거취약계층의 가정환경에 대한 욕구를 전문가를 통해 지원<br>• One-Stop 홈 케어 서비스와 자활사업단의 연계체계 구축으로 주거취약계층과 자활사업 참여자를 동시 지원 서비스</td></tr>
<tr><td colspan="6">One-Stop 홈 케어 서비스는 거동이 불편하고 연로한 독거노인, 신체적 불편함을 겪고 있는 장애인 가정, 아동을 돌보기에 어려움을 겪고 있는 조손가정, 근로 빈곤으로 어려움을 겪고 있는 한부모가정 등 주거취약계층에 깨끗한 가정환경을 만들고, 청결한 가정환경을 유지시키기 위해 지원한다.</td></tr>
<tr><td>예산</td><td>총사업비<br>(신청금+자부담)</td><td colspan="2">456,000,000원</td><td>신청금액</td><td colspan="2">451,000,000원</td></tr>
<tr><td rowspan="2">신청금액의<br>세부내역</td><td rowspan="2">인건비</td><td>81,780,000원</td><td rowspan="2">사업비</td><td>353,800,000원</td><td rowspan="2">관리<br>운영비</td><td>20,420,000원</td></tr>
<tr><td>17.9%</td><td>77.6%</td><td>4.5%</td></tr>
</table>

## 1. 사업명: 주거취약계층을 위한 ONE-STOP 홈 케어 서비스

- 저소득 가정의 청소, 방역(해충방제), 살균소독, 냄새 제거, 수선, 보수, 수납정리 등 ONE-STOP 홈케어 서비스

## 2. 사업의 필요성

### 1) 대상자 욕구 및 문제점

현재의 저소득층에게는 복합적인 문제를 동반한 가정에 대한 긴급지원(금전적)에 그치지 않고 신빈곤으로 오는 심리적 불안 접근을 비롯한 다양한 지원의 효율적인 서비스 연계를 통하여 후원자에겐 자긍심 고취, 저소득가정에는 실질적인 자립 지원체계 구축을 목표로 하는 신개념 서비스 연계 특징을 가지고 있다.

그중 중요한 연계 요소로 다가오는 것이 안정적인 환경적 요소를 만들어 주는 것이다. 그래서 생활 속에서 신체적·정신적으로 안전함을 추구하고, 깨끗한 가정환경을 만들어 주고, 안정된 가정환경을 위해 잘 정리 정돈된 가정을 꾸며 주는 것이다. 취약한 가정환경 속에서 돌보지 못하는 주거환경(화재에 노출된 노후된 전선, 미비한 가스 누출 경보기, 집 먼지로 인한 호흡기질환, 진드기로 인한 피부질환 등)으로 인해 취약 계층 분들이 어려움을 겪고 있다.

안전하고 깨끗한 가정환경을 만들고, 청결한 가정환경을 유지하기에 취약한 거동이 불편하고 연로한 독거노인, 신체적 불편함을 겪고 있는 장애인 가정, 아동을 돌보기에 어려움을 겪고 있는 조손가정, 근로 빈곤으로 어려움을 겪고 있는 한부모 가정에서 도움의 손길을 절실히 찾고 있다.

이에 심리적으로 불안하고 자존감이 떨어져 자신 스스로 주변 환경을 정리하지 못하는 취약계층 거주지, 또는 장시간 일하는 직업을 가진 취약계층들의 거주지 등 가정환경을 정리하지 못하는 분들에게 사례관리와 함께 전문가의 ONE-STOP 홈 케어 서비스를 지원하고자 한다.

### 2) 지역 환경적 특성

「국민기초생활보장법」에 의거하여 대전광역시에 거주하는 기초생활보장 수급자 31,099가구, 차상위가구 19,821가구로 총 50,920가구가 거주하고 있으며, 이 중 사회복지제도권 내에서 재가복지, 집수리 등 사회복지 직·간접 서비스를 받고 있다(2015년 12월 31일 기준. 대전광역시 복지정책과 자료 참조). 하지만 가정환경 취약계층에 속하는 가구들에 대해서는 실질적인 욕구를 반영한 서비

스가 제공되지 못하고 있는 것이 현실이며, 기존에 NGO, 사회복지공동모금회 등 주거환경개선 차원에서의 집수리 사업은 수행하고 있으나, 가정환경 가구별 다양한 주거 욕구에 대해서는 지속적인 서비스를 받지 못하고 있다.

이에 가구별 주거환경 사례관리를 통해, 가정환경 취약계층의 욕구에 대해 즉각적이고 통합적인 ONE-STOP 홈 케어 서비스를 지원하고자 한다.

### 3) 경험적 근거

현재 ○○○○자활센터는 저소득 계층의 창업·취업지원, 각종 교육 사업 및 기획사업 등을 관내 5개구 지역자활센터와 함께 저소득 계층의 자활·자립을 위한 사업을 진행하고 있다.

지역자활센터 주거지원 현황

| 연번 | 사업명 | 지원금액 | 지원기간 | 수행기관 | 지원주체 |
|---|---|---|---|---|---|
| 1 | 2016저소득가정<br>주거환경개선사업<br>"행복담은 러브하우스" | 275,000,000원 | 2016.7~2017.4 | ○○<br>자활센터 | 대전<br>사회복지<br>공동모금회 |
| 2 | 2015 기획사업 저소득가정<br>주거환경개선사업 | 269,000,000원 | 2015.9~2016.5 | | |

그중 저소득 취약계층의 주거환경개선사업을 수행하면서, 저소득 취약계층의 가정환경을 면밀히 볼 수 있었으며, 자활사업에 참여한 대상자의 사례관리를 통해 가정환경에 필요한 욕구를 찾을 수가 있었다.

- ○○자활센터는 정서·심리 상담, 사례관리, 창업 컨설팅, 취업 상담 등의 다양한 경험과 5개구 지역자활센터와의 긴밀한 네트워크, 지역사회 단위의 자원 연계를 통해 가정환경 취약 계층의 홈 클린 케어 지원 서비스가 필요하다는 것을 알게 되었다.
- ○○자활센터에서는 주거복지사업단/주거복지자활기업, 청소사업단과 함께 취약계층의 주거환경 개선을 위한 복지사각지대 발굴 및 서비스 연계 방법, 틈새시장 개척을 조사, 주거환경개선에 대한 홍보활동 등을 위한 정기적인 전략회의와 전문적인 개입을 위한 전문가 자문회의, 네트워크, 지역사회자원 연계 등을 구성하고 있다.

지역자활센터 ONE-STOP 홈 케어 연계 사업단(기업) 현황

(2016. 6. 기준)

| 연번 | 센터명 | 자활사업단(기업) | 사업내용 | 연계서비스 |
|---|---|---|---|---|
| 1 | ○지역자활센터 | ○○ | 집수리, 인테리어사업 | 주택 수선, 보수 |
| 2 | ○지역자활센터 | ○○ | 집수리, 인테리어사업 | 주택 수선, 보수 |
| 3 | ○지역자활센터 | ○○ | 학교화장실청소, 특수청소 | 소독, 방역 |
| 4 | ○지역자활센터 | ○○ | 집수리, 인테리어사업 | 주택 수선, 보수 |
| 5 | ○지역자활센터 | ○○ | 건물관리 | 소독, 방역, 주택관리 |
| 6 | ○지역자활센터 | ○○ | 방역, 소독 | 소독, 방역 |
| 7 | ○지역자활센터 | ○○ | 홈클리닝(매트리스소독 및 입주청소) | 침구소독, 정리수납 |
| 8 | ○지역자활센터 | ○○ | 방역/소독, 청소사업 | 소독, 방역 |
| 9 | ○지역자활센터 | ○○ | 카쉐어링차량 내외부 세차, 일반차량 스팀세차 | 스팀연막소독, 탈취 |
| 10 | ○지역자활센터 | ○○ | 학교 및 상가 청소 | 청소 |
| 11 | ○지역자활센터 | ○○ | 학교 화장실 청소, 특수 청소 | 청소 |
| 12 | ○지역자활센터 | ○○ | 입주 청소 및 건물 청소 | 청소 |
| 13 | ○지역자활센터 | ○○ | 학교 및 공공기관 에어컨 청소 | 청소, 에어컨 청소 |
| 14 | ○지역자활센터 | ○○ | 가정 정리수납 서비스(11월 사업 시작 예정) | 정리수납 |

## 3. 서비스 지역, 서비스 대상 및 실인원수

**1) 서비스 지역:** 대전광역시 관내 거주자

**2) 서비스 대상:** 수급자 및 중위소득 80% 이하(최저생계비 200% 범위 내) 저소득가구

**3) 서비스 대상 선정기준 및 방법(절차)**

- 개인 신청 접수하고 사회복지전담공무원의 대상자 및 거주지 확인 절차를 통해 선별
- 대상자 심사위원을 구성하고 심사를 통해 대상자 선별

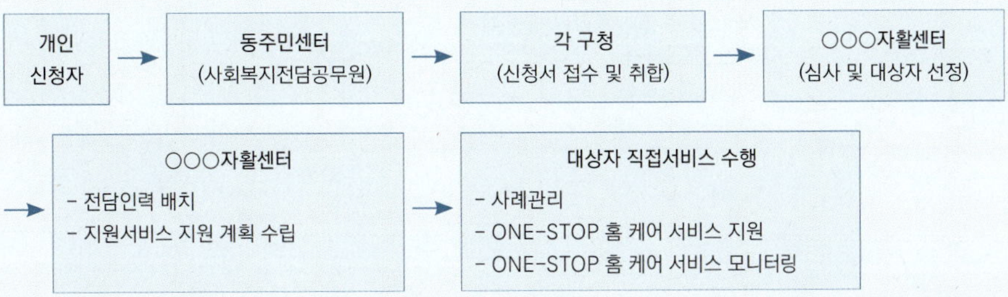

### 4) 서비스 인원: 50가정 100명(서비스 지원 내용 참조)

| 구분 | 세부 지원 내용 | 지원금액 |
|---|---|---|
| 홈 케어 서비스 | •대상자 홈 케어 서비스 지원 계획 수립<br>•지원 세부 내역<br>•청소, 방역(해충방제), 살균소독, 냄새제거, 수납정리, 보수, 수리, 수납 공간 설치 등 가정환경 안전, 위생, 생활불편 해소를 위한 홈 클린 케어 서비스 지원 | 1가정 2,000,000원 한도 |

## 4. 사업내용

### 1) 세부사업내용

■ 1차년도 사업 수행 계획

| 성과목표 | 프로그램명 | 활동(수행방법) | 시행시기 | 수행 인력 | 참여 인원 | 시행 횟수 시간 |
|---|---|---|---|---|---|---|
| 홈 케어 서비스 | 대상자 심사 및 스크리닝 | •사업 공고 및 신청 가구 접수<br>- 심사위원단 구성<br>- 1차 서류심사 → 현장심사 → 최종심사 → 스크리닝 | 2017.1~3 | 2 | 2 | 7 |
| | 컨소시엄 계약 | •5개구 지역자활센터 업무협의<br>- 홈 케어 서비스 협력<br>- 컨소시 엄 계약 체결<br>- 소속 사업단/자활기업 관리 및 행정지원<br>- 정기 점검 회의 실시(4회) | 2017.2 | 2 | 5 | 5 |
| | 홈 케어 서비스 제공 | •홈 케어 지원 계획 수립<br>- 서비스 지원 계획 작성<br>- 서비스 기준 단가 공유<br>- 자활사업단/기업 지원 연계<br>•서비스 지원<br>- 서비스 지원 안내<br>- 대상자 직접 서비스 지원<br>- 서비스 비용 지급(결과보고서/현장 점검 후 지급)<br>•서비스 평가<br>- 자활사업/기업서비스평가<br>- 서비스 지원 종사자(교육) 역량강화<br>•서비스 매뉴얼 개발<br>- 서비스 매뉴얼화<br>- 서비스 품목 안내 등 | 2017.4~11 | 6 | 6 | 500회 |

| 성과목표 | 프로그램명 | 활동(수행방법) | 시행시기 | 수행 인력 | 참여 인원 | 시행 횟수 시간 |
|---|---|---|---|---|---|---|
| 홈 케어 서비스 | 대상자 관리 | •대상자 서비스 지원 안내<br>- 지원 계획 및 방법 안내<br>- 서비스 지침 및 규칙 안내 | 2017.4~11 | 2 | 50 | 2회 |
| | | •대상자 사례관리<br>- 전문적인 사례관리 지원<br>- 사회복지 자원 연계 지원<br>- 지속적인 홈 클린 서비스 계획 수립 등 | 2017.3~12 | 2 | 2 | 500회 |
| | | •서비스 진행 상황 모니터링<br>- 전담인력 현장 방문/실사, 서비스 모니터링, 추가 지원, 대상자 의견수렴 등<br>- 대상자 만족도 조사 | 2017.3~12 | 2 | 2 | 50회 |
| | | •대상자관리 앱(App) 개발/방법 교육<br>- 대상자 관리 앱(App)개발<br>- 앱(App) 사용 방법 교육 | 2017.6~12 | 2 | 50 | 2회 |
| | 수행 사업단 관리 | •서비스 계획 안내<br>- 지원 계획 및 방법 안내<br>- 서비스/직무 교육 | 2017.2~8 | 2 | 15 | 2회 |
| | 연구용역 사업 | •취약계층 홈케어서비스 연구<br>- 연구진 구성<br>- 연구계획 수립/추진 | 2017.2~12 | 2 | 3 | 연중 |

■ 2차년도 사업 수행 계획

| 성과목표 | 프로그램명 | 활동(수행방법) | 시행<br>시기 | 수행<br>인력 | 참여<br>인원 | 시행<br>횟수<br>시간 |
|---|---|---|---|---|---|---|
| 홈 케어<br>서비스 | 홈케어<br>서비스<br>지원 | •홈 케어 지원 계획 수립<br>- 서비스 지원 계획 작성<br>- 서비스 기준 단가 공유<br>- 자활사업단/기업 지원 연계<br>•서비스 지원<br>- 서비스 지원 안내<br>- 대상자 직접 서비스 지원<br>- 서비스 비용 지급(결과보고서/현장 점검 후 지급)<br>•서비스 평가<br>- 자활사업/기업서비스평가<br>- 서비스 지원 종사자(교육) 역량강화 | 2018.1~11 | 6 | 6 | 550회 |
| | 대상자<br>관리 | •대상자 서비스 지원 안내<br>- 지원 계획 및 방법 안내<br>- 서비스 지침 및 규칙 안내 | 2018.1~6 | 2 | 50 | 2회 |
| | | •대상자 사례관리<br>- 전문적인 사례관리 지원<br>- 사회복지 자원 연계 지원<br>- 지속적인 홈 케어 서비스 계획 수립 등 | 2018.1~11 | 2 | 2 | 550회 |
| | | •서비스 진행 상황 모니터링<br>- 전담인력 현장 방문/실사, 서비스 모니터링, 추가 지원, 대상자 의견수렴 등 | 2018.12 | 2 | 2 | 50회 |
| | | •앱(App)을 통한 대상자관리<br>- 즉각적인 서비스 지원체계<br>- 서비스 상황 점검<br>- 서비스 지원 내역 점검 | 2018.1~12 | 2 | 50 | 연중 |
| | | •만족도 조사<br>- 서비스 만족도 조사 | 2018.12 | 2 | 50 | 1회 |
| | 수행<br>사업단<br>관리 | •공동브랜드 개발<br>- 홈 케어 공동브랜드 제작 | 2018.1~6 | 2 | 5 | 3회 |
| | | •서비스 계획 안내<br>- 지원 계획 및 방법 안내<br>- 서비스/직무 교육 | 2018.2~8 | 2 | 15 | 2회 |
| | 연구용역<br>사업 | •취약계층 홈케어서비스 연구<br>- 홈케어서비스 연구 진행<br>- 중간보고 | 2018.1~12 | 2 | 3 | 연중 |

■ 3차년도 사업 수행 계획

| 성과목표 | 프로그램명 | 활동(수행방법) | 시행 시기 | 수행 인력 | 참여 인원 | 시행 횟수 시간 |
|---|---|---|---|---|---|---|
| 홈 케어 서비스 | 홈케어 서비스 지원 | •홈 케어 지원 계획 수립<br>- 서비스 지원 계획 작성<br>- 서비스 기준 단가 공유<br>- 자활사업단/기업 지원 연계<br>•서비스 지원<br>- 서비스 지원 안내<br>- 대상자 직접 서비스 지원<br>- 서비스 비용 지급(결과보고서/현장 점검 후 지급)<br>•서비스 평가<br>- 자활사업/기업서비스평가<br>- 서비스 지원 종사자(교육) 역량강화 | 2019.1~11 | 6 | 6 | 550회 |
| | 대상자 관리 | •대상자 서비스 지원 안내<br>- 지원 계획 및 방법 안내<br>- 서비스 지침 및 규칙 안내 | 2019.3 | 2 | 50 | 1회 |
| | | •대상자 사례관리<br>- 전문적인 사례관리 지원<br>- 사회복지 자원 연계 지원<br>- 지속적인 홈 케어 서비스 계획 수립 등 | 2019.1~11 | 2 | 2 | 550회 |
| | | •서비스 진행 상황 모니터링<br>- 전담인력 현장 방문/실사, 서비스 모니터링, 추가 지원<br>•대상자 의견수렴 등<br>- 대상자 만족도 조사 | 2019.3~11 | 2 | 2 | 50회 |
| | | •앱(App)을 통한 대상자관리<br>- 즉각적인 서비스 지원체계<br>- 서비스 상황 점검<br>- 서비스 지원 내역 최종점검 | 2019.1~11 | 2 | 2 | 연중 |
| | | •만족도 조사<br>- 서비스 만족도 조사 | 2019.11 | 2 | 50 | 1회 |
| | 수행 사업단 관리 | •서비스 계획 안내<br>- 지원 계획 및 방법 안내<br>- 서비스/직무 교육 | 2019.2~8 | 2 | 15 | 2회 |
| | | •서비스 지원 평가 | 2019.11 | 2 | 15 | 1회 |
| | 사업보고회 | •홈케어지원사업 결과보고<br>•사업의 성과/향후 과제 공유<br>•결과보고서 제작 | 2019.12 | 2 | 30 | 1회 |
| | 연구용역 사업 | •취약계층 홈케어서비스 연구<br>- 홈케어서비스 연구 결과보고 | 2019.12 | 2 | 3 | 연중 |

### 2) 목표에 대한 평가 방법

| 성과목표 | 성과지표 |
|---|---|
| 주거복지 유해 환경 개선 | 홈 케어 횟수 |
| 쾌적한 주거 공간 조성 및 서비스 만족도 | 이용자 만족도 |
| 서비스 수행 업체 서비스 질 향상 | 서비스 지원 달성도 |
| 자활사업단/자활기업 매출 및 일자리 증가 | 매출증가율 |
| | 일자리 증가 수 |

### 3) 담당인력 구성

| 이름 (역할) | 담당부서 (직위) | 투입시간 (단위: 1주일) | 경력(년)/주요업무 | 자격증 | 비고 |
|---|---|---|---|---|---|
| ○○ (총괄) | 센터장 | 5시간 | •사회복지협의회 ○○년<br>•○○사회복지관 ○○년<br>•○○종합복지관 ○○년<br>•○○지역자활센터 ○○년<br>•○○자활센터 현재 | 사회복지사 | |
| ○○ (실무 총괄) | 사무국장 | 10시간 | •지역자활센터/지역자활센터협회 ○○년<br>•○○자활센터 현재 | 사회복지사 | |
| ○○ (실무 담당) | 팀장 | 20시간 | •사회복지공동모금회 ○○년<br>•○○협력단 ○○년<br>•○○지역자활센터 ○○년<br>•○○사회적협동조합 ○○년<br>•○○자활센터 현재 | 사회복지사 | |
| 미정 | 전담인력 | 40시간 | •채용 예정<br>•사회복지 또는 시공 관련 업무 가능한 자 | | |

## 5. 예산계획

(단위: 원)

| 관 | 사업비 | | | | | | | |
|---|---|---|---|---|---|---|---|---|
| 항 | 주거취약계층을 위한 One-Stop 홈 케어 서비스 사업비 | | | | | | | |
| 목 | 세목 | 계 | 산출근거 | 예산조달 계획 | | | | |
| | | | | 신청금액 | 비율(%) | 자부담 | 비율(%) | 자부담재원 |
| 총 계 | | 456,000,000 | | 451,000,000 | 98.9 | 5,000,000 | 1.1 | 보조금 |
| 인건비 | 전담 인건비 | 81,780,000 | 〈급여〉<br>2,000,000원×12월×3년<br>=72,000,000원<br>※광역자활봉급월액 4급 5호봉 기준<br>〈사회보험료〉<br>2,000,000원×3년×9%<br>=3,780,000원<br>〈퇴직적립금〉<br>2,000,000원×36개월÷12%<br>=6,000,000원 | 81,780,000 | 17.9 | 0 | 0 | - |
| | 소 계 | 81,780,000 | | 81,780,000 | 17.9 | 0 | 0 | - |
| 사업비 | 홈케어비 | 300,000,000 | 2,000,000원×50가구×3년<br>=300,000,000원<br>가구수 지원 금액에 따라 변경 | 300,000,000 | 65.7 | 0 | 0 | - |
| | 수선비 | 30,000,000 | 200,000원×50가구×3년<br>=30,000,000원 | 30,000,000 | 6.6 | 0 | 0 | - |
| | 앱 개발비 | 5,000,000 | 앱디자인/개발×1프로그램<br>=5,000,000원 | 5,000,000 | 1.1 | 0 | 0 | - |
| | 매뉴얼 개발 | 2,000,000 | 〈서비스매뉴얼〉<br>20,000×100권=2,000,000원 | 2,000,000 | 0.4 | 0 | 0 | - |
| | 공동브랜드 | 5,000,000 | 공동브랜드 제작×1개=5,000,000원 | 5,000,000 | 1.1 | 0 | 0 | - |
| | 홍보비 | 3,400,000 | 〈현수막〉<br>30,000원×3년×10장=900,000원<br>〈브로셔, 포스터 제작〉<br>500원×5,000장=2,500,000원 | 3,400,000 | 0.7 | 0 | 0 | - |
| | 연구 용역비 | 5,000,000 | 〈취약계층 홈케어서비스 연구비〉<br>5,000,000원 | 0 | 0 | 5,000,000 | 1.1 | 보조금 |
| | 사업 보고회 | 3,400,000 | 〈연구발표 토론회 및 사업 보고회〉<br>강사비, 장소대여비 등=2,000,000원<br>〈현수막〉<br>50,000원×2개=100,000원<br>〈기타행사비용(다과 및 진행비 등)〉<br>3,000원×100명=300,000원<br>〈자료집〉<br>10,000원×100권=1,000,000원 | 3,400,000 | 0.7 | 0 | 0 | - |
| | 소계 | 353,800,000 | | 348,800,000 | 76.3 | 5,000,000 | 0 | - |

| 목 | 세목 | 계 | 산출근거 | 예산조달 계획 | | | | |
|---|---|---|---|---|---|---|---|---|
| | | | | 신청금액 | 비율(%) | 자부담 | 비율(%) | 자부담재원 |
| 관리운영비 | 현장 방문비 | 7,200,000 | 유류대 200,000원×36개월 =7,200,000원 | 7,200,000 | 1.5 | 0 | 0 | - |
| | 앱 운영비 | 1,800,000 | 운영비 50,000원×36개월 =1,800,000원 | 1,800,000 | 0.5 | 0 | 0 | - |
| | 회의비 | 4,630,000 | 회의비 70,000원×5명×12회 =4,200,000원<br>다과비 3,000원×5명×12회 =180,000원<br>식비 7,000원×5명×6회 =210,000원<br>현수막 20,000원×2개=40,000원 | 4,630,000 | 1.3 | 0 | 0 | - |
| | 사무비 및 수용비 | 6,790,000 | 〈사무용품 구입 등〉<br>100,000원×36월=3,600,000원<br>〈수용비 및 수수료〉<br>88,610원×36월=3,190,000원 (40원 포함) | 6,790,000 | 1.4 | 0 | - | - |
| | 소 계 | 20,420,000 | | 20,420,000 | 5 | 0 | 0 | - |

## 6. 향후 운영계획

1) 지속적인 One-Stop 홈 케어 서비스에 대한 내부적인 사업을 진행하고, 연구결과를 통해서 정책 제안, 제도 개선 등을 추진함
2) 지역자원의 네트워크를 활성화하고 구축하여, 홈 케어 서비스에 대한 광역로드맵을 구성하여, 주거취약계층에 대한 환경복지서비스가 강화되도록 함
3) 자활사업 참여 주민에 대한 지속적인 역량강화와 홈 케어 서비스에 대한 공동브랜드를 마케팅하여 자활사업이 활성화되고, 광역자활기업으로 규모화되어 많은 주거취약계층들이 서비스를 받도록 추진함

## 2) 성과중심형 사업계획서

지금까지 과정중심의 프로포절 양식에 대한 기본적 샘플을 확인하였다. 위의 양식은 사회복지공동모금회에 제출되는 프로포절 양식으로 2016년을 기점으로 새롭게 바뀐 성과중심형 프로포절 양식과는 조금 차이가 있다. 프로포절 양식이 변화된 이유에는 과정중심형으로는 사회복지에 대한 욕구를 해소하기에 한계가 있고 이에 따라 모니터링과 사업 종료 후 진행되는 정산과정에서 많은 어려움을 나타냈기 때문이다. 하지만 과정중심의 프로포절을 이해하고 방법을 숙지해야만 성과중심의 프로포절을 작성하는 데 많은 도움이 될 것이다. 이번에는 새롭게 바뀐 성과중심형 프로포절에 대해 살펴보기로 하겠다.

**〈성과중심형〉 사업계획서**

1. 사업명: 대상 ____ 목적 ____ 방법 ____

2. 사업 내용 및 추진 전략

  1) 사업 참여자 모집 전략

    (1) 참여 대상 및 인원

| 핵심 참여자 | |
|---|---|
| 주변 참여자 | |

    (2) 참여자 선정 기준

    (3) 참여자 모집 방안

제목부터 '〈성과중심형〉 사업계획서'라고 명시되어 있고 이에 따라 사업명과 사업 참여자를 우선순위로 두고 있다. 그중 사업명에는 대상·목적·방법이라는 순서까지 명시되어 있는 것을 확인할 수 있다. 사업을 구상함에 있어 프로그램 계획자는 사업명으로 사업의 전반적인 모습을 알려야 하므로 명확한 사업명의 작명이 필요하다.

사업이 진행되는 전반적인 과정을 사업명만 확인해도 얼마든지 대상자들에게 관심과 호응을 유도할 수 있기 때문이다. 예를 들어 노인을 대상으로 하는 치매예방 프로그램을 특정 레크리에이션으로 진행한다고 가정해 볼 때 사업명은 이런 주체들이 모두 표기되어 설정되는 것이 좋다.

ex) 사업명: 노인을 대상으로 하는 치매예방 레크리에이션

사업명을 확실하게 설정해야 하는 이유는 다음과 같다.

① 누구를 위한 사업인가
② 어떤 방법으로 사업을 진행할 것인가
③ 정확한 목적은 무엇인가
④ 참가한 대상자들에게 관심과 적극적인 참여에 대한 동기부여를 제공할 수 있는가

사회복지사는 지역민과 함께 사업을 진행함에 있어 프로그램을 통해 전달될 수 있는 정확한 욕구충족이라는 효과를 제공해야 한다. 또한 이런 효과를 얻기 위해 효율적인 방법으로 프로그램에 참가한 대상자들에게 변화를 발견할 수 있어야 할 것이다. 그러므로 사업명을 설정하는 것은 사업의 목적과 목표를 설정하는 것만큼 상당히 중요하다 할 수 있다.

사업 내용 및 추진 전략에는 사업에 참가하는 참여자를 정확히 명시하고 모집 방법과 적합성에 대해 작성해야 한다. 공동모금회에서는 이를 다음과 같이 제시하고 있다.

• 누가 이 사업에 참여합니까?
  - (핵심 참여자) 성과를 측정하게 되는 대상은 누구이며, 인원은 몇 명입니까? (이 사업에 참여하게 함으로써 누구의 변화를 이끌어내려고 하는 것입니까?)
  - (주변 참여자) 성과측정 대상은 아니지만 핵심 참여자의 변화를 이끌어내는 데 중요한 역할을 하는 사람은 누구이며, 인원은 몇 명입니까?

• 어떤 기준을 세워서 참여자를 모집하게 됩니까?

↓

• 기준에 적합한 참여자를 어떻게 모집할 예정입니까?

참가자를 모집하는 방법은 다양하다. 사업 홍보를 통해 관심자의 참가유도로 모집할 수 있는가 하면, 주변의 추천 또는 장려활동으로 참가하는 대상자도 있다. 프로그램의 진행과정을 어느 정도 공개하여 관심을 유도하는 방법도 있다. 제일 중요한 것은 참여자를 어떻게 모집할 것이며, 어떤 기준으로 참가자를 선발할 것인가이다.

프로그램의 주된 참가자의 기준을 정할 때는 다음과 같은 요소를 참고하면 좋다.

① 사회복지시설에 접근할 수 있는 대상자

② 프로그램에 관련한 욕구를 표출한 대상자

③ 프로그램의 목적 달성에 맞는 대상자

④ 프로그램 종료 후 사후관리가 가능한 대상자

위와 같은 대상자들을 모집하고 선정하는 것은 프로그램의 효과를 반영할 수 있으며 무분별한 대상자 선정으로 인한 시간적·과정적 손실을 방지할 수도 있다.

2) 사업 내용 및 사업 집행 전략
3) 기관 연계협력 전략

사업 내용 및 사업 집행 전략의 경우 프로그램 목적을 달성하기 위해 몇 가지의 사업분류를 둘 것인지 작성하는 부분이다. 한 가지의 목표로 설정된 프로그램은 단순할 뿐만 아니라 추후 사업의 평가 시 객관성을 얻기 힘들다. 우선, 사업의 진행 방법과 사업에 동원되는 프로그램의 시행 방법, 시기, 횟수, 일정 등은 사업을 평가하는 평가위원 및 참가자들에게 프로그램이 나아갈 진행 방향과 최종 목적 달성이라는 기준

점이 될 수 있다.

기관 연계협력 전략의 경우 사회복지사(프로그래머)의 지역사회 역량을 확인할 수 있는 기회이기도 하다. 계획된 사업을 진행할 경우 지역사회 또는 그 범위의 협력 조직, 유관기관의 협조를 어떻게 가질 것인지에 대한 질문이기도 하다. 만일 지역사회와 협력하여 프로그램을 진행한다면 협력기관의 역할은 무엇인지, 이러한 협력체계는 어떤 절차를 통해 진행되는지도 프로그램의 성공 여부를 결정하는 중요한 부분이기 때문이다.

3. 예산 편성

(단위: 원)

| 목 | 세목 | 세세목 | 계 | 산출근거 | 예산조달 계획 | | | | |
|---|---|---|---|---|---|---|---|---|---|
| | | | | | 신청금액 | 비율(%) | 자부담 | 비율(%) | 자부담 재원 |
| 총 계 | | | | | | | | | |
| 인건비 | | | | | | | | | |
| | | | | | | | | | |
| | 소 계 | | | | | | | | |
| 사업비 | | | | | | | | | |
| | | | | | | | | | |
| | | | | | | | | | |
| | | | | | | | | | |
| | 소 계 | | | | | | | | |
| 관리운영비 | | | | | | | | | |
| | | | | | | | | | |
| | 소 계 | | | | | | | | |

성과중심형 사업계획의 서두가 작성되면 예산에 대한 계획을 작성한다. 예산은 앞에서도 이야기했지만 사회복지서비스를 제공함에 있어 어떤 효율과 효과를 줄 것인지

를 결정하는 매우 중요한 계획이다. 예산을 구상할 때 가장 신중해야 할 것은 적정한 예산편성과 원천(예산의 목적), 비율일 것이다.

예산의 편성은 「사회복지법인 및 사회복지시설 재무·회계 규칙」에 입각하여 편성하며 원천의 경우 보조금, 자부담, 후원금 등으로 구분한다. 편성된 예산은 원천에 따라 비율이 결정되는데, 보조금과 후원금의 경우 사업에 직접적으로 영향을 주며 투입되는 직접비와 직접적으로 영향을 주지 않는 간접비로 나눌 수 있다.

사업비의 편성은 최대한 확인이 가능하고 집행내역이 투명해야 한다. 회계업무를 담당하지 않는 인력이라 할지라도 예산의 전반적인 내용을 쉽게 이해할 수 있는 방법으로 작성되어야 한다. 공동모금회의 경우 사업예산 중 최소 10%에 해당하는 자부담이 포함되어야 사업을 진행하고자 하는 의지를 확인하여 프로포절 제출 시 선발될 확률이 높다. 물론 체계적이고 효율과 효과를 중시한 사업계획이 완성된 사업계획서에 한해서 말이다.

- 사업에 직접 투입되는 비용을 인건비, 사업비, 관리운영비로 구분하여 작성
  - (인건비) 해당 사업을 직접적으로 수행하는 인력에게 투입되는 비용
  - (사업비) 프로그램 수행에 필요한 직접비용
  - (관리운영비) 프로그램의 수행에 필요한 간접비용(사업관리에 필요한 비용)
  - 예산 수립 시 예산편성기준표를 참고
- 세목은 세부 사업별로 구분하고 단위가 큰 경우 세세목으로 구분하여 작성
- 산출근거는 실제 단가, 수량, 인원수, 건수, 횟수 등을 구체적으로 기록

기존 과정중심형 사업계획서에서는 예산을 사업계획서 마지막 부분에 작성하였지만 성과중심형 사업계획서에서는 중간 부분부터 작성하여 사업을 진행하는 대상자와 계획과 함께 예산의 편성을 확인하고 있다. 프로그램의 진행 과정에 대한 계획에 중점을 두지 않고 실행계획의 프로그램을 어떻게, 얼마나 자원을 투입할 것인지를 평가하기 위한 방법으로 볼 수 있다.

4. 문제 의식(사업 필요성)

1) 사업 계획 배경

2) 기존 유사사업과의 차별성

3) 신청기관의 강점

이렇게 사업의 개요와 예산까지 작성이 되면 프로그램을 계획하기 시작한 이유를 작성하게 된다. 이는 사업의 목적 달성과 운영계획에 큰 영향력이 있기 때문에 사실에 입각한 솔직한 작성이 필요하다. 사업 계획 배경은 문제가 무엇이었으며 이런 문제는 사업에 참가하는 대상자들에게 어떤 불만을 일으키고 있는지에 대한 배경을 작성하면 좋다. 특히 사례를 들어 작성하는 방법은 가장 이상적이다. 기존 유사사업과의 차별성에는 다른 기관 또는 단체가 해결하기 위해 시도하였는지, 시도하고 있다면 그들과 다른 차이점은 무엇인지에 대해 서술한다. 마지막으로 사업을 신청하는 기관의 강점을 작성하여 발생되고 있는 문제를 해결하기 위한 주장을 제시하면 된다.

5. 목표 및 평가

1) 산출목표

| 세부 사업명 | 산출목표 | 모니터링 방법 |
|---|---|---|
| | | |
| | | |
| | | |

2) 성과목표 및 평가 방법

| 성과목표 | 평가 도구 및 방법 | 측정 시기 |
|---|---|---|
| | | |
| | | |

목표와 평가를 계획서 하단에 위치하여 계획하고자 하는 프로그램의 최종 목표를 설정한다. 이는 과정보다 성과를 중요시하는 의도라 할 수 있다. 이와 함께 성과목표에 대한 모니터링을 통해 산출하고자 하는 목표, 즉 궁극적인 목적 달성을 위한 것이라 할 수 있다.

성과목표를 통해 참가한 대상자(핵심)의 수준이 어느 정도 변화하였는지, 계획하고자 하는 목표가 평가 방법을 통해 달성되었는지를 묻고자 함이다. 또한 프로그램을 통해 나타난 성과 중 강조하고 싶은 부분을 수치화하기 어려웠던 과정에 대해 작성한다. 만일, 수치화하기 어려운 성과목표가 있었다면 어떤 방법으로 변화의 수준을 드러냈는지를 주장할 수 있다.

6. 사업종료 후 지향점

1) 사업 수행으로 인한 기대 효과

2) 사업 결과의 활용 계획

마지막으로 사업종료 후 지향점이란 부분에서는 사업 수행으로 인한 기대효과와 사업 결과의 활용 계획에 대해 서술할 수 있다.

보통 사업계획을 하는 사회복지사의 실수는 기대효과를 어떻게 설정하는가이다. 기대효과는 프로그램이 종료된 후 참가자의 변화에 대해 긍정적인 방향으로만 기술되는 경우가 대부분이다. 하지만 프로그램 계획에 목표를 설정했고 목표를 달성했을 때 나타나는 결과에 대한 별다른 코멘트는 남기지 않고 있다. 기대효과는 목표를 달성했을 시 얻을 수 있는 프로그램 참가 대상자의 변화 모습에 대해 기술하는 것이라 이해하면 좀 더 편할 것이다. 만일 한 가지의 목적 달성을 위해 두 가지의 목표를 설정하였다면 기대효과는 두 가지의 목표를 달성했을 시 얻을 수 있는 긍정적 효과에 대해 기술하면 된다.

## 생각 나누기

1. 사회복지 프로그램의 의의 세 가지를 사회복지조직의 관점으로 설명하라.
2. 사회복지 프로그램의 목표 설정의 기준을 설명하라.
3. 프로그램 개발 과정 및 평가 방법에 대해 정리해 보자.

# CHAPTER 13

# 사회복지시설의 평가

## 01 사회복지시설 평가의 개념

Social Welfare Administration

평가는 정책이나 프로그램에 관한 의사결정을 목적으로 사회과학적 조사 방법을 원용하여 정책 또는 프로그램의 수행과정과 결과를 측정하는 일련의 절차이기도 하며, 프로그램의 특성 및 활동과 결과에 관한 체계적인 정보수집을 통해서 불확실성을 제거하거나, 효과성을 증진시키거나, 혹은 프로그램의 진행 상황과 영향에 관한 의사결정을 위한 것을 의미하기도 한다.

평가란 한 시설의 전체 또는 선별된 프로그램의 효율, 효과 및 적절성을 비평적으로 철저하게 검토하는 과정(김형식, 2001: 341-342)이면서 시설에서 운영되는 하나의 프로그램이 거쳐야 하는 각 발달 과정에서 성취하게 되는 결과를 자원투입, 효과, 효율, 책무성, 이용자의 만족도 등을 기준으로 하여 체계적인 자료를 수집하고 분석하는 모든 행위를 포함하며 프로그램 전반에 걸친 결정을 하기 위한 총괄적인 정보수집 과정이고, 프로그램의 가치, 장·단점 등에 대한 체계적이고 분석적인 연구이기도 하다. 또한 프로그램의 가치, 질, 중요성, 타당성, 업무 수행에 관한 효과, 효율 짐 책무성을 체계적으로 분석하는 데 필요한 것을 뜻한다(남일재 외, 2006: 287-289).

「사회복지사업법」 제43조2 및 동법 시행규칙 제27조2에 의거하여 정부와 지방자치단체는 매 3년마다 1회 이상 전국 사회복지시설을 대상으로 시설평가를 실시하도록 되어 있다. 사회복지시설 평가제도 도입 이후 사회복지시설 평가가 진행 중이며, 사회복지시설의 양적 성장에 따라 한정된 자원의 효율적인 배분과 활용이 사회적 관심사로 대두되면서 사회복지시설이 책무성 차원과 사회복지서비스 질의 향상을 통한 사회복지시설의 전반적인 전문성을 강화하기 위한 배경에서 사회복지시설 평가가 도입되었다고 할 수 있다(정무성, 2007).

사회복지시설 평가의 목적은 크게 장기적 목적과 단기적 목적으로 구분할 수 있다. 먼저 장기적 목적의 경우는 다음과 같다.

① 사회복지시설의 투명성을 확보하고 서비스 질의 향상을 통해 사회복지시설 이용자와 국민의 복지 수준을 증진하는 것이다.

② 사회복지시설의 평가결과를 정부의 사회복지정책에 반영함으로써 예산집행의 효율성과 합리성을 강조하고 사회복지시설의 선진화를 지원하여 복지시설의 상향평준화를 추구하는 것이다.

③ 사회복지시설에 대한 일련의 정보를 복지수혜자 및 일반국민에게 정확하게 제공하여 향후 노인장기요양보험제도 및 시설이용권제도 등 국민의 시설 선택에 관한 기초 자료로 활용하게 하는 목적도 가지고 있다.

④ 전국적인 사회복지시설 평가를 통하여 사회복지시설 운영 수준에 대한 지역 및 시설종별 차이를 파악하고, 이를 통해 사회복지시설의 균형적 발전을 추구하는 목적도 가지고 있다.

이를 달성하기 위한 사회복지시설 평가의 단기적 목적은 다음과 같다.

① 생활시설 및 이용시설에 대한 평가를 통해 효율적이고 효과적인 사회복지시설의 운영기반을 정착시키고 시설 간 선의의 경쟁을 유도하는 것이다.

② 시설이용자의 인권을 보호하고 지역사회와의 긴밀한 연계 속에서 사회복지시설의 책임 있는 운영을 도모하는 것이다.

③ 마지막으로 사회복지시설의 정확한 운영실태 파악을 통해 정부지원정책을 위한 과학적 근거 자료를 제공하는 데도 그 목적이 있다.

## 02 사회복지시설 평가의 원칙과 절차

Social Welfare Administration

### 1) 원칙

다양한 사회복지시설을 대상으로 실시된 평가의 전체 과정, 즉 평가기준, 지표 개발, 평가의 시행과 평가결과에 대한 조치 등에서 반영되었던 기본 원칙들은 '서비스의 질 향상의 원칙, 평가절차의 투명성 원칙, 평가 참여의 원칙, 기본선 확보의 원칙, 이용자 중심의 원칙, 지역사회관계의 원칙'을 가지고 있다.

사회복지시설 평가는 기본 원칙하에 평가기준 및 지표의 개발, 평가의 시행·평가결과에 대한 조치를 다음과 같이 하도록 하고 있다.

첫째, 시설운영의 개선 및 서비스 질 제고를 유도하는 수단으로서의 평가, 즉 평가 그 자체가 목적이 아닌 시설운영 개선과 이용자에 대한 서비스의 질을 높이는 중요한 수단으로서의 평가로 자리매김되어야 한다.

둘째, 평가기준·평가과정 및 평가결과가 투명해야 한다. 누구나 상식적으로 이해할 수 있도록 평가기준을 상세하고 쉽게 구성하며, 평가기준과 평가과정을 사전에 공개하여 평가절차의 투명성을 확보해야 한다.

셋째, 평가대상자가 능동적으로 평가과정에 참여할 수 있어야 한다. 평가대상자 스스로 자신이 속한 시설의 문제점을 객관적으로 인식하고 개선을 위해 노력을 기울일 수 있도록 해야 한다.

넷째, 최고의 시설을 선정하는 것이 목적이 아니라, 전체적으로 기본적 수준 이상을 견지할 수 있도록 유도하는 것을 기본 목표로 한다.

다섯째, 평가내용상 이용자 중심의 관점이 고려되지 않으면 좋은 평가를 받을 수 없도록 함으로써 이용자 중심 서비스 제공이 이루어질 수 있도록 유도하는 평가내용으로 구성되어야 한다.

여섯째, 사회복지시설은 지역사회와의 원활한 상호관계를 유도하는 방향으로 평가내용을 구성함으로써 사회복지시설이 지역사회 내에서 융화될 수 있게 하는 것을 기본원칙으로 한다.

### 2) 절차

사회복지시설 평가를 위한 수행체계를 살펴보면 우선 가장 먼저 사회복지시설 평가위원회의 구성을 통해 당해 연도 평가작업이 시작된다. 학계 전문가와 관련 시설협회 그리고 해당 시설의 정부부처 공무원들로 구성된 총괄위원회에서 전반적인 원칙과 일정을 결정하게 되며, 각 평가대상 평가지표의 타당도와 완성도를 높이기 위해 평가대상시설 종별로 각각 분과위원회가 구성된다. 분과위원회 역시 학계 전문가와 관련 시설협회, 평가대상시설 대표, 관계 공무원들로 구성된다. 이러한 평가 수행체계는 정부로부터 평가업무를 민간에서 용역의뢰를 받아 민간전문가, 학계인사, 정부 관련 부서의 공무원으로 구성된 평가단이 중심이 되어 운영됨으로써 참여적 평가의 특성을 보여주는 강점이 있다. 특히, 민간의 관련 시설 중간관리자급 이상이 평가지표 개발 및 현장평가에 참여하여 실무적 접근을 강화하고 있는 것이 특징이라 할 수 있다.

**표 13-1 사회복지시설 평가 일정표**

| 일정 | | 주요 내용 |
|---|---|---|
| 전년도 | 7월~ | 다음 해의 평가지표 확정 |
| 해당 연도 | 1~4월<br>5~7월<br>9월~ | 평가계획 수립, 평가대상 시설 확정, 현장평가위원 선정<br>시설 자체평가(5월), 평가위원 교육(5월), 현장평가<br>확인평가, 결과분석 및 발표 |
| 다음 연도 | 1월~ | 해당 연도의 평가시설에 대한 사후관리 지원 |

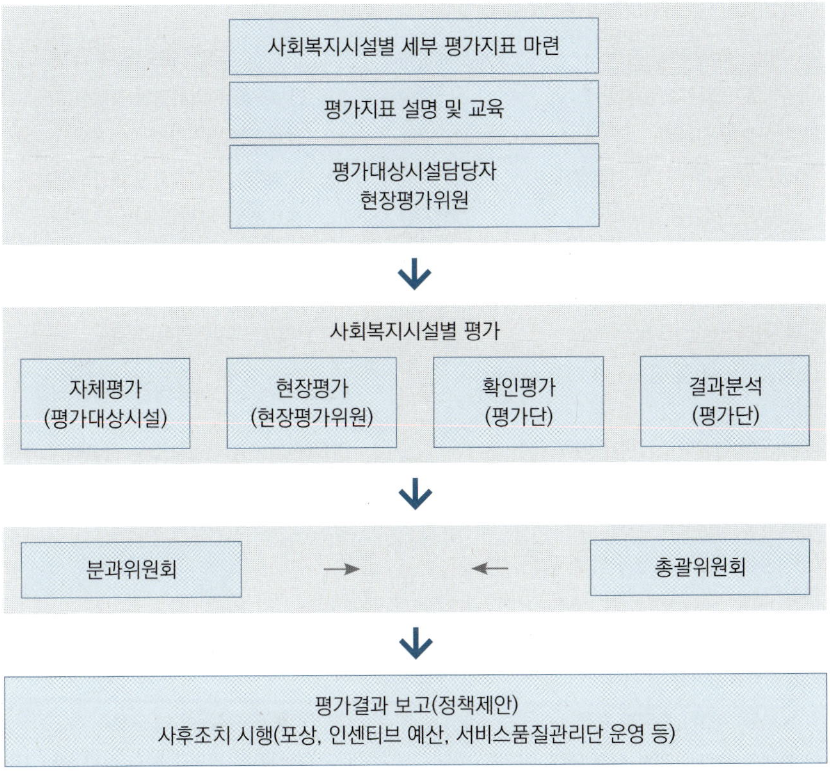


**그림 13-1** 사회복지설평가 수행체계도

출처: 한국사회복지협의회·보건복지부(2012: 23) 재인용

사회복지시설에 대한 평가가 지속적으로 시행되고 있으나 아직까지도 평가지표의 수정과 보완작업이 계속해서 이루어지고 있는 실정이다. 급변하는 사회복지환경에 따라 부득이하게 일부 지표에 대한 수정이 불가피할 수 있으나 평가주체(혹은 평가단)의 성향에 따라서도 지표의 구성은 달라질 수 있다. 표 13-2는 가장 최근에 시행된 사회복지관의 평가지표를 세부적으로 나타낸 것이다.

**표 13-2 2015년 대비 2018년도 사회복지관 평가지표 비교표**

| 영역 | 2015년도 평가 | 변경사항 | 2018년도 평가 |
|---|---|---|---|
| 시설 및 환경 | A1. (이용공통)편의시설 설치상태 | 수정 | A1. (전체공통)편의시설의 적절성 |
| | A3. (전체공통)안전관리 | 수정 | A2. (전체공통)안전관리 |
| | A4. (전체공통)공간배치 및 청결상태 | 신규 | A3. (전체공통) 응급상황에 대한 안전체계 구축 |
| | | 신규 | A4. (전체공통) 화재예방 및 피난대책 |
| | A2. 식품위생(이용공통) | 삭제 | |
| 재정 및 조직 운영 | B1. (전체공통)보조금 결산액에 대한 운영법인의 자부담(전입금) 비율 | 유지 | B1. (전체공통)보조금 결산액에 대한 운영법인의 자부담(전입금) 비율 |
| | B2. (전체공통)보조금 결산액에 대한 사업비 비율 | 유지 | B2. 보조금 결산액에 대한 사업비 비율 |
| | B3. (전체공통)경상보조금 결산액에 대한 후원금 비율 | 유지 | B3. (전체공통)경상보조금 결산액에 대한 후원금 비율 |
| | B6. (전체공통)회계의 투명성 | 수정 | B4. (전체공통)회계의 투명성 |
| | B4. (전체공통)기관의 미션과 비전 및 중장기 계획 | 삭제 | |
| | B5. (전체공통)운영위원회 구성과 활동 | 삭제 | |
| | B7. 기관 운영규정마련 및 시행 | 삭제 | |
| 인적 자원 관리 | C1. (이용공통)직원의 충분성 수정 | 수정 | C1. (이용공통)직원의 충분성 |
| | C2. (전체공통)월평균 확보 직원 대비 자격증 소지 직원 비율 | 수정 | C2. (전체공통)월평균 확보 직원 대비 자격증 소지 직원 비율 |
| | C3. (전체공통)직원의 근속율 | 신규 | C3. (전체공통)직원의 근속율 |
| | C4. (전체공통)직원 교육활동비 | 수정 | C4. (전체공통)직원 교육활동비 |
| | C6. (전체공통)직원채용의 공정성 | 수정 | C5. (전체공통)직원채용의 공정성 |
| | C7. (이용공통)관장의 전문성 | 유지 | C6. (이용공통)시설장의 전문성 |
| | C8. (이용공통)최고 중간관리자의 전문성과 경력 | 유지 | C7. (이용공통)최고 중간관리자의 전문성 |
| | C10. (전체공통)직원교육 | 통합수정 | C8. (전체공통)직원교육 |
| | C12. (전체공통)직원복지<br>C11. (이용공통)직원 고충처리 | 수정 | C9. (전체공통)직원복지 |
| | | 신규 | C10. 사회복지관 직원의 급여(보수) 수준 향상을 위한 노력 |
| | C14. 사회복지관 직원의 급여(보수) 수준 향상을 위한 노력 | 수정 | C11. (전체공통)직원의 권리 및 인권 보호(미배점) |
| | C5. (전체공통)직원의 외부교육 활동시간 | 삭제 | |

| 영역 | 2015년도 평가 | 변경사항 | 2018년도 평가 |
|---|---|---|---|
| 인적 자원 관리 | C9. (전체공통)직원업무평가 | 삭제 | |
| | C13. (전체공통)슈퍼비전 및 외부전문가의 자문 | 삭제 | |
| 프로그램 및 서비스 | D1-1. 사례관리 실행체계 | 수정 | D1-1. 사례관리 실행체계 |
| | D1-2. 사례관리 인력의 전문성 | 수정 | D1-2. 사례관리 인력의 전문성 |
| | D1-3. 사례관리 수행의 전문성 | 수정 | D1-3. 사례관리 수행의 전문성 |
| | | 신규 | D1-4. 사례관리 협력 연계 |
| | D2-1. 프로그램 기획의 전문성 | 수정 | D2-1. 프로그램 기획의 전문성 |
| | D2-2. 프로그램 수행과정 | 수정 | D2-2. 프로그램 수행과정 |
| | D2-3. 프로그램 평가 | 수정 | D2-3. 프로그램 평가 |
| | D3-1. 지역조직화 실행체계 | 수정 | D3-1. 지역조직화 실행체계 |
| | D3-2. 지역조직화 수행의 전문성 | 수정 | D3-1. 지역조직화 실행체계 |
| | D3-3. 지역사회 네트워크 | 수정 | D3-3. 지역사회 네트워크 |
| | D0-1. 전체프로그램 등록 실인원 | 삭제 | |
| | D1-4. 사례관리 자원연계 | 삭제 | |
| | D2-4. 지역사회특성반영 | 삭제 | |
| | D2-5. 참여자욕구반영 | 삭제 | |
| | D2-6. 프로그램 수행과정 | 삭제 | |
| | D2-7. 프로그램 차별성 및 참신성 | 삭제 | |
| | D2-8. 프로그램 파급효과 및 모델링화 | 삭제 | |
| | D3-4. 지역행사 및 편의시설 제공 실적 | 삭제 | |
| 이용자의 권리 | E1. (전체공통)이용자의 비밀보장 | 유지 | E1. (전체공통)이용자의 비밀보장 |
| | E2. (전체공통)이용자의 고충처리 | 유지 | E2. (이용공통)이용자의 고충처리 |
| | E3. (이용공통)서비스정보제공 및 이용자 자기결정권 | 유지 | E3. (이용공통)서비스과정에 이용자의 참여 및 자기 결정권 |
| | | 신규 | E4. (전체공통)이용자의 학대 및 인권침해 예방 |
| 지역사회 관계 | F2. (전체공통)외부자원 개발 | 수정 | F1. (전체공통)외부자원 개발 |
| | F3. (전체공통)자원봉사자 관리 | 유지 | F2. (전체공통)자원봉사자 관리 |
| | F4. (전체공통)후원금(품) 사용 및 관리 | 수정 | F3. (전체공통)후원금(품) 사용 및 관리 |
| | F6. 연구보고서 및 연간사업보고서 | 통합수정 | F4. 연구보고서 및 연간사업보고서 |
| | F7. 연구보고서 및 컨설팅 결과보고서 활용 | | |
| | F1. (전체공통)자원봉사자의 활용 | 삭제 | |
| | F5. (전체공통)홍보 | 삭제 | |

출처: 보건복지부·사회보장정보원(2018: 7)

평가조사연구의 관점에서 평가지표의 특성을 규명하면 다음과 같다(최재성, 2001).

첫째, 사회복지시설 평가의 지표구성은 목표 중심 모델을 기반으로 하였다기보다 체계이론을 중심으로 형성되고 있다. 평가모형을 제시할 때 별도로 이론적 설명을 제시하고 있지는 않지만, 평가영역을 시설기관의 물리적 환경, 조직 운영 및 인력관리, 프로그램, 거주자 만족도 등으로 설정하고 있어 체계이론의 투입, 변환, 산출, 성과의 구조와 유사한 맥락을 보여주고 있다.

둘째, 정량적 실적 평가지표보다는 정성적 질적 평가지표의 활용 비중이 높다. 전반적으로 전체 평가지표수의 10%에서 20%의 수준으로 정량적 기준을 사용하며, 사용된 정량적 수치들도 다시 등급기준으로 재분류하여 평가점수를 산정하는 방식을 취하고 있다. 이러한 방식은 특정 기관에서 특정 실적이 총평가점수에 과도한 영향을 주는 것을 구조적으로 예방하는 접근으로 의의가 있다고 볼 수 있다.

셋째, 전반적인 평가모형의 경향이 사업의 성패를 판단하기 위한 영향평가 혹은 결과평가라기보다는 문제 발견을 통한 개선을 시도하는 모니터링(혹은 형성평가)의 형식을 취하고 있다. 이러한 형식의 평가는 시설운영의 적절성을 사정하고 자발적인 개선을 유도함으로써 시설운영의 지침서 역할을 하게 한다.

## 03 평가에 대한 제언

Social Welfare Administration

사회복지시설 평가제도의 실효성과 평가방식에는 다양한 문제점이 제기되어 오고 있는데, 오늘날의 사회복지시설 평가제도는 사회복지시설의 운영능력과 서비스 수준 등을 판단하고자 시행되어 왔고 현재까지도 계속 수정·보완되고 있다. 시설 및 기관들은 보건복지부가 매년 발표하는 기관별 평가기준에 따라 시설의 환경, 조직 운영과 재정상황, 복지프로그램 등을 3년마다 평가받고 있다. 하지만 평가제도에 지역적 특성을 반영하지 못하는 일률적인 지표 사용과 행정편의만을 고려한 서류 평가방식, 평가

후 사후관리체계 미흡 등 문제점이 있어 개선에 대한 필요성을 나타내고 있다.

평가기준 중 인적자원관리 영역의 종사자 근속율과 외부교육 참여시간 등의 항목은 사회복지관이 지향해야 할 바와 연관성이 약한 지표라고 많은 연구논문을 통해 지적받고 있으며, 종사자 충원율의 경우 법정배치 종사자 수를 각 시·도 지자체별로 상이하게 지원해 주고 있는 실정이라 수도권과 지방의 경우 그 출발선상부터 어긋나 있는 불평등한 현실을 보인다.

재정 및 조직 운영 영역의 법인전입금 항목은 재정적으로 풍족한 법인의 경우 한 해에 억 단위가 넘는 전입금이 들어오나 영세한 법인의 경우는 전혀 전입금 지원을 받지 못하고 있다. 이러한 실정에서 같은 잣대로 평가를 한다는 것은 이 지표 자체가 역차별적인 평가지표라고 할 수 있다. 또한 현장과 학계 모두 평가의 주요 대상을 시설이 아닌 프로그램이라는 한정된 영역으로 설정하고 있는데, 실제 평가에서 프로그램 영역의 반영 비율은 50%에도 미치지 못한다.

2017년 사회복지사 2,000여 명을 상대로 한국사회복지사협의회에서 실시한 사회복지시설 평가제도에 대한 사회복지사의 인식조사에서도 현재의 평가제도에 대한 사회복지사들의 부정적인 인식을 보이고 있다. 현행 평가제도의 변별력 여부에 대한 질문에 전체의 약 16%만이 긍정적으로 대답했고, 평가제도가 시설사업 업무나 대상자들의 서비스 질 향상에 기여했는지에 대한 물음에는 각각 26%만이 '매우 그렇다', '그렇다'고 대답했다. 또한 응답자의 약 87%가 평가제도로 인해 정신적·신체적 스트레스를 경험했으며, 81%가 평가제도로 인해 업무차질이 발생했다고 대답했다. 현행 평가제도의 문제점으로 지적된 것은 '서류 위주 평가로 인한 행정 중심의 복지 강요'가 45.6%로 가장 많았고 '과도한 행정 업무로 사회복지사 소진', '지표 중심의 사업 표준화로 독창성 저해' 등이 뒤를 이었다. 또한 사회복지사는 평가제도 개선을 위해 시설별 상황을 고려한 지표 개발(23%)이 가장 필요하다고 대답했다.

사회복지시설 평가제도의 문제점은 학계에서도 지적받고 있다. 지역사회복지 중심의 사회복지시설 평가지표(윤희숙·정은하, 2015), 사회복지시설 평가제도에 대한 비판적 고찰(양난주, 2014), 사회복지시설 평가지표 중점 고려사항(신용규, 2012) 등의 논문에서는 일률적인 지표로 행해지는 현행 평가방식은 기관의 지역적·현실적 특성을 반영하지 못한다고 지적한다. 또한 평가제도의 목적은 지난 3년간의 활동을 평가하기 위함인데도 불구하고 평가지표는 평가가 시행되기 전 해에 발표돼 평가 때마다 제시된 지표에 맞추어 증빙하기 위한 서류를 새로 만들어내는 구조를 유발한 점도 문제점으로 꼽혔다.

이외에도 서류 위주의 현행 평가체계에서 지표가 일상적으로 관리되는 시스템과 연동되지 않아 대부분의 자료를 새로 준비해야 하는 업무의 이중부담도 문제점으로 거론됐다. 평가의 실효성에 대해서도 사회복지관의 90% 이상이 최우수나 우수 평가를 받는 상황과 평가 결과가 공표되지 않으며 평가 결과를 활용할 체계의 부재 등을 이유로 의문을 제기했다.

미국의 경우 대한민국과는 다소 상반되는 평가방식을 채택하고 있다. 평가의 대상을 시설이나 기관이 아닌 프로그램으로 설정하며, 현장에서 우수하다고 생각하는 프로그램의 심사를 사회복지기관이 공인평가기관에 직접 의뢰하도록 해 기관의 자발성을 강조하고 있다. 의뢰한 프로그램은 일률적인 지표가 아닌 과학적인 증거를 기반으로 평가받으며, 효과성이 입증되면 '인증 프로그램'으로 등록돼 해당 프로그램의 전파를 지원받을 수 있다.

1999년에 발간된 『월간 복지동향』에 따르면 대한민국의 사회복지시설 평가제도는 본래 평가 그 자체가 목적이 아닌 시설운영 개선과 이용자에 대한 서비스의 질을 높이는 수단으로서 탄생했다고 했다. 지난 세월 동안 이어진 평가제도의 득과 실을 짚어보고, 당사자들의 의견을 수렴해 현행 평가제도의 문제점을 정확하게 파악, 개선하려는 관계당국의 노력이 필요한 시점이다(오마이뉴스, 2017년 9월 11일자).

## 04 사회복지행정의 과제와 방향

Social Welfare Administration

오늘날 우리나라의 사회복지정책은 그 역사적 맥락에서 볼 때 전통적 의미의 사회복지에서 현대적 의미의 사회복지전문적 방법으로 탈바꿈하는 과정에 있다 할 것이다. 즉, 지금까지의 사회복지행정(정책)은 우리의 토착화된 모형이 아니라 외국에 의존된 사회복지 모델을 그대로 답습 내지 모방해 온 것이라 할 수 있다. 이는 사회복지 관련 법규만 보더라도 미국 또는 일본의 입법례를 원용해서 우리의 법적 체계로 하고 있는 점에서 잘 알 수 있다.

1995년 문민정부는 대통령의 '삶의 질 세계화' 선언을 계기로 21세기 우리나라 사회복지정책의 청사진과 합리적 추진전략을 함께 지시하고자 세계화추진위원회 산하에 국민복지기획단을 구성하고, 이 국민복지기획단은 1996년 우리 특성과 여건에 맞는 한국형 사회복지모형 설정에 대한 구체적 실현방안으로서 '삶의 질 세계화를 위한 국민복지 기본구상'을 제시하였다. 그 내용을 살펴보면 우선 기본 방향으로 첫째, 성장과 복지를 상호대립적인 관계가 아니라 상호보완적·상승적 관계로 정립하고, 둘째, 우리나라의 전통적 가치를 서구의 보편적 사회복지제도와 융화시키며, 셋째, 사후적이고 소극적인 사회복지에서 예방적이고 생산적인 사회복지기반 조성에 역점을 둔다. 넷째, 가정-기업-지역사회-국가로 연결되는 사회복지공동체를 구축 등으로 삼고 있다.

이러한 기본 방향의 구체적인 추진전략은 다음과 같다(보건복지부, 1996).

① 사회안전망의 구축이다. 사회보험제도의 전 국민 확대와 내실화를 통한 제1차 사회안전망과 최저국민수준의 완전보장과 보편적 사회복지서비스의 확충에 의한 제2차 사회안전망을 확립한다.

② 생산성 있는 사회복지정책의 추진이다. 모든 국민은 가능한 한 자신의 노력과 근로에 의해 자립할 수 있어야 하고 그러한 기회가 최대한 보장될 수 있도록 교육, 재훈련, 취업 등을 적극적으로 지원한다.

③ 전통적 가족복지기능의 강화에 둔다. 가족 중시, 부모공경, 상부상조 등 우리나라 전통적 가치의 유지·발전을 위해 예방적 가족서비스를 강화한다.

④ 공공복지재정지출의 대폭적인 확대와 민간복지투자의 여건을 조성한다.

### 1) 국민 사회보험의 확대와 내실화

노령, 질병, 산업재해 등 여러 가지 사회적 위험으로부터 국민을 보호하는 제1차 사회안전망으로서 사회보험이 전 국민에게 확대·적용되고 그 내실화를 연차적으로 추진하고 있다. 이미 건강보험에 있어 전 국민의 개보험화가 이루어졌고 1998년에는 국민연금제도의 전 국민 확대가 실현되었으며 전 국민 건강보험, 실업보험 등과 함께 명실공히 가장 중요한 사회복지제도의 확립을 가져왔다. 이로써 1998년은 우리나라의 사회복지 원년이라 할 만큼 의미 있는 한 해였다고 볼 수 있다.

이와 같이 앞으로의 사회보험체계는 보험수급자 중심의 서비스제공을 통한 개개인의 욕구에 부응하는 질적인 보험급여의 수급체계를 발전시키는 것을 그 기본 방향으로 하고 있다.

### 2) 국민최저생활수준의 완전보장

근로능력이 없는 저소득층, 사회취약계층의 기본생활을 보장하기 위해서는 최저생계비의 80% 수준인 기초생활보장자의 생계보호수준을 100% 보장하고, 저소득층의 의료급여수가를 건강보험수가와 일치시켜 양질의 의료서비스를 제공해야 한다.

한편 근로능력이 있는 저소득층의 자립을 위한 지원을 강화, 자영업 창업, 일거리 창출 및 알선, 공동작업, 생산협동조합의 구성 등 자활공동체활동을 적극 지원하고자 하고 있다. 또한 이를 위해 종교계 등 주민지도자를 중심으로 자활지원재단이 설치·운영되고 있으며 아울러 저소득층자녀의 학비지원을 전 인문계 고등학교 학생에게 확대하고 육성회비, 급식비, 교재비도 지원, 저소득층 밀집지역에 청소년생활관을 설치하여 바람직한 청소년생활지도를 실시할 계획이다. 이와 같이 근로능력이 없는 저소득층의 생활보장은 공공부조의 내실화를 통해 빈곤을 해소하고자 함이 그 기본 방향이다. 한편 근로능력이 있는 저소득층에 대해서는 자신의 노력에 의한 자립기회가 최대한 보장될 수 있도록 교육, 재훈련, 취업, 자영업 창업 등으로 생산적이며 예방적 사회복지기반을 확충할 계획이다.

### 3) 민간부문의 사회복지참여 활성화

모든 국민과 민간부문의 사회복지참여를 활성화하기 위해서 「사회복지공동모금회법」에 의하여 연중 모금활동이 가능하도록 제도화하고 기부금의 면세범위는 서양국가 수준으로 상향조정하며 일반 사회복지시설 및 법인에 대하여는 법정기부금과 같이 전액 면세하여 기업 및 일반국민의 복지투자를 증대시켜야 한다. 한편 도움을 필요로 하는 노인, 장애인, 특정 아동 등에게 자원봉사의 손길이 쉽게 미치도록 하기 위하여 '자원봉사 정보안내센터'를 전국에 설치하여야 한다. 현재 운영되고 있는 자원봉사지원센터의 기능을 보강하는 방향도 올바른 방법이라 할 수 있겠다(김정현·박명호, 2014).

**생각 나누기**

1. 사회복지시설 평가의 목적에 대해 이야기해 보자.
2. 사회복지시설 평가의 기본 원칙에 대해 설명해 보라.
3. 사회복지시설 평가의 절차에 대해 설명해 보라.

# 참고문헌

## 국내 서적

강병노(2011). 사회복지에서 기획은 중요한가?. 한국사회복지행정학, 13(1), 133-159.

강용규, 김희성, 배은영, 양정하, 오종희, 유용식, 주익수(2007). 사회복지행정론. 경기: 공동체.

강종수(2011). 사회복지행정론. 서울: 학지사.

______(2019). 사회복지행정론. 서울: 학지사.

강혜규, 함영진, 김동진, 안수란, 김보영, 김효진, 길현종, 유애정, 최복천, 권영빈, 이정은, 하태정, 이주민(2017). 공공서비스 이용의 최적화를 위한 복지전달체계연구(I), 한국보건사회연구원.

고성삼(2006). 회계, 세무 용어사전. 서울: 법문출판사.

고재욱, 전선영, 황선영, 박성호, 이용한(2016). 사회복지행정론. 경기: 정민사.

구자헌(1984). 한국사회복지사. 서울: 홍익재.

김선희(2014). 사회복지사의 의사결정참여가 이직의도에 미치는 영향: 조직몰입의 매개 효과를 중심으로. 한국사회복지행정학, 16(2), 1-25.

김성옥, 김봉화, 조현호, 김재호, 임채욱, 정창훈(2012). 사회복지행정론. 경기: 양서원.

김영종(2001). 사회복지행정. 서울: 학지사.

______(2003). 사회복지행정. 서울: 학지사.

______(2006). 사회복지행정론. 서울: 학지사.

______(2010). 사회복지행정론. 서울: 학지사.

______(2017). 사회복지행정론. 서울: 학지사.

______(2019). 사회복지 전달체계의 지난 20년과 향후전망: 한국 사회복지행정의 관점에서. 한국사회복지행정학회 학술대회 자료집, 19-27.

김용하(2006). 행정안전부 국가기록원 사회복지. http://www.archives.go.kr/next/search/listSubjectDescription.do?id=000291

김융일, 양옥경(2002). 사회복지 수퍼비전론. 경기: 양서원.

김정헌, 박명호(2014). 사회복지행정의 이해. 경기: 양서원.

김학만(2018). 사회복지행정론. 서울: 신정.

김현진, 이순희, 유옥현, 김학실(2017). 사회복지행정론. 경기: 양서원.

김형수, 이명호, 허정철(2014). 사회복지행정론. 경기: 정민사.

김형식(2001). 사회복지행정론. 서울: 동인.

김형식, 이영철, 신준섭(2007). 사회복지행정론. 경기: 양서원.

______________(2009). 사회복지행정론. 경기: 양서원.

______________(2013). 사회복지행정론. 경기: 양서원.

남세진(1979). 한국 사회사업 교과과정 개발을 위한 연구. 사회사업학회지, 창간호.

남세진, 최성제(1996). 사회복지조사방법론. 서울대학교출판부.

남일재, 양정하, 나용선, 오종희, 김영호, 주익수, 오주(2006). 사회복지행정론. 경기: 학현사.

남찬섭(참여연대)(2017). 사회서비스 전달체계의 문제점과 과제. https://www.peoplepower21.org/Welfare/1524950

문선화(1992). 지방자치와 사회복지 자원개발. 제2회 부산사회복지대회, 사회복지자원개발을 위한 범시민의 참여, 부산시사회복지협회.

박경일(2005). 사회복지조직에서 위험관리의 필요성과 동향. 한국사회복지학회 추사학술대회 자유발표논문.

_____(2006). 사회복지조직에서 위험관리의 필요성과 대책 및 과제: 미국과 일본의 위험관리 연구동향을 중심으로, 한국사회복지정책학회, 24.

박용순, 김성철, 김세원, 이명남(2014). 사회복지행정론. 서울: 창지사.

박원우(1998). 임파워먼트 실천매뉴얼. 서울: 시그마인사이트.

보건복지부(2014). 노인보건복지사업 안내.

________(2019). 사회복지시설 관리안내.

보건복지부, 사회보장정보원(2018). 사회복지시설 평가 사회복지관 평가지표. 보건복지부.

생각의마을(2017). 사회복지행정론. 경기: 공동체.

서인해(2004). 욕구조사의 이론과 실제. 경기: 나남.

성규탁(1993). 사회복지행정론. 경기: 법문사.

신민정, 염일열, 조성욱(2015). 사회복지행정론. 경기: 공동체.

신복기, 박경일, 이명현(2002). 사회복지행정론. 경기: 양서원.

________________(2008). 사회복지행정론. 경기: 공동체.

________________(2010). 사회복지행정론. 경기: 공동체.

________________(2012). 사회복지행정론. 경기: 공동체.

________________(2013). 사회복지행정론. 경기: 공동체.

신복기, 박경일, 장중탁, 이명현(2002). 사회복지행정론. 경기: 양서원.

신용규(2012). 사회복지시설 평가지표 중점 고려사항. 서울복지시민연대.

심상용(2017). 사회복지행정론. 서울: 학지사.

안정선, 최원희(2010). 사회복지 수퍼비전의 이론과 실제. 서울: 신정.

양난주(2014). 사회복지시설 평가제도에 대한 비판적 고찰. 한국사회복지행정학, 16(3), 493-517.

양승일(2014). 사회복지행정론. 경기: 양서원.

양승일, 정혁인(2009). 사회복지행정론. 서울: 동문사.

양정하, 황인옥, 윤성호, 이인숙, 김태중 외(2006). 사회복지조사방법론. 경기: 공동체.

오석홍(2004). 행정학. 서울: 박영사.

오세영(2009). 사회복지행정론. 서울: 신정.

우종모, 김재호, 조당호(2004). 사회복지행정론. 경기: 양서원.

원석조(2013). 사회복지행정론. 경기: 양서원.

윤영민, 박영란(1996). 사회복지서비스와 정보화: 컴퓨터 활용이 자원봉사관리에 미치는 효과를 중신으로. 한국사회복지학, 30.

윤종훈, 송인암, 박계홍, 정지목(2007). 경영학원론. 경기: 학현사.

윤희숙, 정은하(2015). 한국사회복지행정학회 추계학술대회 자유주제. 지역사회복지 중심의 사회복지시설 평가지표 개발: 서울시 사례를 중심으로, 493-517.

이덕희, 김구, 박서영, 박서춘, 이은영, 이진용, 한승협(2017). 사회복지행정론. 서울: 창지사.

이민훈, 오영훈(2018). 이해하기 쉬운 사회복지 프로그램 개발과 평가. 경기: 어가.

이세형(2017). 사회복지 행정실무. 경기: 양성원.

이수도(1999). 인간관계론. 서울: 형설출판사.

이영균(2019). 조직론. 서울: 박영사.

이종수, 윤영진, 곽채기, 이재원(2014). 새행정학. 서울: 대영문화사.

이준영(2017). 사회복지행정론. 서울: 학지사.

이학종, 박헌준(2009). 조직행동론. 경기: 법문사.

임상록, 박주현(2010). 사회복지행정론. 서울: 창지사.

임정문, 나직균, 송기영, 안원철(2017). 사회복지행정론. 서울: 동문사.

장인협, 이정호(1993). 사회복지행정. 서울: 서울대학교출판부.

장천식(2007). 사회복지행정의 이해. 서울: 창지사.

정기원(2003). 사회복지조직에서의 윤리적 의사결정. 한국사회복지행정학, 9, 189-211.

정무성(1998). 사회복지기관의 후원자개발을 위한 마케팅 전략에 관한 연구. 사회복지리뷰, 3.

______(2001). 사회복지 프로그램 개발과 평가. 경기: 나남.

______(2007). 2007년 사회복지시설 평가 방향과 과제. 월간복지동향, 105, 21-23.

______(2008). 사회복지 프로그램 개발과 평가. 경기: 학현사.

정철우(앞서가는 부자들의 모임). 쓰레기통모형 2018. http://blog.daum.net/jjhaimp/246

지은구(2007). 사회복지조직론. 서울: 청목출판사.

천정웅, 김용환, 김승돈(2015). 사회복지행정론. 서울: 신정.

최덕경, 강도명, 김준환, 김태동, 박주현, 이은경, 전영록(2015). 사회복지행정론. 서울: 창지사.

최성재, 남기민(2000). 사회복지행정론. 경기: 나남.

__________(2002). 사회복지행정론. 경기: 나남.

__________(2006). 사회복지행정론. 경기: 나남.

__________(2016). 사회복지행정론. 경기: 나남.

최세영, 김준환, 모선희, 문현주, 박주현, 임수정(2017). 사회복지조사론. 경기: 어가.

최용민, 김치영, 김경희, 이종모(2015). 사회복지행정론. 서울: 동문사.

최재성(2001). 사회복지 분야의 평가경향과 과제. 한국사회복지행정학, 4, 89-115.

최창호, 정세욱(1986). 행정학. 경기: 법문사.

한국복지행정학회(2014). 사회복지행정론. 경기: 양서원.

한국사회복지공동모금회(2019). 2019 배분사업안내.

한국사회복지협의회, 보건복지부(2012). 사회복지시설 평가.

한국청소년개발원(1997). 프로그램의 개발과 운영. 서울: 인간과 복지.

한동일, 전해황, 김종명, 박상도, 송낙길, 이승현, 이장희, 장정순(2011). 사회복지행정론. 경기: 양서원.

허만형(2007). 사회복지행정론. 경기: 법문사.

홍현미라, 정진경, 이은정, 심선경, 김가율, 함수연(2014). 사회복지행정론. 경기: 공동체.

황성철(2008). 사회복지 프로그램 개발과 평가. 경기: 공동체.

황성철, 정무성(1992). 사회복지행정론. 경기: 학현사.

황성철, 정무성, 강철희, 최재성(2003). 사회복지행정론. 경기: 학현사.

______________(2004). 사회복지행정론. 서울: 학현사.

______________(2009). 사회복지행정론. 경기: 학현사.

______________(2010). 사회복지행정론. 경기: 학현사.

______________(2011). 사회복지행정론. 경기: 학현사.

______________(2014). 사회복지행정론. 경기: 정민사.

황진수(2004). 현대복지행정론. 서울: 대영문화사.

1급사회복지사 시험연구회(2018). 사회복지행정론. 서울: 나눔의집.

## 국외 서적

Ables, P., & Murphy, M. J. (1981). *Administration in the Human Services: A Normative System Approach*. Englewood Cliffs, NJ: Prentice-Hall.

Alderfer, C. P. (1977). A critique of Salancik and Pfeffer's examination of need-satisfaction theories. *Administrative Science Quarterly*, 658-669.

Austin, M. J. & Solomon, J. R. (2000). 'Managing the Plaining Process.' in Patti, R. J. ed. *The Handbook of Social Welfare Management*. Thousand Oaks, CA: SAGE.

Bargal, D. (2000). The Manager as Leader. in R. J. Patti (ed.), *The Handbook of Social Welfare Management*. Thousand Oaks, London, New Delhi: SAGE.

Baker, H. G. & Spier, M. S. (1990). The employment interviwe: Guaranteed improvement in reliability. *Public Personnel Management, 19*(1), 85-90.

Bass, B. M. (1981). *Stodgill's Handbook of Leadership*. New York: Free Press.

______(1985). *Leadership and Performance Beyond Expectations*. New York: Free Press.

Blake, R. R., & Mouton, J. S. (1964). *The Managerial Grid*. Houston, TX: Gulf.

Bradshaw, J. (1972). The Concept of Social Need. *New Society, 496*, 640-643.

Cox, E. O. & Parsons, R. J. (1992). *Empowerment Oriented Social Work Praction with the Elderly*. Califonia: Cole Publishing Co.

______________(1994). *Empowerment Oriented Social Work Praction with the Elderly*. Califonia: Cole Publishing Co.

Friedlander, W. A. (1980). *Introduction to Social Welfare*. Prentice-Hall.

Friedlander, W. A. & Apte, R. Z. (1980). *Introduction to Social Welfare*. Englewood Cliffs, N.J.: Prentice-Hall.

Gates, B. L. (1980). *Social program administration: The implementation of social policy*. Englewood Cliffs, NJ: Prentice-Hall.

Gilbert, N. & Terrell, P. (1988). *Dimensions of Social Welfare Policy*. Boston: Allyn and Bacon.

Greenleaf, R. K. (1970). *The Servant as Leader*. Cambridge, MA: center for Applied Studies.

Hasenfeld, Y. (1983). *Human Service Organizations*. Englewood Cliffs, N. J.: Prentice-Hall.

____________(1985). 사회복지행정조직론(성규탁 역). 서울: 박영사.

____________(1992). *Human services as Complex Organizations*. Newbury Park: Sage Publications.

____________(1996). The administration of human services: what lies ahead? In Rattoul, P. R. and MeNeece, C. A. (eds.), *Future issues for social work practice*. Neeham Height, MA: Allyn and Bacon. 191-202.

Herron, D. (1997). *Marketing Nonprofit Programs and Services*. SF: Jossey-Bass.

Hersey, P., & Blanchard, K. H. (1998). *Management of Organizational Behavior: Utilizing Human Resources*(5th ed.). Englewood Cliffs, NJ: Prentice-Hall.

Howard, M. C. (1979). *Management Essentials, Concepts and Applications*. Chicago: Science Research Associates, Inc.

John, E., & Venkatesan, M. (2001). Marketing. In. T. Connors (Ed), *The Nonprofit Handbook*. NY: John Wiley & Sons.

Kadusin, A. (1992). *Supervision in Social Work* (3rd ed.). New York: The Free Press.

Kelly, R. E. (1988). In Praise of Followers. *Harvard Business Review, 66*(6), 142-148.

Kettner, P. M., Moroney, R. M., & Martin, L. L. (1999). *Designing and managing programs*. 2th ed. Copyright, SAGE publication, inc. California, USA.

Kotler, P. & Andreasen, A. R. (1987). *Strategic Marketing for Nonporfit Organizations*. Englewood Cliff, NJ: Prentice-Hall.

Lauffer, A. (1978). *Social Planning at the Community Level*. Englewood Cliffs, NJ: Prentice Hall.

Lewis, J. A., Lewis, M. D., Packard, T., & Souflee, F. Jr. (2001). *Management of Human Service Programs*(3rd ed.). Belmont, Ca: Brooks & Cole.

Lohmann, R. (1980). *Breaking Even: Financial Managment in Human Service Organizations*. Philadelphia: Temple University Press.

Lovelock, C. & Weinberg, C. (1984). *Marketing for Poblic and Nonprofit Managers*. NY: Wiley.

March, J. G., & Simon, H. A. (1958). *Organizations*. New York: John Wiley.

Martin, L. (2009). Prograsm planning and management. In R. Patti (Ed.), *The Handbook of Humana Services Management*. Thousand Oaks, CA: SAGE Publications)

Max, W. (1975). *essays in sociology*. New York: Oxford University Press.

McClelland, W. G. (1962). THE ROLE OF THE SUPERMARKET IN THE DISTRIBUTION OF AGRICULTURAL PRODUCTS. *Journal of Agricultural Economics, 15*(2), 232-251.

Mckinney, J. B. & Howard, L. C. (1998). *Public Administration: Balancing Power and Accountability*. Westport, Connecticut: Praeger.

McLaughlin, T. A. (1995). *Streetsmart financial basics for nonprofit managers*. New York: John Wiley & Sons, Inc.

Middleman, R. P., & Rhodes, G. B. (1985). *Competent Supervision: Making Imaginative Judgements*. Englewood Cliffs, NJ: Prentice-Hall.

Millette, J. (1971). *L'introduction et l'application des traités internationaux au Canada*. Paris: Librairie générale de droit et de jurisprudence.

Neugeboren, B. (1985). *Organization, Policy and Practice in the Human Service*. New York: Longman.

Northhouse, P. G. (2009). *Leadership: Theory and Practice*(5th ed.). London: SAGE.

Patti, R. J. (1983). *Social Welfare Administration: Managing Social Programs in a Developmental Context*. Englewood Cliffs, N. J.: Prentice-Hall.

Pecora, P., & Wagner, M. (2000). Managing Personnel. In R. J. Patti(ed.), *The Handbook of Social Welfare Management*. Thousand Oaks, London, New Delhi: SAGE.

Peter, M. K., Robert, M. M., & Lawrence, L. M. (2000). 사회복지 프로그램 기획과 관리(정무성 역). 서울: 나눔의 집.

Presthus, R. (1995). *Public Administration*(6th ed.) New York: The Ronald Press.

Rapp, C. A., & Poertner, J. (1992). *Social Administration: A Client-Centered Approach*. New York: Long Publishing Group.

Scott, W. R. (1998). *Organization: Rational, Natural, and Open Systems*. Englewood Cliffs, N. J.: Prentice-Hall.

Shamir, B., Zakay, E., Breinin, E. & Popper, M. (2007). *Follower Centered Perspectives on Leadership: A Tribute to the memory of James R. Meindl*. London: LAP.

Simon, H. A. (1976). *Administrative Behavior*. New York: Macmillan.

Skidmore, R. A. (1983). *Social Work Administration: Dynamic Management and Human Relationship*. Englewood Cliffs, N. J.: Prentice-Hall.

______________(1990). *Social Work Administration: Dynamic Management and Human Relationship*(2nd ed.). Englewood Cliffs, NJ: Prentice-Hall.

______________(1995). *Social Work Administration: Dynamic Management and Human Relationship*(3nd ed.). Englewood Cliffs, NJ: Prentice-Hall.

Smith, J. H. (1987). Elton Mayo and the Hidden Hawthorne. *Journal of medicinal food, 1*(1), 107-120.

Spears, S. W. (1998). *The Administration Method in Social Work Education*. New York: Council on Social Work Education.

Stein, M. (1970). Social Work Administration. In Harry A. Schatz (Ed.). *Social Work Administration: A Resource Book*. New York: CSWE.

Stogdill, R. (1974). Historical Trends in Leadership Theory and research. *Journal of Contemporary Business*.

Suchman, E. (1967). *Evaluation research*. Connecticut: Printers, Inc.

Swiss, J. E. (1992). Adapting total quality management (TQM) to government. *Public Administration Review*, 356-362.

Thomas, D. L. (1979). *Public Budgeting in America*. Englewood Cliffs, New Jersey: Prentice-Hall, Inc.

Trecker, H. B. (1977). *Social Work Administration: Principles and Practices*. New York: Association Press.

Veeder, N. (1991). Human services marketing: planning and implementation. *Administration and Policy in Mental Health, 90*(2), 73-80.

Vroom, V. & Jogo, A. (1988). *The New Leadership: Managing Participation in Organizations*. Prentice-Hall.

Weinbach, M. E. (1990). *Human Services Management: Analysis and Application*(2nd ed). San Francisco, CA: Wadworth.

Weinbach, R. W. (1990). *The Social Worker as Manager: Theory and Practice*. New York: Longman.

Weiner, M. E. (1990). *Human Services Management: Analysis and Application*(2nd ed.). San Francisco. CA: Wadworth.

Wilensky, H. L. & Lebeaux, C. N. (1965). *Industrial Society and Social Welfare*. New York: The Free Press.

Yuki, G. A. (1994). *Leadership in organizations*(3rd ed.). Englewood Cliffs, NJ: Prentice Hall.

## 참고 사이트

대전복지재단 http://dwf.kr

법제처 http://www.moleg.go.kr

보건복지부 www.mohw.go.kr

사회복지법인 누리봄 홈페이지 http://gana3025.dothome.co.kr

사회복지시설정보시스템 http://w4c.go.kr

오마이뉴스 http://www.ohmynews.com

창업인사이트(마케팅 프로세스)(2018). SWOT 분석 그림. https://m.post.naver.com/viewer/postView.nhn?volumeNo=14209480 & memberNo=41247077 & vType=VERTICAL

한국한부모가족복지시설협회 http://www.womenbokji.or.kr

# 저자 소개

**이 민 훈** 대전대학교 경영행정사회복지대학원 사회복지학 전공
현) 대전과학기술대학교 사회복지과 겸임교수
장애인주간보호센터 헬로 원장

**주요 연구 및 저서**

- 지적장애인자녀를 둔 부모의 의사소통 경험에 관한 질적연구(2013)
- 사회복지시설 정보와 창업(공저, 2017)
- NCS기반 프로그램 개발과 평가 수행보고서(2017)
- 이해하기 쉬운 사회복지 프로그램 개발과 평가(공저, 2018) 외 다수

**이 진 용** 대전대학교 대학원 사회복지학 전공
현) 한국영상대학교 사회복지과 교수

**주요 연구 및 저서**

- 주간보호시설의 서비스품질이 고객만족, 추천의향 및 재이용의사에 미치는 영향(2012)
- 사회복지행정론(공저, 2017) 외 다수

**김 준 환** 고려대학교 사회학과 학사 및 석사 졸업
고려대학교 대학원 사회복지학과 박사
현) 충청대학교 사회복지학부 부교수

**주요 연구 및 저서**

- 노인복지론(공저, 2011)
- 사회복지사의 이직의도에 관한 연구(한국케어복지연구, 2011)
- 지역사회복지론(공저, 2016)
- 노인케어의 이론과 실제(공저, 2017) 외 다수

**유 한 별**

고려대학교 인문정보대학원 사회복지학 전공
전) 주성사이버대학교 외래교수
현) 사회복지법인 한마음 한뜻마을 원장

**주요 연구 및 저서**

- 국가간 공공부조의 비교연구: 국민기초생활보장법을 중심으로(2007)
- 시설장애인당사자의 탈시설과 자립실천을 위해 체험홈이 필요한 이유(2018)
- 장애인거주시설의 혐오차별과 교육(2019) 외 다수

**박 화 영**

한남대학교 사회문화행정복지대학원 사회복지학 전공
현) 대전심리상담센터 心 소장
한국양성평등교육진흥원 위촉강사(성폭력예방교육, 양성평등교육)
대전광역시교육청 SOS 위원

**박 경 순**

대전대학교 경영행정사회복지대학원 사회복지학 전공
현) 국가인권위원회 인권강사
꿈이있는장애인단기보호센터 원장

**김 주 형**

성균관대학교 사회복지학 전공
현) 대전광역자활센터 팀장

# 사회복지행정론

첫째판 1쇄 인쇄 | 2019년 8월 28일
첫째판 1쇄 발행 | 2019년 9월 2일

지 은 이 이민훈, 이진용, 김준환, 유한별, 박화영, 박경순, 김주형
펴 낸 이 어진용
책임편집 태선옥
디 자 인 이은경
펴 낸 곳 어가
10449 경기도 고양시 일산동구 장백로 20, 102동 202호(백석동, 동문굿모닝힐1차)
전화 031) 901-4222, 6318
팩스 031) 901-6319
이메일 uhga@uhga.co.kr
홈페이지 www.uhga.co.kr
등 록 2016년 7월 4일 · 제2016-000133호



ISBN 979-11-87971-72-6 (93330)
정가 18,000원

이 도서의 국립중앙도서관 출판예정도서목록(CIP)은 서지정보유통지원시스템 홈페이지(http://seoji.nl.go.kr)와
국가자료공동목록시스템(http://www.nl.go.kr/kolisnet)에서 이용하실 수 있습니다. (CIP제어번호: 2019033847)